B Bélanger Hugo
12042, Albert Duquesne
Montréal Nord (Québec) H1G 4X3

Le macroscope

Du même auteur

AUX ÉDITIONS DU SEUIL

Les Origines de la vie
coll. «Points Sciences», 1977

Le Macroscope, 1975

La Malbouffe
Comment se nourrir pour mieux vivre
coll. «Points Actuels», 1981

Les Chemins de la vie, 1983
coll. «Points Essais», 1984

L'Aventure du vivant
coll. «Science ouverte», 1988
coll. «Points Sciences», 1991

Le Cerveau planétaire
coll. «Points Essais», 1988

CHEZ D'AUTRES ÉDITEURS

La Malbouffe
Comment se nourrir pour mieux vivre
Orban, 1979

Biotechnologie et bio-industrie
Le Seuil/La Documentation française, 1980

Branchez-vous !
L'ordinateur en tête à tête
Orban, 1984

Le Cerveau planétaire
Orban, 1986

L'Avenir en direct
Fayard, 1989
coll. «Livre de poche», 1991

Les Rendez-vous du futur
Fayard/Éditions n° 1, 1991

Joël de Rosnay

Le macroscope
vers une vision globale

Éditions du Seuil

Schémas de l'auteur, réalisés par Anne Boissel-Puybareaud

ISBN 2-02-004567-2
(ISBN 2-02-002818-2, 1re publication)

© ÉDITIONS DU SEUIL, 1975

A Stella, Tatiana, Cécilia et Alexis

Introduction : *le macroscope*

Microscope, télescope : ces mots évoquent les grandes percées scientifiques vers l'infiniment petit et vers l'infiniment grand. Le microscope a permis une vertigineuse plongée dans les profondeurs du vivant, la découverte de la cellule, des microbes et des virus, les progrès de la biologie et de la médecine. Le télescope a ouvert les esprits à l'immensité du cosmos, tracé la route des planètes et des étoiles, et préparé les hommes à la conquête de l'espace.

Aujourd'hui, nous sommes confrontés à un autre infini : l'infiniment complexe. Mais cette fois, plus d'instrument. Rien qu'un cerveau nu, une intelligence et une logique désarmés devant l'immense complexité de la vie et de la société.

Nous sommes confondus par le nombre et la prodigieuse variété des éléments, des relations, des interactions ou des combinaisons sur lesquels reposent le fonctionnement des grands systèmes dont nous sommes les cellules, pour ne pas dire les rouages. Nous sommes déroutés par le jeu de leurs interdépendances et de leur dynamique propre, qui les font se transformer au moment même où nous les étudions, alors qu'il nous faudrait les comprendre pour mieux les guider. Certes, l'ordinateur est un instrument indispensable. Mais il n'est qu'un catalyseur. Pas encore cet outil dont nous avons tant besoin.

Un regard neuf sur la nature

Il nous faut donc un nouvel outil. Aussi précieux que furent le microscope et le télescope dans la connaissance scientifique de l'univers, mais qui serait, cette fois, destiné à tous ceux qui tentent de comprendre et de situer leur action. Aux grands responsables de la politique, de la science et de l'industrie, comme à chacun d'entre nous.

Cet outil, je l'appelle le *macroscope* (*macro*, grand; et *sko-pein*, observer).

Le macroscope n'est pas un outil comme les autres. C'est un instrument symbolique, fait d'un ensemble de méthodes et de techniques empruntées à des disciplines très différentes. Évidemment, il est inutile de le chercher dans les laboratoires ou les centres de recherche. Et pourtant nombreux sont ceux qui s'en servent aujourd'hui dans les domaines les plus variés. Car le macroscope peut être considéré comme le symbole d'une nouvelle manière de voir, de comprendre et d'agir.

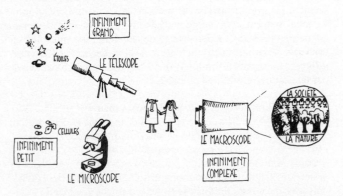

Servons-nous donc du macroscope pour porter un regard neuf sur la nature, la société et l'homme. Et pour tenter de dégager de nouvelles règles d'éducation et d'action. Dans son champ de vision, les organisations, les événements, les évolutions s'éclairent d'une lumière toute différente. Le macroscope filtre les détails, amplifie ce qui relie, fait ressortir ce qui rapproche. Il ne sert pas à voir plus gros ou plus loin. Mais à observer ce qui est *à la fois* trop grand, trop lent et trop complexe pour nos yeux (comme la société humaine, cet organisme gigantesque qui nous est totalement invisible). Jadis, pour tenter de percer les mystères de la complexité, on recherchait les unités les plus simples qui permettaient de l'expliquer : la molécule, l'atome, les particules élémentaires. Mais aujourd'hui, par rapport à la société, c'est nous qui sommes ces particules. Cette fois, notre regard doit se porter sur les systèmes qui nous englobent, pour mieux les comprendre avant qu'ils ne nous détruisent. Les rôles sont inversés : ce n'est plus le biologiste qui observe au microscope une cellule vivante; c'est la cellule elle-même qui regarde *au macroscope* l'organisme qui l'abrite.

Des chasses gardées

On parle beaucoup, aujourd'hui, de l'importance d'une « vision d'ensemble » et d'un « effort de synthèse ». Attitudes jugées nécessaires pour surmonter les grands problèmes du monde moderne. Malheureusement, il ne semble pas que notre éducation nous y ait préparés. Regardez la liste des disciplines universitaires : elles découpent la nature en autant de chasses gardées soigneusement clôturées. Ou plus simplement, souvenez-vous de la formation de base que vous avez reçue à l'école : français, mathématiques, sciences, histoire et géographie, instruction civique ou langue vivante. Autant de petits mondes fragmentés, vestiges d'une connaissance éparpillée.

Faut-il s'en tenir à la « méthode analytique », qui isole les éléments et les variables afin de les envisager un par un ? Mais, pendant que les experts isolent, analysent et discutent, les bouleversements technologiques et la révolution culturelle imposent à la société de nouvelles adaptations. Le décalage entre la vitesse de perception des problèmes et les délais d'application des grandes décisions rend d'autant plus dérisoires nos méthodes d'analyse de la complexité.

Il existe une autre approche, complémentaire. Il en sera très souvent question dans ce livre. On l'appelle — j'expliquerai le choix de ce terme — l'approche systémique. C'est cette nouvelle approche que symbolise le macroscope. Elle s'appuie sur une approche globale des problèmes ou des systèmes que l'on étudie et se concentre sur le jeu des interactions entre leurs éléments. Mais cette approche ne résout pas tous les problèmes. Au-delà des évidences et des descriptions, qu'apporte-t-elle sur le plan pratique ? Peut-elle nous aider à élargir notre vision du monde ? A mieux transmettre les connaissances ? A dégager de nouvelles valeurs et de nouvelles règles qui puissent motiver et supporter l'action ?

Le tunnel et le carrefour

Ce livre tente de répondre à ces questions. Il se veut pratique. Son organisation, sa pédagogie, son message reposent sur ces trois principes : *s'élever* pour mieux voir, *relier* pour mieux comprendre, et *situer* pour mieux agir.

L'organisation générale du *Macroscope* est à l'image de l'approche qu'il préconise et qu'il décrit : mon médium est aussi mon message.

Mais cette approche n'arrive pas à entrer dans le moule des conventions de la communication par le livre. Il a fallu inventer l'organisation même du livre ; inventer le mode de communication qu'il veut établir.

J'ai donc tourné le dos à l'organisation classique, au « livre linéaire », dans lequel les idées, les développements et les chapitres se succèdent sous forme séquentielle. Ce livre couloir, ce livre tunnel, ce sens unique dans lequel on ne comprend la fin que si l'on a bien assimilé les données de départ. A l'image de tout notre enseignement. « Monsieur, s'il vous plaît, à quoi ça sert ? » demande l'élève. « Apprenez d'abord, mon petit, cela vous servira plus tard. » On est paralysé par la crainte de manquer un chapitre ou un développement important.

Au livre « linéaire », je préfère le livre carrefour. On y entre où l'on veut. On y chemine à son gré en suivant quelques règles simples, précisées dès le départ. Cela signifie que vous pourrez, si vous le désirez, composer un « livre à la carte », correspondant le plus possible à vos intérêts, à ce que vous espérez y trouver. C'est pourquoi les parties et les chapitres du *Macroscope* sont des « modules » relativement indépendants, mais qui jouent tous un rôle dans l'entraînement à la vision d'ensemble que j'essaie de communiquer.

Anatomie du livre

Pour ceux qui préfèrent se laisser guider, voici quelle est l'approche « logique ». Ce livre a la structure d'un double cône. Au début, on aborde les structures et les mécanismes communs à beaucoup de systèmes de la nature, on observe.

On progresse ensuite vers la pointe du cône ; c'est la méthode générale qui permet de tout connecter : l'approche systémique. Puis on débouche dans le second cône sur les applications et sur les diverses représentations, propositions ou suggestions que je soumets à votre réflexion.

Premier chapitre : *A travers le macroscope*. Il est essentielle-ment didactique, mais présenté d'une façon que j'espère origi-nale et tout en appliquant ma méthode, afin de faire ressortir le fonctionnement des principaux systèmes de la nature. C'est aussi une « mise en condition » destinée à ceux qui désirent acqué-rir rapidement l'essentiel de ce qu'il faut savoir aujourd'hui sur l'écologie, l'économie et la biologie modernes. Depuis l'écosys-tème jusqu'à cet extraordinaire univers qu'est la cellule vivante, les étapes du voyage s'appellent : l'écologie et l'économie, la ville et l'entreprise, l'organisme et la cellule.

Deuxième chapitre : *La révolution systémique : une nouvelle culture*. C'est une introduction et un entraînement à la nouvelle méthode d'approche de la complexité. Ce chapitre a pour but de dégager ce qui se cache sous la banale notion de « système » ; et de faire ressortir les lois fondamentales, les principes géné-raux et les invariants, qui relient et rapprochent les principaux systèmes de la nature. C'est la clef du livre : le mode d'emploi du macroscope.

Dans les trois chapitres suivants, *l'énergie et la survie, l'infor-mation et la société interactive, le temps et l'évolution*, je cher-che à appliquer l'approche systémique à trois secteurs fon-damentaux de la connaissance : l'énergie, l'information et le temps. Ces trois chapitres constituent à mes yeux le cœur même du livre. Ils illustrent sa démarche. En effet, l'énergie, l'infor-mation et le temps sont les éléments éternels dont dépend notre action. La trame de toute connaissance et de toute signification. Pour envisager leurs multiples implications au niveau physique, biologique, social, philosophique, je propose une approche : se servir du macroscope.

Sixième chapitre : *Valeurs et éducation*. Ou comment la vision d'ensemble (portée en particulier par la nouvelle génération sur la nature, la société et l'homme) peut conduire à dégager de nou-velles valeurs, à dessiner les grandes lignes de l'éducation de demain, et à faire apparaître les traits d'une société émergente.
Ce sont ces traits que la conclusion, en forme de *scénario*, cher-chera à dégager.

Vous verrez que les derniers chapitres renvoient nécessairement au premier, puisque celui-ci cherche à appliquer les principes

d'une nouvelle forme d'éducation. En effet, les éléments de base
de l'«éducation systémique» sont exposés au chap. 6, p. 273,
mais ce sont *ces principes mêmes* que je mets en pratique dans
tout le début du livre. Vous pouvez donc, si vous le désirez,
commencer ce livre par la fin ; par le *Scénario pour un monde*.
Mais vous pouvez également suivre un tout autre trajet. Si, par
exemple, vous vous intéressez à la biologie et à l'écologie, et que
vous connaissiez bien l'économie et l'entreprise, lisez d'abord
les chapitres consacrés à la cellule et à l'écosystème. Si la cybernétique et l'approche systémique n'ont pas de secrets pour vous,
passez directement aux chapitres consacrés à l'énergie, à l'information, à l'évolution et au temps.

Les atomes crochus

J'aimerais aussi qu'à travers ce livre «passe» une nouvelle
forme de communication. *Le Macroscope* n'a rien d'un livre de
vulgarisation. Même si la première partie, et ses nombreuses illus-
trations, présente des sujets compliqués d'une manière qui cherche à rester simple. Le livre de vulgarisation se concentre sur un
domaine particulier de la connaissance, et il essaie de le retraduire dans un langage accessible à tous. Mais, pour se faire une
idée d'ensemble, portant sur plusieurs disciplines, pour réussir
une synthèse personnelle à partir de faits scientifiques, économiques, sociologiques, on a souvent du mal à unifier une «mosaï-
que» de données vulgarisées selon des approches et des langages
différents. Le livre de vulgarisation incite le lecteur à se laisser
guider par l'auteur. On s'en remet à lui. Il vous «prend par la
main» pour vous faire franchir les passages délicats.

J'ai envie d'une nouvelle forme de dialogue. Plutôt que
d'apporter quelques parcelles de connaissance pure, je voudrais
stimuler la pensée inventive, l'imagination ; vous permettre d'utiliser votre capacité de réflexion, d'intuition, de synthèse. Certes, une telle participation demande un certain effort. Mais c'est,
j'en suis convaincu, une forme de communication qui satisfait
réellement l'esprit.

La méthode adoptée est celle de l'enrichissement des concepts.
C'est pourquoi je donne peu de définitions. La définition me
paraît être une solution de facilité. Je ne cherche pas à communiquer des slogans prêts à l'emploi, des «kits» conceptuels qu'il
ne resterait plus qu'à monter. Pour enrichir un concept

— difficile à définir sans risquer de le dessécher — il ne faut pas craindre d'y revenir plusieurs fois en l'éclairant d'une lumière différente, en le replaçant dans un autre contexte.

Cette forme particulière de dialogue implique nécessairement, et surtout dans la première partie du livre, un *nouveau langage de communication*. La transmission de la connaissance pure, en paquets bien ficelés, s'effectue tant bien que mal à travers l'enseignement analytique traditionnel. Mais il faut aussi évoquer, retraduire les relations entre les disciplines, le mouvement, la complexité et l'interdépendance. Il faut s'adresser à l'intuition, à la pensée créatrice et (pourquoi pas ?) au subjectif. Ainsi, à côté du discours traditionnel, à côté de l'explication verbale, je crois aux vertus des schémas, des tableaux, des modèles, des analogies et des métaphores. Et pourtant, chacun sait que les schémas sont «toujours faux», les généralisations «hâtives», les modèles «simplistes», les métaphores «faciles» et les analogies «dangereuses». Mais, pour que puissent passer des idées et des réflexions sur des domaines aussi divers, il me faut utiliser tout l'arsenal à ma disposition. Et surtout compter sur vous pour disposer, aux endroits délicats, les garde-fous de la pensée.

Pourquoi cette aventure ?

Je me rends compte des dangers de mon entreprise. Ce livre est ambitieux car il touche à la biologie, à l'écologie, à l'économie, à l'informatique, à l'éducation, à la sociologie, et même à la philosophie. Si j'ai eu la naïveté de l'écrire, c'est parce que je pense qu'on ne communique bien que ce qu'on a vécu.

En écrivant, il y a quelques années, un petit livre sur la biologie moderne, j'avais choisi l'optique globale de l'homme qui observe à *l'intérieur de lui-même* l'univers fabuleux de la cellule. Mais il fallait écrire la suite. L'homme regardant *au-delà de lui-même* cette macro-vie à laquelle il s'intègre et dont il est l'élément : l'entreprise, la ville, l'économie, l'écosystème. Il manquait l'outil : le macroscope. On n'apprend à s'en servir qu'à la suite d'un entraînement. Celui que je cherche aujourd'hui à vous communiquer.

Ce livre peut aussi paraître superficiel. En touchant à tout, ne fait-il pas qu'effleurer les grands sujets ? Il n'étudie «à fond» ni la biologie, ni l'économie, ni l'écologie. Il paraît survoler les problèmes posés par l'énergie, les communications, la participation, l'accélération de l'évolution. Il veut faire réfléchir sur la science et sur les limites. Il esquisse les grands traits d'une nouvelle éducation et d'une société émergente. Encore une fois, mon approche est différente. On peut découvrir beaucoup de choses en regardant les continents depuis un satellite. Est-ce une vue superficielle ? Je ne le pense pas. D'abord parce que des détails, invisibles au sol, apparaissent alors. Mais surtout parce que cette vision d'ensemble pose de nouvelles questions, et suggère d'autres études.

Le livre de spécialiste aborde en détail un petit nombre de secteurs arbitrairement découpés dans un ensemble plus vaste. Pour parler de l'économie, il se concentre sur l'inflation. Pour parler de l'organisme, il privilégie le cerveau. Pour parler de l'entreprise, il met en avant le marketing. Je cherche au contraire à replacer tous les éléments principaux dans le système auquel ils appartiennent et à les considérer les uns par rapport aux autres.

Ce n'est pas non plus une démarche de « généraliste ». Je crois qu'il faut se méfier des généralistes. Ils en restent souvent au stade des idées et ne s'attaquent pas à la réalité des faits. Par contre, nous avons besoin de l'apport de spécialistes qui ont appris, grâce à leur expérience et à leur ouverture vers d'autres disciplines, à s'élever et à communiquer. Comment les appeler ? Des spécialistes « synthétiseurs » ? Je ne sais. Mais *le Macroscope* a été écrit dans cette perspective-là.

Enfin, je tiens à vous dire que je me méfie presque instinctivement des modèles du monde qui prétendent tout englober, des théories unitaires qui prétendent tout expliquer. Certes, ils correspondent à cette tendance naturelle de l'esprit humain à vouloir rapprocher, réunir, unifier. Mais c'est précisément parce qu'ils sont si satisfaisants qu'ils peuvent être dangereux. Un modèle du monde peut conduire à la pire des intransigeances : on filtre, on élimine tout ce qui n'entre pas dans ce modèle. Une théorie unitaire peut conduire à la pire des suffisances : à quoi bon chercher, critiquer, inventer ? Je rejette toute représentation close et stérile. Les modèles que je propose ne sont que des points de départ pour la réflexion. En aucun cas des points d'arrivée. Ces modèles doivent être confrontés à la réalité et surtout à l'aléatoire. Ils doivent être agressés, détruits et reconstruits. Car ils ne peuvent évoluer que dans la confrontation et le discontinu. C'est-à-dire dans l'action. C'est par un aller-retour incessant entre représentation et action qu'un modèle conceptuel peut évoluer. C'est dans ce sens que la « vision macroscopique », l'approche et la méthode « systémiques » qui sont la trame de ce livre pourront être utilisées dans l'éducation et dans l'action.

REMERCIEMENTS

Je voudrais remercier ici tous ceux qui m'ont apporté leurs conseils et leur assistance dans la conception et la rédaction de ce livre.

Tout d'abord, pour leurs critiques et suggestions lors de la lecture du manuscrit ou de certains de ses chapitres, Jean-Jacques Balan, Madeleine Barthélémy-Madaule, Georges Guéron, Pierre Jablon, Jacques Monod, Olivier de Nervaux, Massimo Piatelli-Palmarini, François de Rougemont, Jean-Claude Roumanteau.

Les fructueuses discussions du Groupe des Dix, animé par Jacques Robin, m'ont permis d'élaborer ma pensée et de la confronter à celle des autres. Je tiens surtout à remercier pour leurs conseils, leur soutien et leurs critiques constructives, Henri Atlan, Jacques Attali, Henri Laborit, Edgar Morin et René Passet.

Grâce à la compréhension de Jean Guéroult et de Georges Guéron, j'ai pu trouver les conditions qui m'ont permis de mener de front la rédaction du livre et la poursuite de mes activités professionnelles.

Stella a été, non seulement la conseillère de chaque instant et le laboratoire de mes idées, mais aussi une précieuse assistante dans la préparation de la bibliographie et de l'index.

Enfin, je dois des remerciements tout particuliers à Catherine Fourneau-Faye pour les frappes successives du manuscrit, ses conseils et ses encouragements ; à Anne Boissel-Puybaraud pour sa compréhension dans la réalisation des dessins ; à Babette Roumanteau pour ses attentives relectures du manuscrit et ses judicieuses corrections de style ; et à Anne Frauger pour sa minutie dans la préparation de l'index.

Un dernier mot d'ordre pratique. Il n'y a pas dans le texte de numéros renvoyant à la bibliographie afin que ceux qui ne désirent pas l'utiliser ne se sentent pas obligés d'y répondre. A la fin du livre sont rangés par chapitres les principaux éléments permettant, soit d'aller plus loin, soit de retrouver les références à partir desquelles j'ai construit telle argumentation. Figurent également un index, et la bibliographie par ordre alphabétique des auteurs.

1

A travers le macroscope

Aujourd'hui le monde est messages, codes, informations. Quelle dissection demain disloquera nos objets pour les recomposer en un espace neuf ? Quelle nouvelle poupée russe en émergera ?

François Jacob.

L'atome, la molécule, la cellule, l'organisme, la société s'emboîtent les uns dans les autres comme un jeu de poupées russes. La plus grande de ces poupées a les dimensions de la planète. Elle englobe la société des hommes et leurs économies. Les villes et les entreprises qui transforment le monde. Les organismes vivants et les cellules qui les constituent.

On pourrait continuer ainsi à ouvrir d'autres poupées jusqu'aux particules élémentaires. Mais arrêtons-nous là.

Le but de cette exploration préliminaire est double.

Il s'agit tout d'abord de communiquer un « savoir minimum » en écologie, économie et biologie. Disciplines qui nous forcent aujourd'hui à modifier nos modes de pensée. Ces trois disciplines ne sont pas souvent réunies en une même approche ; ce qui représente un risque, mais aussi un avantage. Le risque est que chacun trouvera peut-être trop schématique, voire simpliste, le chapitre consacré au domaine qu'il connaît le mieux. Mais l'avantage (qui découle directement de l'utilisation du « macroscope ») est que chacun pourra également découvrir, dans les autres domaines, des informations nouvelles qui contribueront peut-être à enrichir et à élargir son approche personnelle.

Il s'agit ensuite d'introduire les notions de « système » et « d'approche systémique », bases de la nouvelle culture : celle de « l'honnête homme » du XXIᵉ siècle. L'ouverture de chaque poupée fait passer les exemples et la pratique avant la théorie générale. Mais, encore une fois, rien ne vous empêche de commencer par le deuxième chapitre sur les systèmes.

1. L'écologie

Le milieu vivant

Toute vie sur terre repose sur le fonctionnement présent ou passé de l'écosystème. De la plus petite des bactéries à la plus profonde des forêts. Du fragile plancton des océans à l'homme, son agriculture et son industrie. C'est grâce aux réserves d'énergie accumulées par la vie que se maintiennent les structures complexes de la société : grandes villes, industries ou réseaux de communication.

L'écosystème, c'est, littéralement, la « maison » de la vie, et la science qui l'étudie, l'écologie. Ce terme a été créé en 1866 par le biologiste allemand Ernst Haeckel à partir du grec *oikos*, la maison, et *logos*, la science. Elle étudie les relations qui existent entre les êtres vivants et le milieu où ils vivent.

Mais l'écosystème est bien plus qu'un simple « milieu où l'on vit ». D'une certaine manière, c'est un organisme vivant. Ses cycles géants activent l'ensemble du monde minéral et du monde vivant. Ses centrales biologiques produisent des milliards de tonnes de matériaux organiques. Tour à tour stockés, distribués, consommés, recyclés sous forme d'éléments minéraux, ils sont réintroduits dans ces mêmes centrales pour y être gorgés d'énergie solaire et retourner dans les circuits qui maintiennent la vie de toute organisation.

Mais par quels mouvements, par quelles transformations se manifeste à nos yeux cette « vie » de l'écosystème ? D'abord par la circulation atmosphérique, les vents, les mouvements des nuages, les précipitations. Tout ce que l'on pourrait voir en regardant la terre de suffisamment loin. Par la circulation des eaux, celle des rivières et des fleuves descendant vers les mers, les grands courants des océans, les déplacements des glaces. Par les mouvements de la terre, secousses sismiques, volcans, érosion et sédimentation ; et, sur une durée suffisamment longue, par la formation de chaînes de montagnes. Enfin, par les cycles de la vie au cours desquels se fabriquent, s'échangent et circulent dans une ronde perpétuelle les matériaux de base des êtres vivants.

Une chute d'énergie

Tous ces mouvements, ces déplacements, ces transformations exigent de l'énergie. Mais quelles que puissent être leur nature et leur variété, ils puisent cette énergie à trois sources principales. Les radiations solaires, l'énergie interne du globe (d'ordre sismique ou thermique) et la gravité. Il va sans dire que l'énergie des radiations solaires est de loin la plus importante puisqu'elle représente 99 % du bilan énergétique de notre planète. Même l'énergie fournie par les combustibles fossiles n'est autre que de l'énergie solaire « en conserve ».

L'énergie solaire fait donc « tourner » les cycles de l'écosystème. Mais, pour faire tourner une machine, c'est-à-dire pour produire un *travail*, il faut que l'énergie « coule » d'une source chaude à un « puits » froid où elle se perd à jamais. Dans le cas du système soleil-terre, la source chaude est représentée par le flux d'énergie solaire (radiations de courte longueur d'onde), et le « puits » par l'espace intersidéral froid qui recueille la chaleur directement réfléchie par la terre ou produite par les processus géologiques, biologiques ou industriels qui s'y déroulent.

Cette réflexion dissipe l'énergie. Elle l'éparpille, la désorganise, la rend inutilisable dans la production de travail. Il se crée donc entre le soleil, la terre et le « fond noir » de l'environnement terrestre, un courant irréversible allant du chaud vers le froid, une « chute d'énergie ».

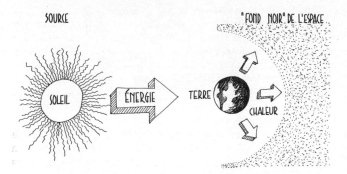

En plus du travail qui y est produit (les mouvements et transformations rapidement décrits), la terre équilibre son bilan énergétique et maintient par conséquent sa température constante à cause de la radiation de la chaleur vers l'espace. Il s'établit un équilibre entre l'énergie reçue (utilisée dans les processus géologiques et biologiques) et l'énergie dégradée en chaleur irrécupérable [1], irradiée vers l'espace. Seule une fraction infime de l'immense quantité d'énergie solaire reçue quotidiennement par la terre est utilisée par les êtres vivants.

Une bouteille, de l'eau, de l'air, des roches et de la vie

L'écosystème se compose de quatre domaines en étroite interaction les uns avec les autres : l'air, l'eau, la terre et la vie. On les appelle respectivement l'*atmosphère*, l'*hydrogène*, la *lithosphère* et la *biosphère*. Les flèches du schéma ci-dessous indiquent que chaque domaine communique avec les autres. Les sédiments du fond des mers, par exemple, n'échappent pas à cette règle : leur composition dépend non seulement de la vie marine et de la composition des océans, mais aussi de celle de l'atmosphère.

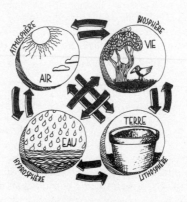

L'ÉCOSYSTÈME

1. Cette énergie dégradée en chaleur irrécupérable s'appelle l'*entropie*. Je reparlerai plus longuement de cette très importante notion au chap. 3, p. 151 s.

Le flux d'énergie qui traverse l'écosystème est *irréversible* et *inépuisable*. Cependant, les éléments chimiques qui construisent toutes les formes minérales ou organiques que nous connaissons sur la terre existent, eux, en *nombre infini*. Ces éléments doivent être trouvés au sein même de l'écosystème et être *recyclés* après usage. Tout ce qui vit est fabriqué à partir d'un jeu de construction comprenant seulement six éléments de base : le carbone (C), l'hydrogène (H), l'oxygène (O), l'azote (N), le soufre (S) et le phosphore (P). Les structures se conservent, mais les éléments de construction sont remplacés. Les biologistes anglosaxons appellent ce renouvellement dynamique le *turnover*. Les êtres vivants (et les colonies qu'ils forment : forêts, populations, récifs de corail...) sont donc continuellement assemblés et démontés. C'est pourquoi l'écosystème doit disposer d'un stock considérable d'éléments de rechange, en assurer le recyclage (puisque aucun n'est produit *de novo*) et contrôler le tout par un système de régulation évitant aussi bien les carences que les excès.

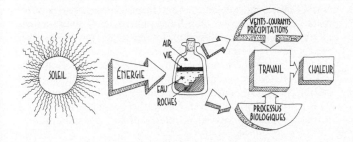

Pour faire ressortir le caractère fini de l'écosystème, on peut l'imaginer sous la forme d'une simple bouteille contenant de l'eau, de l'air, des roches et une mince pellicule de vie.

Exposée au soleil, la bouteille devient le siège d'une étonnante activité. Les rayons du soleil la frappant selon des angles et en des endroits différents provoquent des inégalités de température, et des courants de convection qui entraînent les mouvements de l'air et de l'eau. (De même sur la terre : ce sont de semblables différences de température qui mettent en mouvement de formidables masses d'air et d'eau, produisant les vents, les précipitations, les vagues et les courants.)

Si cette bouteille contient des algues très simples formées d'une cellule — mais capables de réaliser la photosynthèse — et des protozoaires (animaux microscopiques formés également d'une seule cellule), les cycles biologiques peuvent se mettre en route. La matière organique produite par les algues grâce aux rayons du soleil est « brûlée » par les protozoaires. Cette combustion fournit de l'énergie qui leur permet, par exemple, de se déplacer pour rechercher leur nourriture. Elle s'effectue en présence de l'oxygène dégagé par les algues. Et c'est à partir du gaz carbonique, résidu minéral de la combustion, que les algues fabriquent la matière organique. Le cycle est bouclé. Tous les éléments de la bouteille ont donc été réutilisés.

Dans l'écosystème terrestre, les éléments essentiels à la vie sont successivement utilisés et régénérés au cours des grands cycles bien connus : le cycle de l'azote, du soufre, du phosphore. Ces éléments circulent entre trois grands réservoirs où ils sont stockés pendant des périodes plus ou moins longues. Il y a le réservoir de l'atmosphère (et de l'hydrosphère), le réservoir de la biomasse (la masse de matière organique représentée par l'ensemble des êtres vivants), et le réservoir des sédiments. En passant d'un réservoir à l'autre, les éléments se combinent sous des aspects différents : molécules de gaz dans l'atmosphère, ions [1] solubles dans l'hydrosphère, sel cristallisé dans les sédiments, molécules organiques dans les réservoirs de la vie.

Dans l'atmosphère, les éléments ont l'aspect de molécules de gaz : azote (N_2), oxygène (O_2), anhydride sulfureux (SO_2), gaz carbonique (CO_2). Dans l'hydrosphère, dans les sédiments ou dans le sol, on les trouve sous forme d'ions solubles ou liés sous forme de sels (carbonates, nitrates, sulfates, phosphates).

L'économie de la nature : production, consommation, décomposition

L'étape organique des cycles écologiques (celle du réservoir de la vie) peut être considérée comme le véritable « moteur » de l'ensemble des cycles. C'est au cours de cette étape que sont fabriquées et consommées les principales substances responsables du maintien de la vie, que se régule la teneur de l'atmosphère en oxygène, ou que sont stockées des milliards de tonnes de matériaux. Tout ceci grâce à une organisation permettant une « industrie » et une « économie » modèles : production, stockage, distri-

1. Un ion est un atome qui a perdu ou gagné des électrons.

bution, consommation, répartition équitable de l'énergie, recyclage complet des matériaux. Les trois groupes d'organismes sur lesquels reposent cette industrie et cette économie sont *les producteurs, les consommateurs et les décomposeurs.*

Les producteurs sont les plantes vertes ou les végétaux aquatiques et plus généralement tous les organismes capables de réaliser la *photosynthèse*, c'est-à-dire la fabrication de matières organiques à partir de la seule lumière solaire et de gaz carbonique minéral (on les appelle aussi autotrophes).

Les consommateurs sont les animaux de toutes tailles, herbivores et carnivores, des milieux terrestres ou aquatiques, qui se nourrissent d'organismes vivants et brûlent la matière organique composant les tissus de leurs proies, grâce à une réaction interne d'oxydation : la *respiration* (on les appelle aussi hétérotrophes).

Les décomposeurs se nourrissent d'organismes morts ou de substances chimiques dispersées dans l'environnement.

Le schéma ci-après résume les relations entre ces trois groupes dont l'activité constitue la base du fonctionnement de l'écosystème et de la régulation de son équilibre.

Durant la journée, les producteurs fabriquent de grandes quantités de matières organiques qui s'accumulent dans les cellules végétales. En même temps se produit une énorme exhalaison d'oxygène. La nuit, l'importance des processus d'oxydation l'emporte : les consommateurs oxydent — brûlent — la matière organique nouvellement fabriquée et stockée, afin de produire l'énergie qui leur sert à effectuer un travail. C'est le processus de la respiration. Bien entendu, les animaux, les végétaux et les décomposeurs respirent aussi le jour, mais les processus diurnes de production sont d'une telle importance qu'ils rendent presque négligeables les réactions d'oxydation qui se déroulent simultanément.

Les deux réactions de base de la vie : production et consommation (c'est-à-dire photosynthèse et respiration) sont couplées. Il existe une différence importante entre les organismes capables de transformer l'énergie radiante (la lumière) et ceux qui transforment l'énergie fixée, c'est-à-dire l'énergie piégée dans les liaisons chimiques des molécules organiques. Cette énergie n'est libérée qu'au moment où ces liaisons sont rompues. C'est ce qui se produit au cours d'une combustion libre (le feu) ou contrôlée (la respiration).

Cette énergie fixée circule donc tout au long de la chaîne ali-

mentaire (appelée aussi chaîne trophique) constituée par les
consommateurs, c'est-à-dire les herbivores et les différents
niveaux de carnivores, chacun tirant profit au maximum de
l'énergie préalablement stockée dans les tissus des organismes
qu'ils capturent et qui les précèdent dans la chaîne. Cette énergie est utilisée jusqu'à la dernière « miette » au moment de la
décomposition des cadavres d'animaux ou de végétaux. Les
micro-organismes trouvent encore de l'énergie à extraire de molécules organiques déjà relativement simples, en les transformant
en molécules minérales, remises en circulation dans les circuits
de l'écosystème.

Quel que soit l'organisme transformateur, l'énergie est perdue pour la chaîne alimentaire de trois façons différentes, analogues à des « fuites » d'énergie.

— Par la *respiration*, puisque l'énergie ne peut produire du
travail qu'en se dégradant en chaleur irrécupérable.

— Par la *consommation*, par d'autres organismes, de tissus
végétaux ou animaux ayant préalablement stocké de l'énergie.

— Enfin, par la *décomposition* des organismes morts et l'élimination par les végétaux et les animaux d'exsudats et
d'excréments.

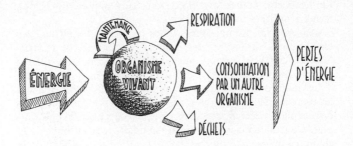

En plaçant à la suite plusieurs schémas de ce type, on peut se faire une idée de l'écoulement de l'énergie dans la chaîne alimentaire et des pertes qui s'y produisent.

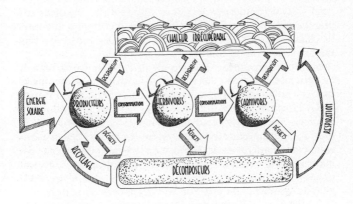

L'élimination des déchets et le recyclage

Si le rôle des végétaux-producteurs et des animaux-consommateurs est généralement bien connu, celui des micro-organismes décomposeurs l'est beaucoup moins. C'est pourtant grâce à leur prodigieuse activité que les déchets organiques sont transformés en substances stockées dans les sédiments à l'abri de l'oxydation, sous forme de molécules solubles transportées par l'eau de ruissellement, ou de molécules gazeuses libérées dans l'atmosphère. Toutes formes pouvant être à plus ou moins long terme réutilisées par l'écosystème.

Que sont les décomposeurs? Des bactéries, des algues, des champignons, des levures, des protozoaires, des insectes, des mollusques, des vers... toute une population grouillante d'êtres minuscules à l'appétit et à l'activité insatiables.

Les molécules organiques composant les excréments, l'urine, les tissus en décomposition et tous les déchets dégradables sont brisées par les décomposeurs en tronçons plus petits et plus simples. Ce tronçonnage moléculaire conduit, tout au bout de la chaîne, à du gaz carbonique et à de l'eau, résidus ultimes de la décomposition de la matière organique.

Cette décomposition complète se réalise, par exemple, dans l'environnement riche en oxygène d'une forêt; dans un sol aéré par les insectes ou labouré par les vers de terre. Les résidus impossibles à briser forment l'humus. Les éléments minéraux, azote, soufre, phosphore, sont totalement régénérés. Pendant ce processus, les décomposeurs eux aussi respirent. Ils renvoient aux plantes du gaz carbonique et dégagent d'importantes quantités de chaleur. Il est facile de s'en rendre compte à proximité d'un tas de terreau ou de fumier.

Mais ce tronçonnage de molécule peut également se réaliser en l'absence d'oxygène : au fond d'un lac dans la vase des marécages ou à l'intérieur d'un cadavre. La décomposition est incomplète, la combustion se fait très lentement, en libérant moins d'énergie : c'est la *fermentation*. Les résidus incomplètement brûlés s'accumulent dans le milieu, en lui conférant l'odeur particulière des matières en décomposition, comme au voisinage des marécages par exemple. Les matières organiques de ces sols très riches sont peu à peu incorporées à des sédiments. C'est l'origine de la tourbe, du charbon et évidemment du pétrole.

Les nitrates, sulfates, phosphates, incorporés dans des sédiments par suite de l'action des décomposeurs, peuvent être libérés lors de l'érosion des roches par le vent, le gel ou la pluie, et solubilisés par l'eau de ruissellement. Ils sont réinjectés dans la chaîne alimentaire au niveau des racines des plantes et la quittent dans l'urine des animaux (surtout pour l'azote) ou dans leurs excréments (soufre et phosphore).

Ce recyclage des matériaux de la vie se produit donc alternativement dans une phase organique et dans une phase inorganique; soit sédimentaire (réservoir des sédiments), soit atmosphérique (réservoir de l'atmosphère). C'est en raison de cette alternance et de ce couplage entre les cycles atmosphériques, géologiques et biologiques que les grands cycles qui maintiennent l'écosystème se nomment *cycles biogéochimiques*.

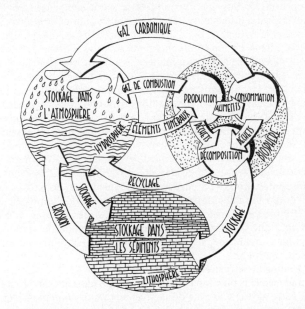

Le schéma ci-dessus résume et reprend les principales phases du cycle général des éléments chimiques de l'écosystème (carbone, azote, soufre et phosphore). Il fait ressortir la circulation des éléments chimiques entre les principaux réservoirs. Ce schéma peut s'appliquer à chaque élément, bien que certains cycles présentent une phase prédominante dans le réservoir atmosphérique ; ou, au contraire, dans le réservoir sédimentaire, ce qui est le cas du phosphore, par exemple. On retrouve à droite la phase organique décrite page 30.

La régulation et le maintien des équilibres

Le fonctionnement de l'écosystème ne se limite pas à l'utilisation du flux irréversible de l'énergie solaire et aux cycles de production, stockage, consommation et régénération des matériaux de la vie. Il existe une troisième propriété tout aussi importante : la régulation du bon fonctionnement de l'ensemble.

Les cycles biogéochimiques sont autorégulés : une variation trop brutale dans une direction est aussitôt compensée par la modification d'une autre variable, ce qui a pour effet global de ramener le système à l'équilibre. Chaque activité se réalisant dans l'écosystème a pour contrepartie une réponse. Chaque interaction, chaque échange, si minime soit-il, représente potentiellement un mécanisme de régulation. L'ensemble de ces mécanismes maintient la communauté dans un « équilibre dynamique ». Le long de chaque chaîne alimentaire, réseau ou cycle, s'écoulent des flux d'énergie et de matériaux. Ces chaînes, réseaux et cycles sont interconnectés, coordonnés et synchronisés dans l'ensemble plus vaste que constituent les grands cycles biogéochimiques.

Les flux de matériaux s'écoulent des producteurs aux consommateurs puis aux décomposeurs et entre les différents réservoirs, sans que se produisent engorgements ni pénuries, et tandis que la composition chimique des grands réservoirs de l'atmosphère et des océans se maintient dans des limites très étroites. C'est en cela que l'écosystème ressemble à un organisme vivant : comme l'organisme, il « sait » maintenir les équilibres de son milieu intérieur.

Comment se réalise cette régulation ?

Les éléments minéraux ou organiques qui passent d'un groupe à l'autre agissent comme des *activateurs* ou des *inhibiteurs* sur le fonctionnement de la machine à produire ou à consommer. Si l'un des cycles se ralentit (en raison, par exemple, de la disparition d'un certain nombre d'agents de consommation), les quantités stockées s'accroissent rapidement. Comme la vitesse des flux de matière ou d'énergie qui s'écoulent dans les cycles est proportionnelle aux quantités stockées, le système s'équilibre de lui-même en éliminant plus rapidement le trop-plein.

La circulation de l'eau et l'activité des animaux jouent un rôle très important dans ces mécanismes de régulation. L'eau transporte les éléments minéraux nutritifs vers les racines des plantes. L'eau de ruissellement érode les sédiments, et accélère leur réintroduction dans les cycles de l'écosystème. L'évaporation et la transpiration des plantes et des animaux jouent un rôle essentiel dans la régulation thermique des organismes et dans le contrôle de la teneur en vapeur d'eau de l'atmosphère.

Quant aux animaux, leur quête jamais satisfaite de nourriture, au cours de laquelle ils recherchent, traquent et consomment d'autres organismes, contribue à retourner aux plantes un flux régulier de substances minérales en échange de cette nourriture. Les consommateurs « travaillent » ainsi pour les producteurs et réciproquement. Chacun étant « récompensé » par les éléments minéraux ou les aliments que l'autre groupe lui retourne. Si la population d'un type de consommateurs s'accroît trop vite, l'équilibre est déréglé, la nourriture vient à manquer : des individus meurent de faim, ce qui rétablit le niveau de population optimum pour le milieu dans lequel vit cette communauté.

La régulation de la taille d'une population donnée se fonde donc sur la lutte pour l'obtention de la nourriture disponible et sur la mortalité qui frappe les espèces trop abondantes pour des ressources alimentaires limitées. Ce mécanisme de régulation peut être illustré par le schéma suivant que j'utiliserai souvent dans la suite en économie et en biologie.

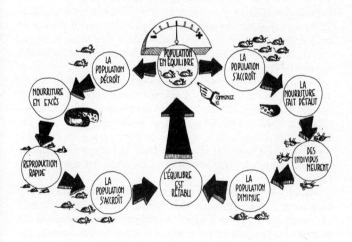

La mémoire de l'écosystème : ses grands réservoirs

Certaines réactions de réajustement de l'équilibre peuvent être rapides, d'autres extraordinairement lentes. On a pu mesurer à l'aide d'éléments radioactifs la vitesse à laquelle un élément minéral comme le phosphore traverse le cycle organique : c'est-à-dire passe d'organisme en organisme, de structure chimique en structure chimique, depuis son entrée dans la chaîne alimentaire jusqu'à son retour au monde minéral. Ce temps complet de *turnover* (de recyclage) dépendant des saisons a pu être évalué dans le cas d'un lac à dix minutes seulement en été, et à plus de dix heures en hiver. Par contre, dans la phase sédimentaire, la durée de stockage et de libération du phosphore peut atteindre deux cents ans.

Les très grands réservoirs de l'atmosphère, de l'hydrosphère et des sédiments jouent également un rôle régulateur sur l'ensemble de l'écosystème en limitant les variations trop brusques. Ils agissent par « effet tampon » et réduisent les oscillations dues à des variations cycliques. C'est ainsi que la concentration importante des océans en ions carbonates permet de maintenir à peu près constante la concentration du gaz carbonique dans l'atmosphère. De même, l'interaction entre atmosphère et sédiments permet de réguler la concentration en oxygène de l'atmosphère. Cette concentration s'est maintenue de manière remarquable à 21 % au cours des dernières centaines de millions d'années (le reste de l'atmosphère étant constitué par 78 % d'azote et les gaz rares). Pourtant la photosynthèse produit autant de molécules d'oxygène que la respiration en consomme.

Comment l'oxygène a-t-il pu s'accumuler dans l'atmosphère et se maintenir à 21 % de sa composition ? Simplement parce qu'une partie de la matière organique fabriquée par la photosynthèse est mise en réserve à l'abri de toute oxydation dans des sédiments profonds. Il reste donc en permanence un excédent d'oxygène. Le stockage constitue ainsi un moyen particulièrement efficace de réguler la concentration en oxygène de l'atmosphère.

Mais la régulation porte également sur des durées beaucoup plus longues. Les sédiments marins peuvent en effet s'enfoncer profondément dans le magma, en raison des mouvements des plaques qui supportent les continents, et se retransformer, par cuisson, en roches et gaz volcaniques. Par ailleurs, les fosses océaniques où s'accumulent les sédiments (on appelle une fosse de ce type un géosynclinal) s'enfoncent de plus en plus sous le poids de ces sédiments. Ces fosses pourront donner naissance à des chaînes de montagnes : les matériaux qu'elles renferment étant violemment expulsés vers la surface sous l'effet des énormes pressions qui s'y exercent. L'érosion du vent et de la pluie aidant, des composés minéraux qui semblaient ainsi perdus pour l'écosystème y reviennent après un détour de quelques millions d'années.

Grâce à ces mécanismes de régulation entre le monde minéral et la biosphère, et qui mettent en jeu des temps de réponse très différents allant de la minute au million d'années, l'écosystème maintient sa structure et l'ensemble des fonctions qui s'y déroulent.

2. L'économie

Au-delà de la macro-économie

Dans l'écosystème idéal qui a été décrit, il manquait évidemment l'homme. Ce nouvel habitant de la planète, par son agriculture, son industrie, son économie, a peu à peu modifié des équilibres qui existaient bien avant lui. Tout se passe comme si un nouvel organisme (la société humaine) se développait et grandissait au sein du premier. Comme un parasite drainant à son profit l'énergie et les ressources de celui qu'il envahit et qu'il finira peut-être par tuer. Quel outil a bien pu donner à l'homme de tels pouvoirs ?

Aucun outil particulièrement, mais un ensemble de moyens permettant de produire et de distribuer des biens en quantité toujours plus élevée, sur une échelle toujours plus vaste. C'est cet ensemble de moyens qui constitue l'objet d'étude de l'économie.

Pour observer au macroscope le fonctionnement d'ensemble de la machine économique, il faut adopter le regard du « naturaliste » et se situer à un niveau encore plus élevé que celui auquel se place habituellement la macro-économie. Car l'économie se branche sur les grands cycles écologiques, ce que, pendant trop longtemps, on a oublié ou ignoré. Quand la machine économique s'accélère ou s'emballe, c'est davantage d'énergie, de matériaux, d'informations qu'elle exige ; c'est davantage de déchets qu'elle rejette dans le milieu naturel.

Un tel point de vue pourrait sembler conduire à une interprétation naïve des mécanismes économiques si l'on ne gardait pas constamment présent à l'esprit que, derrière l'écoulement des flux ou le mouvement des cycles, il y a des *centres de décision*. C'est en définitive au milieu des conflits, des rapports de force, des arbitrages, de la recherche du pouvoir et de la domination de tel groupe sur tel autre, qu'il faut replacer le fonctionnement de la machine économique. Mais il va de soi qu'une telle approche aurait conduit à déborder le cadre que je m'étais fixé. Il ne s'agit pas non plus de décrire un type de système économique particulier (en prenant ici « système » dans son sens politique) ; mais plutôt de faire ressortir, comme pour l'écosystème, la dynamique de l'ensemble, le fonctionnement général de la machine économique, à quelque système qu'elle puisse appartenir.

La « règle de conduite d'une maison »

Le mot économie puise sa signification aux mêmes racines que le mot écologie. L'économie (de *oikos*, maison, et *nomos*, la règle), c'est, littéralement, « la règle de conduite d'une maison ». Mais c'est aussi, par extension, l'art de gérer correctement des biens ; et, au sens restreint, de gérer ces biens en évitant les dépenses inutiles, c'est-à-dire en faisant des « économies ».

De la maison, l'activité s'est étendue à l'État (économie politique) et à la société dans son ensemble. La fonction économique de la société humaine, au sens large, devient ainsi la production de biens permettant la satisfaction des besoins des hommes. La rareté même de ces biens et les difficultés de leur production entraînent des limitations, un rationnement que l'humanité cherche à réduire. On en arrive ainsi à la célèbre définition de L. Robbins, « l'économie, c'est l'étude du comportement humain comme une relation entre des fins et des moyens rares qui ont des usages mutuellement exclusifs ».

Ce type de définition appauvrit considérablement tant la fonction économique que le rôle de l'homme (producteur et consommateur), motivé, semble-t-il, par le seul désir de satisfaire ses besoins. On réduit ainsi l'économique, comme le dit François Perroux, à une « science des moyens », les fins étant du ressort de la morale et de la politique. On assimile l'économique au seul fonctionnement d'un marché où régnerait une concurrence pure et parfaite. L'*homo œconomicus* apparaît comme un être vide et sans âme, mû par des mobiles rudimentaires et tout juste capable de s'adapter passivement aux « forces » du marché (René Passet).

Cet appauvrissement de la fonction économique apparaît nettement, pour peu que l'on observe les schémas classiques des circuits économiques.

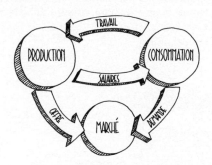

Que voit-on ? Un équilibre de forces entre l'offre et la demande, un flux de biens et de services, un flux de monnaie. Mais une machine qui, en fait, semble bloquée ; capable seulement de fonctionner par à-coups, dans un univers irréel d'où la nature est exclue. La machine économique fonctionne « entre parenthèses », sans que l'on fasse apparaître le flux irréversible d'énergie qui obligatoirement s'y dégrade pour produire un travail (voir p. 23).

L'économie est aussi une « science du vivant ». Pour faire ressortir la relation étroite entre l'écosystème et le système économique, je voudrais retracer tout d'abord, avec l'appui d'une série de schémas, un bref historique de l'économie en l'entendant dans son sens le plus large, c'est-à-dire « l'étude des mécanismes de production, d'échange et de consommation dans une structure sociale donnée et des interdépendances entre ces mécanismes et cette structure » (Attali et Guillaume).

Du nomade à l'entreprise : la petite histoire de l'économie

Les grandes étapes du développement de la fonction économique coïncident avec la mise en œuvre de moyens nouveaux permettant à l'homme d'agir toujours plus efficacement sur son milieu. Le feu, l'agriculture, l'artisanat et le perfectionnement des outils ; l'avènement de la machine à vapeur, l'utilisation massive des combustibles fossiles, sont autant d'étapes marquantes qui ont concrétisé la domination de l'homme sur la nature. Toutes ces étapes n'ont pas été franchies par l'ensemble de l'humanité. Il faut donc considérer ces « économies » successives comme étirées dans le temps, mais coexistant aujourd'hui à la surface de notre planète.

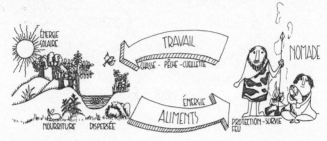

La première étape se caractérise par la conquête et la maîtrise du feu. L'homme vit en nomade, se déplaçant constamment en quête de nourriture et d'abri. La fonction essentielle qu'il assume est celle de sa propre survie. Son activité principale consiste à rassembler des aliments dispersés dans l'environnement, grâce à la chasse, la pêche ou la cueillette. Il obtient ainsi les calories qui lui servent à maintenir son activité et à assurer sa subsistance. Une telle activité exige des quantités importantes d'énergie (déplacement, luttes, efforts). Il est donc impossible à ce chasseur nomade de stocker suffisamment d'énergie et de savoir-faire (c'est-à-dire de se constituer un « capital » énergétique ou de savoir) pour accélérer son développement.

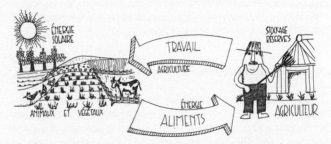

La deuxième étape se matérialise par la « domestication » de l'énergie solaire grâce à la maîtrise de l'agriculture, et par la domestication des animaux, sources importantes d'énergie. Cette étape, qui s'est déroulée il y a environ dix mille ans, voit l'homme se fixer en des zones abritées et fertiles. Il peut désormais stocker du grain, accumuler de l'énergie et utiliser cet excédent énergétique dans d'autres activités. Il produit désormais, grâce à l'énergie solaire, la nourriture qui assure sa survie et se sert de l'énergie animale pour actionner des machines rudimentaires et se déplacer.

La troisième étape voit l'apparition d'outils plus perfectionnés, la concentration du travail dans les villes, l'apparition des

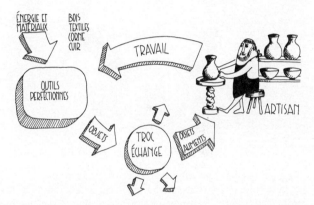

corporations et des ateliers permettant le développement à grande échelle de l'artisanat. La quantité et la diversité des objets fabriqués par les artisans deviennent suffisamment grandes pour servir de base au développement du troc. On échange, grâce à des accords soigneusement spécifiés, tel objet contre des aliments, tel animal contre une série d'objets, etc. Les accords de troc permettent l'équilibre des flux d'objets fabriqués et des flux de produits consommés; cet équilibre se réalisant par l'intermédiaire d'une zone d'échange : le marché.

Dès lors, l'homme assure non seulement sa subsistance, mais il participe comme créateur et comme consommateur de biens à un processus de production, d'échange et de consommation faisant intervenir de nombreuses dimensions de sa nature : art, maîtrise de l'outil, enseignement du savoir-faire, plaisir de la création, ou tout simplement de l'accumulation de biens matériels.

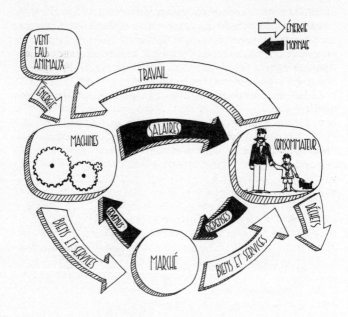

La quatrième étape est celle de l'ère préindustrielle. Les outils perfectionnés de l'artisan, qui permettaient la fabrication d'objets simples mais aux fonctions précises, font place à des machines mues par les éléments naturels, par l'énergie humaine ou animale, et conduisant à une accélération des cadences de production. La densité d'habitation et les possibilités d'échange rencontrées dans les agglomérations urbaines permettent la division du travail et l'allongement du processus de production. Les activités des différents producteurs se trouvent ainsi imbriquées dans des chaînes et des réseaux interdépendants permettant la fabrication par étapes d'objets compliqués.

L'usage à grande échelle de la monnaie et des nouvelles formes d'échange qui en résultent bouleversent l'économie : la monnaie fait éclater dans l'espace et dans le temps le travail, l'échange, la consommation et l'épargne. Telle heure de travail effectuée ici pourra être échangée en un autre lieu, en un moment différent, contre de la monnaie nouvellement gagnée ou stockée de longue date. Mais aussi s'amorcent, se renforcent et s'équilibrent les deux grands flux complémentaires sur lesquels repose tout le fonctionnement de la machine économique : le flux d'énergie, de matières et d'informations qui s'écoule dans une direction ; et le flux de monnaie (résultant des échanges et des transactions) qui s'écoule en sens inverse du flux d'énergie.

La cinquième et dernière étape, celle de la société industrielle moderne, se caractérise par l'utilisation massive des combustibles fossiles (charbon, pétrole, gaz), l'émiettement du travail en une multitude de tâches simples mais le plus généralement dépourvues de valeur créatrice, et la production massive de déchets non recyclables par l'écosystème. Cette division du travail, nécessaire à l'efficacité, implique le regroupement des travailleurs en cellules de production : les entreprises.

L'accélération de la machine économique, exigée par la croissance, entraîne un accroissement de la production et un accroissement de la consommation. L'accumulation de capital (matériel et financier) et l'accumulation de capital-savoir (techniques, savoir-faire) exercent un effet catalytique sur l'accélération de la croissance. Mais la complexité de la production exige un niveau d'éducation toujours accru pour ceux qui conçoivent, contrôlent ou servent la machine industrielle.

Je vais m'appuyer sur le schéma de la page suivante pour décrire les grandes lignes du fonctionnement de la machine économique. Ce fonctionnement peut être mieux compris dans son ensemble si l'on suit un plan voisin de celui utilisé pour l'écosystème : description des grands cycles et des principaux flux (énergie et monnaie) ; rôle des différents agents économiques assurant les fonctions de production et de consommation ; mauvais fonctionnement de l'économie et tentatives de régulation.

Qu'est-ce qui fait tourner la machine économique ?

Les modèles classiques considèrent la machine économique comme système *clos sur lui-même*, alors qu'il s'agit d'un système *ouvert sur l'environnement* et n'échappant pas aux lois de l'énergétique. Pour qu'il y ait production de travail, il faut que de l'énergie «coule», c'est-à-dire se dégrade en chaleur irrécupé-

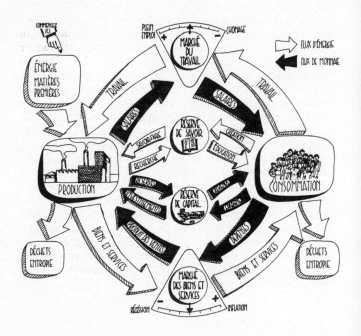

rable, par suite d'une chute de potentiel allant d'une source chaude à un puits froid.

Le schéma ci-dessus illustre cette chute d'énergie. Le flux irréversible qui traverse le système économique y entre en haut et à gauche du bloc figurant la production, circule sous forme de biens, de services et de travail, et sort sous forme de chaleur irrécupérable et de déchets non recyclés ; autrement dit d'entropie.

On peut se demander en quoi des biens et des services constituent un flux d'énergie. En fait, des biens matériels, des « produits », sont le résultat de transformations faisant intervenir de l'énergie, de l'information et des matières premières. On peut donc les considérer comme de la *matière informée* ; c'est-à-dire de la matière qui a reçu une forme particulière, qui a été « informée » par suite de l'activité des hommes.

Or la matière c'est de l'énergie condensée ; et les informations, une forme d'énergie potentielle. Les biens (y compris les aliments) et les services sont ainsi équivalents à un flux d'énergie. A chaque bien, comme on le verra à la p. 166, s'attache un « coût énergétique », par exemple en kilocalories. Quant à la boucle de retour de l'énergie sous forme de travail, elle s'exprime facilement en kilocalories dépensées par heure de travail, ou par toute autre unité de temps appropriée.

Le long des flèches blanches circule donc l'énergie qui fait tourner la machine économique. Il y a bien « chute d'énergie », flux irréversible et production globale de travail.

Mais il existe un autre flux couplé au premier : le flux monétaire. Il s'écoule *en sens inverse* du flux d'énergie. En effet, des unités monétaires sont échangées contre des heures de travail, des informations ou des calories. Le flux d'énergie et le flux de monnaie s'équilibrent et se régulent par l'intermédiaire de « détecteurs » (comptoirs, guichets, transactions de toutes sortes) capables de mesurer et d'équilibrer la vitesse des flux s'écoulant dans un sens ou dans l'autre. Ce qui rend ces échanges possibles, c'est un système de prix et de valeurs accepté par tous, base commune de comparaison et de transaction. Comme le disent les économistes de manière bien poétique, la valeur d'un bien ou d'un service s'établit à la « convergence de la rareté et du désir ». Le prix sera l'expression de cette valeur d'échange : un « valorimètre » d'usage particulièrement commode, puisqu'il constitue une information, très dénaturée certes, mais essentielle dans le fonctionnement et la régulation de la machine économique.

Le flux monétaire permet les échanges en dissociant le troc en deux étapes : chacun peut vendre ce qu'il possède contre de la monnaie (son temps, par exemple); et, au cours d'une deuxième étape, acheter avec cette monnaie les biens ou les services qu'il désire. La monnaie agit donc comme le lubrifiant de la machine économique, ou, d'une manière imagée, comme un roulement à billes : chaque bille tournant, au point de contact, en direction opposée à celle du flux d'énergie ou de travail.

Mais la vitesse de circulation de la monnaie, l'intensité de son flux, dépend des forces mises en œuvre par les principaux acteurs de la vie économique : on les appelle les *agents économiques*.

Les agents économiques : des centres de décision

Les deux principaux agents économiques sont *les producteurs* et *les consommateurs* (que l'on appelle également les « entreprises » et les « ménages » dans les livres d'économie). Par souci de simplification, ce sont les seuls qui figurent sur le schéma. Les autres sont *les organismes financiers* (banques), *les administrations* (l'État) et *l'extérieur* (l'étranger). Ils ne figurent pas explicitement sur le schéma, mais leur rôle sera souligné. Ces divers agents économiques agissent comme des centres de décision, font des choix et exercent des pouvoirs se traduisant par des forces capables de contrôler, de canaliser et d'orienter les flux d'énergie et de monnaie qui circulent dans le système économique.

Les producteurs et les consommateurs

L'homme est *à la fois* producteur (dans l'entreprise) et consommateur (dans un marché). Alors qu'on s'en souvient, ces deux fonctions étaient accomplies par des organismes très différents dans l'écosystème (les plantes vertes et les animaux).

Mais l'homme est beaucoup plus qu'un simple producteur ou consommateur. Quel rôle, sous le terme de « ménages », lui attribue-t-on dans l'économie ?

— Par son travail dans les entreprises, il est producteur de biens et de services. En échange de ce travail, il reçoit un salaire et des revenus lui permettant d'assurer la fonction de consommation, c'est-à-dire, dans l'optique de la théorie économique classique, d'accumuler des biens et des services pour satisfaire ses besoins. Enfin, il a la possibilité de stocker de la monnaie par l'épargne et de se constituer un capital.

— Mais surtout, l'homme est créateur. Il invente, crée des informations, du savoir, des œuvres d'art, des nouveaux modes de vie et de pensée... Il peut donc également stocker de la connaissance ou des idées, et constituer un « capital-savoir ».

La fonction de production de biens et de services est assurée par les *entreprises* [1]. La complémentarité des fonctions de production et de consommation apparaît sur le schéma de la p. 42. En suivant les flèches, regardons ce qui entre dans le bloc « pro-

_____

1. L'entreprise sera décrite p. 60.

duction» et ce qui en sort. *A l'entrée :* un flux d'énergie et de matières premières (ou de produits semi-finis). Du travail, du capital, du savoir-faire et des revenus représentés par le produit des ventes. *A la sortie :* un flux de biens et de services, des salaires, des innovations, des réserves transférées dans les banques où elles sont stockées, des déchets et de la chaleur irrécupérable.

Si l'on suit maintenant, toujours sur le schéma, les flèches indiquant ce qui entre et ce qui sort du bloc «consommation», on voit à l'entrée un flux de biens et de services, des salaires, des revenus, de l'épargne, de l'éducation. A la sortie : du travail, des dépenses, de la monnaie mise en réserve (épargne), des informations nouvelles (créations, inventions) et des déchets.

Les producteurs et les consommateurs ont la possibilité de stocker dans deux grands réservoirs, soit de la monnaie (résultant d'un travail présent ou passé) : c'est la création du capital ; soit de la connaissance : c'est la création du «capital-savoir».

La régulation des flux d'énergie et de monnaie s'effectue, en partie, au niveau du marché de l'emploi et au niveau du marché des biens et des services.

Les trois autres catégories d'agents économiques ne figurent pas sur le schéma afin de ne pas l'alourdir. Leur rôle est cependant très important, tant sur la régulation de l'ensemble que par les perturbations extérieures qu'ils peuvent introduire dans le système économique :

Les organismes financiers, et principalement les banques, jouent un rôle «tampon» du fait de la taille même des «réservoirs» qu'ils représentent. Par le crédit aux entreprises et aux particuliers (qui n'est autre qu'un échange dilué dans le temps), les investissements, les dépôts des épargnants, l'émission de monnaie, les banques modulent l'activité économique en contrôlant la vitesse d'écoulement des flux de monnaie et l'importance des stocks accumulés. Cet ajustement constant de la masse monétaire en circulation permet (théoriquement) d'assurer l'équilibre entre l'offre et la demande sur le marché des biens et des services.

Les administrations dépendant des pouvoirs publics — et donc sous le contrôle direct de l'État — jouent également un rôle essentiel dans la régulation de la machine économique. Par le budget et le plan, mais aussi par les achats directs de l'État, les impôts et les taxes, les subventions, l'affectation prioritaire de ressources à tel ou tel secteur économique, le contrôle des règles de la concurrence, la fixation et le blocage des prix, les restrictions de crédit, les mesures favorisant les exportations, ou par la dévaluation de la monnaie. Pour ne citer que quelques exemples parmi les plus connus.

L'extérieur, c'est le reste du monde ; tout ce qui se situe hors des frontières d'un État. Cet État vend (exporte) et achète à l'étranger (importe) des biens et des services. Le résultat des exportations moins les importations constitue la balance commerciale. On en verra le rôle en abordant la régulation de la machine économique. Mais « l'extérieur » agit aussi par des perturbations, quelquefois difficilement prévisibles, touchant l'ensemble de l'économie d'un pays : crises politiques, dévaluations ou réévaluations, augmentation du prix de l'énergie ou des matières premières.

Les difficultés de régulation de l'économie

Pour faire comprendre les à-coups et la régulation de la machine économique, on peut l'illustrer par un mode de fonctionnement fondé sur l'accélération ou le ralentissement des flux de monnaie et d'énergie, et qui se traduit par les symptômes bien connus de l'inflation et de la récession [1]. J'utiliserai trois _indicateurs_ simples, les plus largement employés, et permettant de mesurer les effets du contrôle exercé par les pouvoirs publics ou les organismes financiers sur la machine économique, lorsqu'elle s'emballe ou se grippe. Il s'agit des _prix,_ de _l'emploi_ et de la _balance commerciale._

Une remarque préalable : le couplage entre le flux d'énergie et le flux de monnaie peut se comparer très grossièrement au couplage qui existe entre deux roues tournant en sens inverse, l'une _à l'intérieur_ de l'autre.

La roue externe est mue par la « chute » d'énergie qui se dégrade dans la machine économique. Elle entraîne la roue interne par l'intermédiaire d'une

---

1. Sans discuter ici les nombreuses causes qui les provoquent et dont l'analyse dépasse autant mes compétences que les buts de ce chapitre.

série de roulements. Cette roue peut à son tour être freinée ou accélérée et donc ralentir ou faciliter le mouvement de la roue externe. Ce modèle très rudimentaire va servir à illustrer différents aspects de la récession et de l'inflation.

La récession se caractérise par le ralentissement de l'écoulement du flux de monnaie par rapport au flux d'énergie (dans l'ensemble précédent, la roue interne est freinée et contribue à ralentir la roue externe). Si la masse monétaire diminue (ce qui reviendrait, par exemple, à supprimer des roulements) les échanges sont plus difficiles. La friction augmente, la « viscosité » du marché est élevée. Il se crée donc localement des trop-pleins, des débordements dans l'écoulement du flux d'énergie : au niveau du marché de l'emploi (demande non satisfaite, car supérieure à l'offre) et au niveau du marché des biens et des services (offre non satisfaite car supérieure à la demande).

Il y a de moins en moins de monnaie par rapport aux biens offerts sur le marché. Ce qui se traduit par une baisse des prix, une chute de la production, un accroissement du chômage. En période de baisse, les consommateurs préfèrent attendre avant

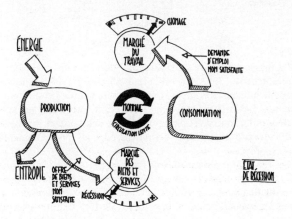

de dépenser leur argent, ce qui diminue encore la demande et ralentit davantage le flux monétaire. On est enfermé dans un cercle vicieux, une spirale de récession pouvant conduire à l'arrêt de la machine économique ; d'où les pires conséquences sur la vie du pays et des individus.

L'inflation se caractérise par une vitesse accrue du flux moné-

taire par rapport au flux d'énergie ; par une « fluidité » élevée
des échanges. (Le mouvement propre de la roue interne contribue à accélérer celui de la roue externe, un peu comme si l'on
avait ajouté des roulements.) Le même effet est obtenu lorsque
le flux d'énergie se ralentit. C'est ce qui se produit quand l'énergie
devient plus rare ou plus chère.

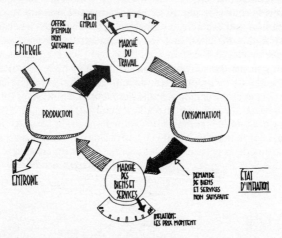

La masse monétaire en circulation s'accroît, ainsi que sa vitesse
d'écoulement. L'argent « brûle les poches ». Sa valeur chute. Le
pouvoir d'achat diminue. Tout le monde veut acheter avant les
hausses. Les prix montent, la production s'accroît pour suivre
la demande, mais avec l'augmentation des salaires, ce sont les
coûts de production qui s'alourdissent, les prix augmentent
encore, etc.

On est enfermé dans un nouveau cercle vicieux : une spirale
inflationniste conduisant cette fois, non pas à un arrêt, mais à
un emballement incontrôlé de la machine, avec les tensions sociales et les inégalités qui en découlent. Le flux de monnaie tournant plus vite et entraînant, avec un certain décalage, le flux
d'énergie, il se crée des surchauffes au niveau du marché de
l'emploi et au niveau du marché des biens et des services. La
demande des consommateurs est supérieure à l'offre des producteurs, ce qui crée une escalade constante des prix.

Il est évident que ces deux effets sont dangereux, bien qu'une
légère inflation soit favorable à l'expansion et au plein emploi.

En effet, l'expérience économique montre qu'il semble exister une relation inverse entre inflation et chômage. Ce qui pose un dilemme aux responsables de la politique économique, car c'est en général en période d'inflation que le plein emploi est maintenu [1].

Au niveau des échanges avec l'extérieur, la montée des prix peut ralentir les exportations et accroître les importations, ce qui déséquilibre la balance commerciale. Quand les capitaux fuient un pays dont la monnaie perd sa valeur, le mouvement s'amplifie et peut conduire à la dévaluation de la monnaie. Le schéma suivant illustre le rôle du troisième indicateur, le taux de couverture de la balance commerciale [2].

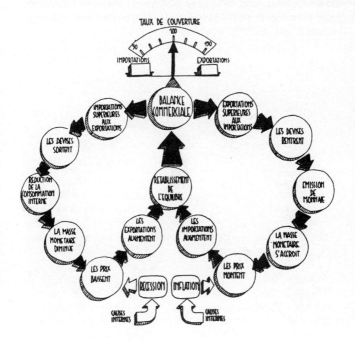

1. Sauf quand il y a « stagflation », c'est-à-dire inflation *plus* récession.
2. On exprime la balance commerciale par son « taux de couverture » qui est le rapport exportations/importations ramené à 100. Par exemple, si exportations = 1, et importations = 2, ce rapport 1/2 = 0,5 x 100 = 50, ce qui est évidemment très mauvais pour l'économie d'un pays.

Les responsables de la politique économique d'un pays essaient évidemment de se maintenir dans la partie droite du circuit, avec un taux de couverture supérieur à 100, ce qui implique quelques contraintes : une certaine inflation est maintenue et, malgré les prix relativement élevés, il faut exporter. A l'échelle mondiale, le fait que tous les pays veuillent exporter plus qu'ils n'importent conduit évidemment à des tensions et à des inégalités.

La situation réelle est infiniment plus complexe que tout ce qui vient d'être décrit ; et c'est ce qui rend la régulation de l'économie si délicate [1]. On pourrait imaginer, cependant, qu'une sorte de régulation automatique par le marché et par les prix, se produisant dans un régime de libre concurrence, aurait permis d'ajuster l'offre à la demande. Cette régulation idéale est illustrée par le schéma suivant :

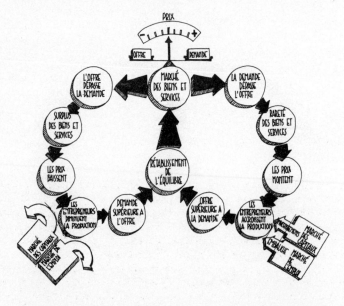

Un accroissement de la demande a pour effet d'augmenter les prix (les biens deviennent plus rares). Les entrepreneurs investissent et engagent du personnel pour accroître la production.

1. Exemple de la « stagflation ».

Si l'offre des biens et des services résultant de cet accroissement de production dépasse la demande des consommateurs, les prix baissent, ce qui conduit les entrepreneurs à diminuer leur production, etc.

Malheureusement, la régulation automatique du marché par les prix ne peut réellement fonctionner. En régime libéral, le consommateur devrait être « tout-puissant », capable d'exercer un « droit de vote permanent, représenté par sa liberté d'acheter ou de ne pas acheter tel ou tel produit, de boycotter ou de favoriser tel ou tel secteur de l'économie. En fait, en raison des investissements publics et privés qui précèdent la demande et orientent la production, en raison de la puissance de la publicité et des monopoles constitués par les grandes compagnies multinationales, ou de la faiblesse des organisations de consommateurs, ce « droit de vote » ne constitue pas un réel pouvoir de régulation. Néanmoins, les sautes d'humeur des consommateurs, la panique ou la volonté délibérée de non-consommation dans un secteur donné, peuvent entraîner des oscillations perturbant le système économique.

Les banques de l'État agissent en régulant la vitesse des flux et les taux de stockage de la monnaie. En période d'inflation ou de récession, l'État peut ainsi intervenir au niveau des prix (contrôle, blocage), des échanges extérieurs (barrières douanières, contrôle des changes, dévaluation), des investissements (grands travaux, secteurs de pointe), des impôts et des salaires.

Mais il est particulièrement difficile aux responsables de la politique économique d'éviter les fluctuations cycliques, la stagnation ou les oscillations. Une des solutions choisies par les pays développés depuis la fin de la Seconde Guerre mondiale est celle de la politique de croissance continue : on maintient délibérément un état d'inflation afin d'assurer le plein emploi ; la rentabilité des investissements, afin de faire tourner les usines et d'augmenter le bien-être matériel des individus.

Malheureusement tout se paie : accélérer la machine économique revient à pomper plus d'énergie dans un réservoir qui se vide et à rejeter dans l'environnement encore plus de déchets et de chaleur. La différence fondamentale entre la machine écologique et la machine économique apparaît ainsi dans toute sa rigueur. Le fondement de l'écologique, c'est un flux irréversible d'énergie solaire en quantité *illimitée* et un *recyclage permanent* des matériaux. Le fondement de l'économique : un flux irréversible d'énergie fossile provenant d'une source *limitée*, et l'écoulement irréversible de matériaux provenant d'un réservoir de ressources *non renouvelables*.

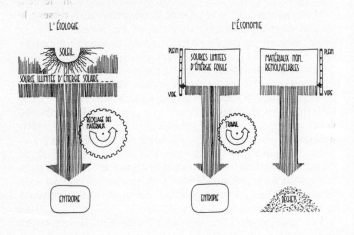

3. La ville

Le lieu où s'affrontent les lois de l'économie et les lois de l'écologie est une structure nouvelle dans l'histoire de l'écosystème, le nœud d'un immense réseau d'échanges et de communication ; une des formes d'organisation parmi les plus complexes atteintes par le tissu social : la ville. Déjà près de 50 % de la population du globe y vit et y meurt. En l'an 2000, environ 80 % de l'humanité vivra et travaillera dans des agglomérations de plus de 100000 habitants. La ville naît, se développe, se diversifie, meurt elle aussi. Elle transforme l'énergie, assure la protection des hommes, facilite les communications. Pour des millions d'hommes et de femmes, la ville abrite leur lieu principal de travail : l'entreprise. Le développement de l'entreprise a conditionné la croissance de la ville, et la ville a réagi sur elle en la modifiant profondément. Par suite de leurs réajustements réciproques, des conditions particulières de travail et de marché qu'elles ont progressivement créées, la ville et l'entreprise ont fait naître des contraintes, des modes de vie, des aspirations nouvelles. Mais elles se sont insérées entre l'homme et la nature comme une sorte de milieu biologique externe qui parfois nous étouffe et souvent nous isole.

Pour rechercher comment elles se relient à l'homme et à l'écosystème, ouvrons donc deux nouvelles poupées russes : la ville et l'entreprise.

La naissance des villes

La ville est née des besoins des hommes. Besoins physiologiques et utilitaires : protection, alimentation, santé, communication, échanges. Besoins psychologiques aussi : besoin de l'estime des autres, du respect, de l'exercice du pouvoir, besoin d'éducation.

La structure de la ville agit comme un catalyseur, accélérant le développement des idées philosophiques et religieuses, des sciences et des techniques, des arts et des concepts politiques. En organisant le foisonnement, la confrontation, l'expérience, mais aussi la sanction, ce prodigieux centre d'innovation attire, valorise ou engouffre, tantôt les hommes, tantôt les idées, comme un tourbillon sans fond.

Car la ville est une machine à communiquer ; un immense réseau au sein duquel la majorité des activités qui s'y déroulent a pour but l'acquisition, le traitement et l'échange d'informations. Démultiplication des communications et des échanges, mais surtout pluralité et diversité des choix : pour les employeurs qui disposent d'une palette de talents et de spécialités ; pour les salariés et les consommateurs, dont les possibilités de choix d'un emploi ou d'un type de biens ou de services sont diversifiés, parfois à l'excès.

La combinaison de ces facteurs au sein de la ville a contribué au développement quasi explosif des grandes métropoles au cours de ce siècle. En 1850, il existait dans le monde quatre villes de plus d'un million d'habitants. En 1900, il en existait vingt, et cinquante ans plus tard, cent quarante.

Chaque percée dans une direction se répercute sur une autre, accélérant son propre développement : découvertes scientifiques, productivité des entreprises, nouveaux produits, moyens de communication ou de transport ; mais aussi nouvelles manières de vivre, revendications, contraintes, conflits, réajustements sociaux. Ainsi se tisse dans l'interdépendance des facteurs la complexité organique des villes.

Les premières villes sont nées il y a près de cinq mille ans à partir de villages situés dans des zones fertiles, facilitant les communications : le croissant fertile de Mésopotamie, la vallée du Nil, puis de l'Indus et du fleuve Jaune. La fertilité de la terre environnante permet la domestication de l'énergie solaire grâce à l'agriculture. Le stockage d'aliments et d'énergie assure le maintien de la structure complexe des premières villes, tandis que la production d'un excédent énergétique permet l'accélération du développement. La communication par les grands fleuves et dans les deltas développe l'échange, le troc, le commerce, favorise la confrontation des cultures, catalyse l'innovation technique et sociale.

Jusqu'à une date assez récente, puisque avant 1850 il n'existait pas de société urbanisée, la grande majorité des habitants d'un pays vit dans des villages. Ces habitants y produisent tout ce dont ils ont besoin. A partir de matériaux bruts et d'énergie (aliments, combustibles, bois, textiles, cuir principalement), ils fabriquent les biens et les services utiles à la communauté. Le village assure ainsi son autoconservation.

Dans les premières grandes villes vivent les élites dirigeantes représentant le reste de la population, une minorité d'environ 20 %, composée d'hommes politiques, de religieux, de militaires, de nobles, de bourgeois et de grands commerçants. Cette élite se maintient jusqu'à la fin du XVIIIe siècle grâce aux ressources et à l'apport d'énergie représentés par le travail des villageois, la collecte de taxes et d'impôts de toutes sortes.

Au XIXe siècle, et au début du XXe, la révolution industrielle et la division du travail entraînent la spécialisation. Les moyens de communication à grande distance (chemin de fer et télégraphe électrique) se combinent et se renforcent pour attirer vers les villes des flux toujours plus denses de la population du pays. L'effet autocatalytique propre aux grandes agglomérations joue à fond. La force d'attraction que représentent la liberté des choix, le niveau des salaires, les possibilités de distraction et de réussite, contribue à drainer à une vitesse accélérée individus, énergie et matériaux, de la périphérie vers les villes.

La métropole moderne naît ainsi de la densité de population, de l'extension horizontale et verticale des constructions, de l'organisation des moyens de communication (automobile, téléphone, ascenseurs) et de la création de règlements et de codes permettant de contrôler les grandes fonctions des villes : régularité des heures de travail, réglementation de la circulation, tentatives de régulation automatique du trafic par feux de croisement, etc. Mais en même temps s'amorcent et s'entretiennent des oscillations cycliques provoquées par les grandes migrations quotidiennes des travailleurs. La ville se transforme en une gigantesque pompe aspirante et refoulante, remplissant et vidant alternativement certains de ses quartiers selon les heures de la journée ou au moment des week-ends.

La ville est-elle un organisme vivant ?

La croissance et les maladies de la ville, la multiplicité de ses fonctions, son comportement quotidien suggèrent que la ville réagit comme un organisme vivant communiquant avec un environnement qu'il modifie indirectement et qui le modèle à son tour. A la manière du récif de corail, de la ruche ou de la termitière, la ville est *à la fois* support et conséquence de l'activité de l'organisme social qui vit en son sein. Il est particulièrement difficile, sinon impossible, de dissocier, dans tout organisme, structure et fonction. C'est pourquoi on ne doit pas craindre l'analogie entre une ville et un « organisme vivant », à condition évidemment de placer cette expression entre guillemets.

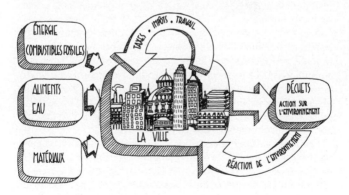

Quels sont les principaux éléments qui composent une ville, et comment entrent-ils en interaction ? Quand on observe la carte d'une ville, l'importance des structures cache les processus fonctionnels. Certes, parmi les rues, les avenues et les pâtés de maisons, on voit figurer des gares, des monuments, des hôpitaux

ou des organismes administratifs. Mais tout paraît solidifié.
L'aspect fonctionnel de la ville échappe à l'observation. Il faudrait, pour en saisir la complexité, l'équivalent d'un atlas, faisant ressortir la différenciation du tissu urbain en zones
d'activités ; les flux d'énergie, de matériaux et d'information qui
circulent entre les entreprises, les administrations, les zones résidentielles, l'environnement. En regroupant certaines grandes
catégories fonctionnelles du tissu urbain, il semble possible de
donner un aperçu du fonctionnement d'ensemble d'une ville ;
et surtout de rapprocher certaines de ses structures et fonctions
de celles d'autres organismes, quel que soit leur niveau de
complexité.

Les interactions entre les individus et les organisations, par
l'intermédiaire de moyens de communication, permettent d'assurer les grandes fonctions du système urbain : utilisation d'énergie et élimination des déchets ; production, consommation et
administration ; culture et loisir, information ; communications
et transports ; protection et sécurité. Ces diverses fonctions se
matérialisent par des structures différenciées.

Logements. La superficie la plus importante des villes est
occupée par les logements des habitants. Ces logements assurent
l'établissement et la protection du foyer. L'ensemble des zones
résidentielles représente environ 40 % en moyenne de la superficie des villes.

Entreprises et commerces. Lieu de travail de la majorité des
habitants des villes et de la banlieue, l'entreprise assure la fonction de production des biens et des services nécessaires à la
communauté. La distribution des produits est assurée par le secteur commercial, depuis le petit commerce, jusqu'aux grandes
chaînes de magasins et de supermarchés. Une place importante
est réservée à l'alimentation qui représente près de 25 % du budget des consommateurs des pays industrialisés.

Communications et transports. Les réseaux se différencient
par fonctions, suivant la nature de ce qu'ils véhiculent : personnes, matériaux ou informations. Dans les deux premiers cas, il
s'agit principalement du réseau des avenues et des rues ; des systèmes de transports urbains (métro, autobus, taxis) et interurbains
ou internationaux (gares, ports et aéroports). Dans le troisième
cas, des fils et câbles du téléphone, des centraux téléphoniques
et postaux, des stations de radio et de télévision, des organismes de presse et de diffusion du texte imprimé.

Stockage. Les grands réservoirs des villes se distinguent eux aussi selon leur utilisation : énergie, matériaux ou information. Le stockage de l'énergie se réalise dans les dépôts d'essence et de fuel, de gaz, de charbon. Quand il s'agit de denrées alimentaires périssables, dans les entrepôts spécialisés (halles, abattoirs, entrepôts frigorifiques) ou à cycle plus lent (silos à grains, citernes). Les matériaux les plus divers sont stockés dans des dépôts, des magasins. L'eau potable, dans d'immenses réservoirs. Quant aux informations, elles sont mémorisées dans les bibliothèques, les archives, les banques de données des ordinateurs. Une autre forme de stockage, celui de l'argent, s'effectue dans les comptes et coffres des banques.

Organismes administratifs et financiers. Une surface importante des grandes métropoles est occupée par des organismes assurant la régulation des équilibres économiques et sociaux : ministères, organismes gouvernementaux (nationaux ou internationaux), banques et autres organismes financiers.

Distribution de l'énergie et élimination des déchets. L'énergie entre et circule dans la ville par des réseaux électriques, les canalisations du gaz, les stations-service d'essence. Elle en sort sous forme de chaleur et de déchets collectés par les canalisations des égouts ou des camions spécialisés. Ces déchets sont partiellement éliminés par les stations d'épuration ou d'incinération, ou s'accumulent dans des décharges.

Il existe enfin toute une série d'autres organismes se rapportant plus directement aux activités propres des habitants : culture et vie artistique (musées, monuments, théâtres) ; santé (hôpitaux, cliniques) ; éducation (écoles, universités) ; loisirs et distraction (cinémas, terrains de sport, parcs, cabarets) ; protection et sécurité (casernes de pompiers, de militaires, commissariats de police, prisons) ; culte (églises, cimetières). Ces divers organes de la ville se regroupent souvent en quartiers : quartier des affaires, des spectacles, des universités ; quartier industriel ou commercial, des ministères, des musées, et aussi en espaces verts qui constituent, comme on dit, les « poumons » de la capitale.

Le métabolisme des villes

Toute ville a une histoire, mais aussi une vie quotidienne. Elle se nourrit de tonnes d'aliments, de combustibles et d'eau, servant à maintenir les activités des habitants, chez eux, à leur travail et pendant leurs loisirs. Pour une agglomération d'un million d'habitants, cette consommation quotidienne représente environ 2 000 tonnes d'aliments, 4 000 tonnes de combustibles et 630 000 tonnes d'eau. Paris consomme 30 % du pétrole utilisé en France, 20 % du charbon, 50 % du gaz et 15 % de l'électricité. Tandis que 25 % de la production agricole du pays sont engouffrés chaque jour pour apaiser sa faim.

La ville doit aussi absorber continuellement les matériaux qui servent à remplacer des structures usées ou à en construire de nouvelles. Comme l'organisme, la ville est le siège d'un renouvellement permanent des éléments qui la constituent. Ce renouvellement dynamique se traduit de manière spectaculaire par la coexistence des chantiers de démolition, englobant parfois tout un quartier, et des chantiers de construction, mais il s'exerce à tous les niveaux de l'organisation.

Toutes les villes rejettent dans l'environnement les déchets de leur métabolisme. Pour une ville d'un million d'habitants, ces rejets représentent quotidiennement 500 000 tonnes d'eaux usées contenant 120 tonnes de particules solides, 2 000 tonnes de déchets et 950 tonnes de polluants atmosphériques. Les effets de ces polluants sur la vie des individus ne sont que trop connus. Mais il en est un qui mérite qu'on s'y arrête, car c'est un résultat direct du métabolisme des villes : la modification de leur micro-climat.

Par suite des activités des hommes (chauffage, climatisation, industries, automobiles), la ville est une source de chaleur. Mais elle constitue aussi un « piège à chaleur », à cause des surfaces verticales qui amplifient la réflexion des rayons du soleil ; par suite du relief tourmenté des constructions qui accroît les turbulences et réduit l'évacuation de la chaleur ; et enfin parce que l'eau de ruissellement résultant des précipitations est immédiatement collectée et éliminée, et ne participe pas au refroidissement des murs et des sols par l'évaporation. La température de la ville se maintient donc à un niveau dépassant de quelques degrés la température de la campagne environnante. Aux effets de cette bulle de chaleur s'ajoutent ceux des poussières et des aérosols en suspension dans l'air. Ce qui crée des noyaux de condensation, provoquant des brouillards et les nuages habituels qui obscurcissent si souvent le ciel des grandes villes. Résultat : 30 % de jours de soleil en moins en hiver et 10 % de précipitations en plus toute l'année, par rapport aux environs immédiats de la ville.

Autre manifestation de la vie quotidienne de la ville : les migrations des travailleurs. Dans la plupart des grandes agglomérations, il se crée une succession de couches concentriques d'habitations traversées par des voies à grande circulation. Après un mouvement centripète qui attire les individus vers la ville, une régulation automatique se met à jouer : le bruit, la pollution, la nervosité des gens, le coût des logements, le manque de sécurité provoquent un mouvement centrifuge vers la banlieue verte, mais aussi vers la province. Dans certaines villes américaines, des quartiers du centre où se côtoient buildings de verre et taudis sont désertés la nuit et soumis au règne de la violence et de la peur ; tandis que les habitants vivent en maisons individuelles dans la banlieue verte et passent chaque jour de une à deux heures en voiture ou dans les trains pour se rendre à leur travail et en revenir.

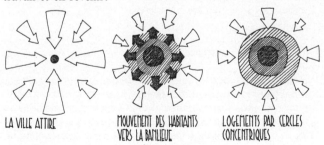

LA VILLE ATTIRE   MOUVEMENT DES HABITANTS VERS LA BANLIEUE   LOGEMENTS PAR CERCLES CONCENTRIQUES

La ville apparaît ainsi comme un système autorégulé qui contrôle et équilibre les flux des individus entre son centre et sa périphérie. Au cours de son histoire, la ville passe par une phase de croissance explosive, suivie d'une période de stabilisation, puis de stagnation, marquée parfois par la dégénérescence de certains quartiers, l'apparition de taudis, la migration de plus en plus lointaine des travailleurs, et la dégradation de sites représentant un héritage culturel et artistique.

4. L'entreprise

A la suite de la révolution industrielle, les entreprises se concentrent dans les villes où elles trouvent des conditions idéales pour leur développement : forte densité de population, main-d'œuvre abondante, intensité des échanges, activité des marchés. Les industries d'une ville modèlent sa personnalité et sculptent sa physionomie. A presque toutes les grandes villes d'un pays s'attachent une ou plusieurs fonctions de production qui les caractérisent et les font vivre. Extraction de minerai et d'énergie, grandes usines textiles, alimentation, chimie, sidérurgie, constructions mécaniques, électronique de pointe.

Aujourd'hui, les entreprises situées au cœur des grandes villes sont en majorité productrices de services, orientées vers le commerce et la distribution, ou constituent les sièges d'entreprises nationales et multinationales, regroupant les fonctions administratives, commerciales et financières. Les usines quittent les zones centrales des agglomérations pour se situer à leur périphérie ou en province, près des sources d'énergie, de la main-d'œuvre ou de la matière première.

Qu'est-ce qu'une entreprise ?

Pour une personne étrangère à la vie des entreprises, elles se ressemblent toutes. On ne voit que des bureaux avec leurs traditionnels moyens de communication : téléphones, machines à écrire, machines à reproduire ; quelquefois des ateliers et des laboratoires. Leur organisation interne se traduit par des organigrammes détaillés, mais sur lesquels n'apparaissent pas les échanges, les transferts, le mouvement des hommes et des informations, tout ce qui fait l'activité de l'entreprise.

Et pourtant l'entreprise a une vie propre. Elle naît, croît, se développe, arrive à maturation et meurt. Chaque entreprise est une cellule de production de l'organisme social ; et l'ensemble des entreprises d'un pays constitue la mégamachine de production. Comme une pompe aux dimensions gigantesques, elle met en mouvement les flux d'énergie et de monnaie qui s'écoulent dans les circuits du système économique [1].

L'entreprise regroupe un certain nombre de facteurs économiques, les agence et les utilise en vue de produire des biens et des services pour les échanger sur un marché. Mais une entreprise peut être représentée par une seule personne (un avocat ou un artiste, par exemple), ou prendre la forme d'une entreprise agricole ou d'un regroupement d'artisans. Dans cette optique plus générale, « est *entreprise* toute activité qui aboutit à vendre un produit ou un service sur le marché des biens de consommation ou de production » (Albertini).

L'entreprise est aussi un centre de décision capable de se doter d'une stratégie économique autonome, et dont le principal objectif doit être de « rendre maximal son profit sous les contraintes techniques et financières qui l'enserrent » (Attali et Guillaume). L'entreprise exerce donc deux fonctions principales, l'une au niveau des individus, l'autre au niveau de la société. La première fonction est la production de biens et de services utiles à la satisfaction des besoins des hommes. La seconde consiste à créer de la richesse, c'est-à-dire générer par sa croissance propre un surplus de valeur monétaire, en partie réinjecté dans les circuits économiques et contribuant à l'élévation du niveau de vie de la population d'un pays.

Que faut-il pour faire marcher une entreprise ?

Il faut d'abord une organisation. Ce sont les départements spécialisés de l'entreprise et les réseaux de communication qui les relient. Département de production, regroupant les usines, les ateliers, les machines. Département commercial, relié à son réseau de distribution. Administration et gestion (les organes de la planification et du contrôle). Recherche et développement (les sources de produits nouveaux).

1. Ce qui suit cherche à décrire dans ses grandes lignes le fonctionnement d'une entreprise de type « classique », c'est-à-dire appartenant à une « économie de croissance », sans porter de jugement sur les finalités de l'une ou de l'autre. Encore une fois, il s'agit ici, comme pour l'économie, de faire ressortir les caractéristiques communes à tous les systèmes complexes.

Il faut aussi des facteurs de production : sous ce terme, on rassemble les éléments qui servent à « faire marcher » l'entreprise, c'est-à-dire du travail, du capital, de l'énergie, des matériaux et des informations.

• Le travail, c'est l'énergie fournie par les ouvriers, les employés et cadres de l'entreprise, pour fabriquer les produits, traiter les informations, classer, communiquer, contrôler.

• Le capital est représenté par les ressources financières et les équipements de production.

• L'énergie et les matériaux, c'est le flux de combustibles fossiles, d'électricité, de vapeur qui fait tourner les machines, et le flux de matières premières et de produits semi-finis qui servent de matériaux de départ à la fabrication ou à l'assemblage.

• Les informations, c'est le savoir-faire *(know-how)*, les brevets, les licences ; tous biens immatériels résultant de l'expérience des membres de l'entreprise et d'un savoir préalablement accumulé.

Les biens matériels produits par l'entreprise grâce à la combinaison de ces facteurs sont destinés, soit à d'autres entreprises (ce sont les biens de production), soit aux particuliers (ce sont les biens de consommation). Les biens immatériels produits par l'entreprise sont les services (transports, publicité, conseils, assurances, etc.). L'entreprise achète ses facteurs de production sur des marchés spécialisés. C'est ce que montre le schéma de la page suivante. Il reprend le modèle général de la p. 50, mais en « ouvrant les boucles » de manière à l'appliquer plus directement à l'entreprise et à mettre en évidence les flux qui y entrent *(inputs)* et les flux qui en sortent *(outputs)*.

L'entreprise achète ou loue sur ces différents marchés les facteurs nécessaires à la production des biens ou des services. Par exemple, lorsqu'elle aura besoin d'argent pour se développer ou se maintenir en vie, elle pourra « *louer de l'argent* » aux banques (par le système des prêts à court terme ou à long terme). Elle pourra aussi « *acheter de l'argent* » en payant les vendeurs avec une monnaie d'un type particulier, propre à l'entreprise : des *actions*. Les vendeurs prendront donc une part (représentant une fraction de propriété) du capital de l'entreprise et deviendront actionnaires.

L'entreprise déduit de ses revenus les sommes nécessaires à la rémunération des facteurs de production. Ces sommes sont représentées par les salaires (payés en échange du travail), les *intérêts* et *dividendes* (en échange des prêts ou du capital), les

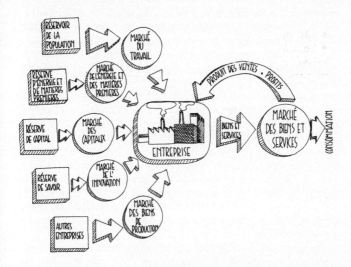

royalties (en échange du savoir-faire et des brevets) ; mais aussi par les impôts versés à l'État. L'entreprise ne peut donc créer de la richesse que si elle produit plus de valeur qu'elle n'en consomme.

Le rôle du chef d'entreprise

Le choix des objectifs de l'entreprise, des moyens à mettre en œuvre pour les atteindre et des systèmes de contrôle à mettre en place pour vérifier que l'entreprise est sur la bonne voie, relève de la fonction de *gestion*, assumée par le chef d'entreprise.

La régulation efficace — la bonne gestion — peut être considérée comme l'ajustement des objectifs de l'entreprise en fonction des contraintes de l'environnement dans lequel elle vit. Quels sont les principaux objectifs d'une entreprise ? D'abord l'amélioration de la productivité, l'accroissement de la quantité de biens et de services produits. Ensuite, le bon choix des ressources financières et des investissements qui conditionnent la rentabilité de l'entreprise. Le maintien de la position sur le marché et la poursuite des efforts de marketing, de recherche ou de déve-

loppement, afin d'accroître la demande en produits existants ou
nouveaux. La formation des ouvriers, des employés et des cadres.
Enfin, le maintien de l'utilité sociale de l'entreprise, c'est-à-dire
son rôle comme agent de transformation de la société, ce qui
lui confère une responsabilité publique. Tous ces objectifs opé-
rationnels s'intègrent dans un objectif global qui est de rendre
maximal le profit de l'entreprise.

Les contraintes exigent un réajustement de ces objectifs. Elles
sont sociales (revendications des travailleurs, conflits, rapports
de forces), financières (prise de contrôle extérieur, disponibilité
des ressources), industrielles (capacité de production), commerciales (concurrence) ou administratives (efficacité interne). Le
chef d'entreprise cherche à adapter en permanence les moyens
dont il dispose à la réalisation des objectifs en tenant compte
de ces différents types de contraintes, et de leur importance à
un moment donné. C'est dans ce but qu'il exerce les fonctions
de planification, d'organisation, de contrôle, de communication
et de formation.

On peut donc considérer le chef d'entreprise comme un « comparateur [1] », capable de transformer des informations en
actions. Cette transformation, c'est la prise de décision. L'organisation hiérarchique de l'entreprise constitue un système de
démultiplication qui rend possible la transformation des instructions venant du chef d'entreprise et de son équipe en actions pouvant engager d'importantes ressources humaines, matérielles ou
financières. L'organisation de la gestion de l'entreprise peut ainsi
être conçue comme un système d'information-décision-action.

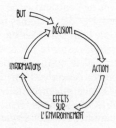

1. On retrouvera ce terme au chapitre consacré à la cybernétique.

La fonction de gestion du chef d'entreprise s'inscrit à l'intérieur d'une boucle, allant des objectifs aux décisions, des décisions aux actions, puis du résultat des actions à de nouvelles décisions.

Mais cette fonction met en jeu deux modes d'actions qui peuvent sembler contradictoires. D'un côté le chef d'entreprise doit agir comme un agent de stabilisation : pour assurer la survie de son entreprise et la sécurité de l'emploi, il doit maintenir son équilibre. De l'autre, il doit assurer la croissance continue de l'entreprise. Le dosage de ces deux modes d'actions détermine le comportement dans le temps de l'entreprise. Elle peut ainsi, comme tout organisme complexe, passer par des phases de croissance, de stagnation, de régression ou de fluctuations.

La stratégie de la croissance

La stratégie à long terme de l'entreprise a pour but principal d'assurer la croissance tout en maintenant l'équilibre et la stabilité. Les contraintes traditionnelles de l'entreprise (sociales, financières) font place à des contraintes nouvelles découlant de la vitesse de développement des sociétés industrielles et de l'accélération de la croissance économique.

L'équipe de direction doit voir plus loin, décider plus vite, préparer des prévisions et des plans de développement détaillés, rendre plus rigoureux les moyens de contrôle. Elle doit aussi tenir compte de l'évolution du milieu extérieur, des techniques, des goûts et des besoins des individus. De la concurrence, du taux général d'expansion de l'économie nationale ou internationale. Ces exigences ont conduit les entreprises à adopter jusqu'à présent une stratégie de croissance tantôt fondée sur la création de moyens nouveaux (techniques, industriels, commerciaux), tantôt sur la fusion avec d'autres compagnies, le rachat ou l'absorption de sociétés offrant des perspectives de diversification.

Cette stratégie de croissance débouche naturellement sur une stratégie financière, sur le choix du type de ressources nécessaires pour maintenir la croissance à un taux compatible avec la taille et les objectifs de l'entreprise, tout en permettant aux dirigeants ou aux principaux actionnaires de conserver une certaine liberté d'action.

L'autofinancement permet de concilier croissance et indépendance financière. L'entreprise capable d'assurer son autofinancement déclenche et entretient un processus autocatalytique ressemblant à une explosion. Le surplus de valeur dégagé par une entreprise bien gérée peut se comparer à un *excédent énergétique*. La réinjection de cet excédent et sa répartition dans des investissements stratégiques (consolidation de la situation financière, renforcement des équipes, accroissement des réseaux de vente ou de la production) constituent l'autofinancement. Il assure à la fois le maintien de la structure, l'accroissement des moyens et la poursuite de la croissance. Le but de tout entrepreneur, lorsqu'il crée une entreprise, est de déclencher et d'entretenir ce processus d'autofinancement.

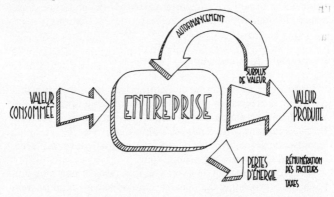

Même si elle commence avec deux personnes, une entreprise bien gérée peut parvenir à un niveau d'efficacité suffisant pour permettre son maintien et sa croissance. Elle n'atteindra souvent une taille respectable qu'au bout de plusieurs années. Aller plus vite signifie presque toujours investir plus d'argent. Pour « mettre en orbite » une nouvelle entreprise dans un délai très bref, il faut (en plus des idées, des hommes et du savoir-faire) des capitaux d'un type particulier représentant « l'énergie potentielle » nécessaire à la réaction, pour qu'elle puisse s'amorcer et s'auto-entretenir. Le risque peut être élevé : combien d'énergie faudra-t-il dépenser avant que la réaction cesse d'en consommer et produise la faible quantité excédentaire capable de déclencher la réaction en chaîne ? C'est sur l'évaluation d'un tel risque que se fonde l'art de la création d'une entreprise.

5. L'organisme

Dès la fin du XVIIIe et au XIXe siècle, à la suite des progrès de l'anatomie, de la physiologie et de la médecine, de nombreux naturalistes et philosophes comme Worms, Spencer, Bonnet, Saint-Simon, étendirent la notion d'organisme à la société dans son ensemble (organisme politique, organisme social). Utilisant parfois des analogies naïves ou audacieuses, donc certaines nous font aujourd'hui sourire, ils contribuèrent cependant à élargir l'horizon de nos connaissances sur la vie de l'homme en société.

La métaphore de l'organisme possède en effet une grande puissance d'évocation. Elle permet, selon la très belle expression de Judith Schlanger, « d'intégrer le savoir et le sens ». Elle englobe la complexité et l'interdépendance en une totalité intégrante et autonome dans laquelle la richesse et la variété des liaisons entre les éléments apparaissent parfois plus importantes que les éléments eux-mêmes.

Au terme de cette première partie, on va retrouver, au niveau de l'organisme et de la cellule, des principes et des modèles de fonctionnement communs aux « organismes » déjà rencontrés. Comme pour l'écologie et l'économie, l'organisme et la cellule seront observés à travers le « macroscope » afin de concentrer l'attention sur les grandes lignes de leur fonctionnement et de leur régulation, et pour dégager les notions de base d'une nouvelle méthode d'approche de la complexité.

Les grandes fonctions de l'organisme [1]

Voici un homme au travail. Dans une entreprise, par exemple. Il y exerce une fonction spécialisée. Son travail peut être manuel (déplacer ou positionner des objets, exercer des forces) ; ou intellectuel (trier, classer, traiter des informations, organiser, contrôler). Son action sur son environnement immédiat se manifeste ainsi par des *forces* ou par des *informations* transmises à d'autres hommes ou à des machines.

---

1. La fonction de reproduction, n'intervenant pas en permanence, n'est pas envisagée ici. Par ailleurs, c'est à dessein que la description qui suit utilise des termes très généraux, de manière à faire ressortir les analogies entre l'organisme et les autres systèmes qui ont été décrits.

De quoi cet homme a-t-il besoin pour effectuer son travail et produire ces efforts ? Principalement d'énergie et d'informations. L'énergie lui est fournie par les aliments qu'il se procure et qu'il consomme régulièrement. Les informations appartiennent à deux catégories. Un stock de départ : l'éducation qu'il a reçue et qui lui permet d'exercer son savoir-faire dans sa profession. Ensuite les instructions qui guident son travail et les signaux provenant de son environnement et de l'intérieur même de son propre organisme. En échange de son travail, l'homme reçoit une rémunération grâce à laquelle il se procure des aliments, et d'autres biens ou services dont il a besoin.

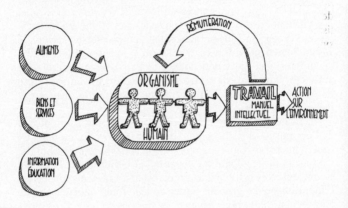

Pour se maintenir en vie et accomplir un travail, recevoir et générer des informations, il faut une organisation particulière, s'appuyant sur des agents de transformation (les organes), un réseau de distribution de l'énergie et un réseau de communication. Cette organisation est représentée dans ses grandes lignes par le schéma de la p. 70.

La transformation de l'énergie

Le système de transformation de l'énergie regroupe plusieurs organes et fonctionne en circuit presque fermé. Il utilise des aliments venant de l'extérieur et de l'oxygène, met en œuvre des convertisseurs successifs, un réseau de distribution, des unités de filtration, de recyclage et d'élimination des déchets.

Les aliments riches en énergie (sucres, graisses) et en matières premières indispensables (protéines, acides aminés) passent dans la série de convertisseurs du système digestif (estomac, intestin). Au cours de ces différentes transformations, les substances extraites des aliments de base sont soit immédiatement utilisées, soit stockées pour un usage extérieur. L'oxygène de l'air est aspiré par les poumons, qui rejettent, lors de l'expiration, le principal gaz de combustion de l'organisme, le gaz carbonique. L'énergie extraite des aliments, l'oxygène et de nombreuses substances indispensables sont distribués et véhiculés par un fluide (le sang), circulant dans un réseau ramifié. Cette circulation est entretenue par le travail d'une pompe (le cœur), capable de pomper de 5 000 à 6 000 litres de sang par jour. Les déchets du métabolisme et les gaz de combustion étant rejetés dans le sang, un système de filtration, de recyclage et d'élimination des déchets doit assurer la régénération de ce fluide vital. Les principaux filtres de l'organisme sont les poumons, les reins et le foie.

Le sang est régénéré dans les poumons par élimination du gaz carbonique et absorption de l'oxygène par l'hémoglobine des globules rouges. Les reins filtrent et recyclent le sang après l'avoir débarrassé de ses déchets. 99 % du fluide qui les traverse sont retournés à la circulation, le reste est transformé en urine qui élimine les déchets. Quant au foie, il agit comme un filtre chimique retenant et détruisant des substances internes (ou provenant de l'extérieur) pouvant être toxiques pour l'organisme.

La communication et le traitement des informations

Le système de traitement des informations se compose de capteurs et de mémoires ; d'organes de traitement, de contrôle et de régulation ; et de deux réseaux de communication interconnectés, l'un électrochimique (les nerfs), l'autre chimique (les hormones).

Les capteurs permettent de transformer les signaux venant de l'environnement en informations reconnaissables par le système de traitement. Ces capteurs sont de nature photo-électrique (détection de la lumière et des images), acoustique (sons), chimique (détection des odeurs), mécanique (frottements). Ils constituent le système sensoriel.

Les informations sont stockées dans des mémoires et traitées en différentes zones de la moelle épinière ou du cerveau : zone olfactive, zone visuelle, zone auditive. Le contrôle et la régulation des grandes fonctions de l'organisme sont assurés par le cerveau ou directement au niveau des glandes endocrines. La régulation nécessite souvent la coopération de plusieurs organes. Un réseau de communication interne entre organes est donc essentiel. Ce réseau est de nature électrochimique. Il permet la conduction d'une impulsion électrique (représentant l'information) par l'intermédiaire des nerfs. Mais il est aussi de nature chimique : c'est l'émission par une glande endocrine d'une molécule-signal, une hormone, dans le courant sanguin. Tous les autres organes irrigués par le sang reçoivent aussi cette hormone, mais, du fait des instructions codées qu'elle renferme, seuls les organes concernés sont informés de l'action régulatrice à entreprendre. Ces réseaux de communication constituent le système nerveux et le système endocrinien.

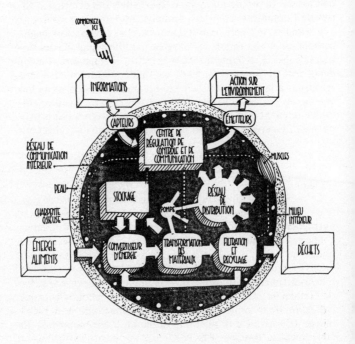

La charpente interne, le déplacement et la protection

L'organisme, limité par la peau, ressemble à un sac étanche rempli à 60 % d'eau. Les organes qu'il contient et leurs réseaux de communication n'ont pas une consistance suffisamment rigide pour éviter que l'ensemble ne s'affaisse sous son propre poids. Le squelette fait office de charpente. De nombreux os, parmi les deux cent six qui le constituent, fonctionnent comme des bras de leviers. Ils sont indispensables à tout mouvement et à tout déplacement. La contraction des six cents muscles du système musculaire fournit la force motrice capable d'agir sur les bras de leviers ou sur les tissus pour provoquer mouvements et locomotion.

La peau est une barrière externe empêchant l'invasion de l'organisme par les microbes ou les corps étrangers. Lors d'une lésion, elle se reconstitue par la cicatrisation. C'est aussi une surface sensible capable de détecter, grâce à des terminaisons nerveuses, les informations venant de l'environnement. Elle intervient également dans la régulation de la température du corps. L'organisme possède un système d'autodéfense contre les attaques des substances étrangères. Ses armes sont les anticorps capables de reconnaître et de détruire des protéines étrangères ; et les globules blancs qui absorbent et neutralisent les bactéries dangereuses pour l'organisme.

L'équilibre du milieu intérieur

L'organisation du corps permet à l'homme d'agir sur son environnement et de réagir à des informations ou à des agressions qui en proviennent. Les physiologistes montrent que les réactions de l'homme ou des animaux à ces agressions se ramènent à trois comportements de base : la fuite, la lutte et l'adaptation.

Si l'environnement devient désagréable, hostile ou dangereux, l'organisme peut réagir par la fuite : il change tout simplement d'environnement, jusqu'à ce qu'il parvienne dans un milieu où il se sente à l'aise. Il peut également attaquer ou se défendre. Modifier par une action délibérée l'environnement qui le menace, et revenir à des conditions qui lui sont favorables.

L'organisme semble ainsi s'adapter en permanence à de nouvelles conditions de vie. En fait, cette adaptation n'est jamais parfaite. L'homme éprouve des difficultés à s'adapter totalement à un milieu donné. Ce qui provoque souvent frustrations, angoisses, malaises. Composantes néanmoins positives, et que l'on retrouve presque toujours à la racine d'actions conscientes ou inconscientes conduisant à un changement ou à des transformations.

Un homme agressé par l'environnement (ou informé d'un plaisir ou d'un danger tout proche) se prépare à l'action. Son organisme mobilise des réserves énergétiques et sécrète certaines hormones, comme l'adrénaline, qui le préparent à fuir ou à lutter. Cette mobilisation s'exprime par des manifestations physiologiques familières. Sous l'effet d'une émotion, d'un danger, d'un effort, le cœur bat plus vite. La respiration s'accélère. Le visage s'empourpre ou pâlit. Le corps transpire. On a le souffle coupé, des sueurs froides, des frissons, les jambes tremblantes. Ces manifestations physiologiques dénotent l'effort qu'accomplit l'organisme pour *maintenir son équilibre interne*. Le travail effectué peut être volontaire : boire quand on a soif, manger quand on a faim, mettre un vêtement si l'on a froid, ouvrir la fenêtre s'il fait trop chaud. Ou involontaire : il se traduit alors par des frissons ou par la transpiration.

L'équilibre interne de l'organisme, indicateur ultime de son bon fonctionnement, c'est le maintien à un taux constant de la concentration dans le sang d'un certain nombre de molécules et d'ions essentiels à la vie, et le maintien à une valeur déterminée de certains paramètres physiques tels que la température. Ceci malgré les modifications de l'environnement.

Cette extraordinaire propriété de l'organisme n'a pas manqué d'intriguer de nombreux physiologistes. Dès 1865, Claude Bernard remarquait, dans son *Introduction à la médecine expérimentale*, que la « constance du milieu intérieur était la condition essentielle d'une vie libre ». Mais il fallait trouver un concept permettant de regrouper l'ensemble des mécanismes assurant la régulation de l'organisme. Ce concept, on le doit au physiologiste américain Walter Cannon. En 1932, impressionné par la « sagesse » de l'organisme (*the wisdom of the body*) capable d'assurer avec une telle efficacité le contrôle des équilibres physiologiques, il forme le mot d'*homéostasie* à partir de deux mots grecs signifiant : demeurer constant. La notion d'homéostasie occupe depuis lors une place centrale en cybernétique [1].

---

1. Il en sera question en particulier au chap. 2, p. 127 s.

La régulation des réactions de la vie

Le milieu intérieur peut, à juste titre, s'identifier au principal fluide qui circule dans l'organisme et qui baigne les organes et les cellules : le plasma sanguin.

Le plasma est un milieu aqueux, en équilibre avec le fluide extracellulaire existant entre les capillaires et les cellules. Un résidu de l'océan primitif où baignaient les premiers organismes vivants. Le plasma représente 55 % du sang (les 45 % restant : globules rouges, globules blancs et plaquettes). Il est composé de 92 % d'eau et de 8 % de molécules essentielles à la vie, tels le glucose et les acides aminés, les acides gras, les hormones (insuline, adrénaline, aldostérone), et d'ions comme le calcium ou le sodium.

Quelles sont les principales propriétés du plasma sur lesquelles porte la régulation ? La température, qui se maintient aux alentours de 37°C chez l'homme et la plupart des mammifères. La concentration en ions calcium et en ions sodium. La concentration en hormones et en glucose. La pression et le volume san-

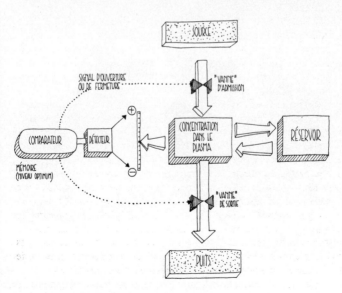

guins. Le nombre de globules rouges. L'acidité et la concentration en eau du plasma.

La régulation s'effectue par l'intermédiaire d'un mécanisme
de contrôle comprenant un *détecteur*, un *comparateur* et une
mémoire dans laquelle sont inscrites les valeurs limites ne pouvant être dépassées. Chaque molécule ou chaque ion présent dans
le plasma provient d'une « source », peut être stocké dans un
réservoir, et disparaît dans un « puits ». Le modèle général d'une
régulation peut donc se présenter par le schéma page précédente.

Un des cas les plus simples est celui de la régulation de la
concentration en *calcium*. Le calcium joue un rôle très important dans la contraction musculaire, dans la formation et la
composition des os. Sa concentration dans le plasma se maintient de manière remarquable à une valeur comprise entre
8,5 milligrammes pour cent millilitres et 10,5 mg%. Le calcium
entre quotidiennement dans l'organisme grâce aux aliments (dans
le lait par exemple, qui en contient beaucoup). Il peut être stocké
dans l'immense réservoir à calcium que forment les os. Seule une
petite quantité est excrétée dans les urines. La régulation de sa
concentration dans le plasma s'effectue de la manière suivante :

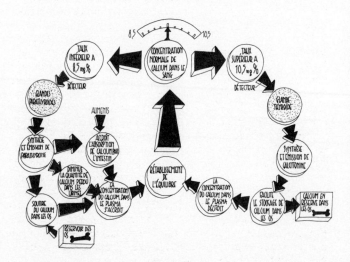

Quand le taux de calcium tombe trop bas (en dessous de
8,5 mg%), un détecteur moléculaire placé dans les tissus des glan-

des parathyroïdes envoie un signal déclenchant la synthèse d'hormone parathyroïdienne. Cette hormone libérée dans le sang agit de trois façons : 1) en soutirant plus de calcium des os ; 2) en ralentissant la perte de calcium dans les urines ; 3) en accroissant la quantité de calcium venant de l'intestin. Résultat : la concentration du calcium remonte. Si elle remonte trop haut (dépassant la valeur de 10,5 mg%), un détecteur placé sur la glande thyroïde envoie un signal déclenchant la synthèse de l'hormone calcitonine qui agit en accélérant le stockage du calcium dans les os. Ce qui a pour effet de faire baisser le taux de calcium dans le plasma.

Le chef d'orchestre des fonctions instinctives

La réputation des autres « constantes » du plasma fait généralement intervenir le cerveau et le comportement. Un des détecteurs les premiers informés des modifications internes de l'organisme est une région du cerveau jouant un rôle très important comme centre d'intégration des fonctions végétatives (faim, soif, régulation de la température du corps ou comportement sexuel). Ce centre est l'hypothalamus, chef d'orchestre des fonctions instinctives.

Faim. Lorsque nous avons faim, l'hypothalamus détecte une baisse du taux de glucose, d'acides aminés ou d'acides gras dans le plasma. Il intègre aussi d'autres signaux : température du corps, distension de l'estomac. Ce qui accroît la sensation de faim. La constante de temps de ce mécanisme de régulation est essentielle. Une durée considérable peut en effet s'écouler entre le moment où l'on a faim, et celui où l'on consomme de la nourriture. Un mécanisme à réponse rapide doit donc faire remonter le taux de glucose dans le sang. Les glandes surrénales détectent cet écart à l'équilibre et sécrètent de l'adrénaline qui transforme les réserves de glycogène stockées dans le foie en glucose immédiatement utilisable. Résultat : en moins de quinze minutes, le taux de glucose commence à remonter. A plus long terme (c'est-à-dire après deux heures environ), la sécrétion de l'hydrocortisone par le cortex surrénal permet la transformation des protéines en glucose. Les résultats n'apparaissant dans ce cas qu'au bout de six à huit heures.

Soif. Lorsque le plasma devient trop concentré, l'hypothalamus envoie un signal à la glande hypophyse qui sécrète de l'hormone antidiurétique. Cette hormone déclenche la libération de vasopressine agissant sur les reins. Résultat : l'urine fabriquée devient plus concentrée, une partie de l'eau est donc récupérée pour aller diluer le plasma. En même temps, on ressent une sensation de soif qui déclenche des comportements conduisant à absorber des liquides.

Température. La température est remarquablement contrôlée à 37°C chez l'homme et ne varie qu'entre 35 et 44°C chez la plupart des animaux à sang chaud. Cette régulation, contrôlée au niveau de l'hypothalamus (sensation de froid ou de chaud), repose sur l'isolement thermique (vêtements, fourrures, graisse, chauffage, climatisation) et sur la production interne de chaleur (combustion de graisses, contraction des muscles au cours des frissons, par exemple). L'évacuation de la chaleur excédentaire est réalisée par le sang et sa dissipation par la peau. L'évaporation qui se produit lors de la transpiration refroidit considérablement l'organisme.

Le cerveau : intégrateur ou centre de décision ?

Il existe de nombreux autres types de régulations agissant au niveau supérieur du cortex et faisant intervenir les multiples facettes du comportement. Ces régulations se fondent non plus seulement sur de simples signaux d'erreur interne, mais sur une foule d'informations venant de l'extérieur : symboles ou signes, hiérarchisés en niveaux de valeurs, intégrés en règles de conduite et susceptibles de déclencher une cascade de comportements. En fonction de son échelle de valeurs personnelles, un homme peut décider de faire la grève de la faim, et de la pousser jusqu'à la mort. Il choisit ainsi une autre finalité que celle du maintien de son propre organisme. Il ne répond plus au « signal d'erreur ». Ce que ne peut évidemment faire la glande ou l'organe.

Interviennent aussi le plaisir et la peur. Dans une région de l'hypothalamus existent des faisceaux de fibres nerveuses qui semblent jouer un rôle essentiel dans le système de récompense de l'organisme. Si l'on stimule par des décharges électriques chez un animal de laboratoire l'un de ces faisceaux, l'animal se met à manger avec boulimie. En présence d'animaux du sexe opposé, il se met à copuler avec frénésie. Si on lui laisse la possibilité de stimuler lui-même ce centre du plaisir, il s'adonne jusqu'à épuisement à cette activité narcissique, poussant la fréquence des stimuli jusqu'à 8 000 par jour ! Par contre, toute stimulation du faisceau complémentaire de fibres nerveuses provoque des réactions typiques de la douleur, sauts, morsures, cris aigus, postures de défense.

Les régulations réelles de l'organisme nécessitent des circuits compliqués *se prolongeant bien au-delà des limites de l'organisme* et jusqu'au cœur de son environnement. Reprenons l'image du début de ce chapitre, celle de l'homme au travail dans l'entreprise. La recherche de récompense, de considération, voire d'un certain plaisir (de domination, de pouvoir, ou simplement du travail bien fait), jointe à la crainte découlant de la discipline et de la hiérarchie de l'entreprise, agissent en permanence sur les régulations de son équilibre interne et de son équilibre avec son environnement immédiat. Stress, angoisses, frustrations, joies, plaisir, bien-être, exercent ainsi une influence quotidienne sur les régulations hormonales, sur la mobilisation des ressources énergétiques, et en définitive sur notre santé physique et mentale.

L'organisme est donc en permanence informé de l'état de fonctionnement de ses organes et de ses équilibres internes, grâce à des signaux venant de l'extérieur et de l'intérieur. Le cerveau apparaît comme l'*intégrateur* de ces différents signaux et non comme le centre hiérarchique suprême où se prennent les décisions : il n'y a pas de « leader » dans l'organisme humain.

6. La cellule

Au niveau de la cellule vivante, les notions d'organisme et de société convergent et s'éclairent l'une par l'autre. La métaphore de l'organisme a connu un certain succès au niveau de la société. Aujourd'hui, c'est au tour de la notion de société de venir féconder la biologie. « La cellule, société de molécules », écrit François Jacob.

Au terme de l'ouverture des « poupées russes », la petite dernière — celle où notre connaissance est la plus neuve — va éclairer en retour toute la hiérarchie des niveaux de complexité qui ont conduit jusqu'à elle. La boucle va se refermer. De l'énergie solaire transformée par l'écosystème aux réactions de régulation qui maintiennent la vie de la cellule, en passant par l'action de l'homme sur son environnement : tout se tient, s'enchaîne, se boucle et s'imbrique.

Le minimum vital d'une cellule

La cellule d'un organisme supérieur maintient sa structure, régule et contrôle ses fonctions métaboliques, croît, se reproduit, effectue un travail, exerce une fonction spécialisée au sein d'un organe, meurt... Ces fonctions caractérisent la vie : autoconservation, autorégulation, autoreproduction, et capacité à évoluer.

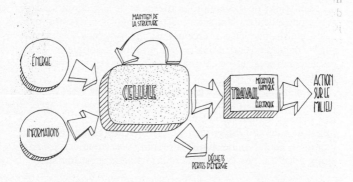

La vie oppose à la matière inerte son dynamisme énergétique. A la différence du cristal qui n'existe et ne dure qu'en équilibre statique avec son environnement, la cellule se renouvelle en permanence dans sa composition la plus intime grâce au flux d'énergie et de matériaux qui la traverse. Malgré ce brassage moléculaire, la cellule maintient son organisation interne contre la tendance naturelle au désordre. La clef de cette stabilité réside dans son stock d'informations génétiques.

Structures et fonctions sont donc inséparables : le maintien des unes ne peut être assuré que par le dynamisme énergétique des autres. Les structures reposent sur des matériaux de construction agencés selon une rigoureuse organisation spatiale, tandis que les fonctions s'exercent par l'intermédiaire d'une organisation temporelle reposant sur des myriades de réactions élémentaires rigoureusement coordonnées et synchronisées. Pour assurer le maintien de sa structure et de ses fonctions, il faut à la cellule des *agents de transformation*. Dans la société cellulaire, ces agents sont des molécules formant des groupes restreints de catégories chimiques.

Les deux principales catégories d'agents chimiques de la cellule sont des molécules géantes (on les appelle macromolécules). Les unes sont des *protéines*, éléments de construction ou catalyseurs contrôlant l'activité cellulaire (il s'agit alors des enzymes). Les autres, les *acides nucléiques* [1] (ADN et ARN), renfermant les informations nécessaires à l'assemblage des protéines et des enzymes, ainsi qu'à la reproduction de la cellule.

Les autres agents essentiels à la vie cellulaire sont principalement des molécules-signaux qui permettent les communications ; des molécules riches en énergie ; des molécules de petite taille jouant le rôle de blocs de construction ; des électrons et leurs transporteurs (essentiels dans les transferts d'énergie) ; enfin des molécules d'eau. Toute cette population peut être évaluée. Dans une cellule simple comme une bactérie — d'un millionième de millimètre de long —, on compte 10 à 100 milliards de molécules d'eau (70 % de la composition totale de la cellule), 100 millions à 1 milliard de molécules de taille moyenne représentant près de 500 espèces chimiques différentes (sucres, graisses, acides aminés, pigments, etc.), 5 000 à 10 000 espèces distinctes de molécules géantes de protéines et d'enzymes constituant une population d'environ 5 millions de molécules. Enfin une seule sorte de macromolécule contenant les informations nécessaires pour diriger la fabrication de toutes les autres : l'acide désoxyribonucléique ou ADN.

L'efficacité des interactions et des échanges entre ces divers agents moléculaires est assurée par un petit nombre d'organisations supramoléculaires. C'est par l'intermédiaire de ces organisations que s'exercent les grandes fonctions de la société cellulaire.

La conversion de l'énergie se réalise dans les *mitochondries*, centrales énergétiques. Le stockage de l'énergie et des réserves dans les *vacuoles*. La fabrication des protéines dans les *ribosomes* — ateliers de montage. Le stockage des informations dans le *noyau*. Enfin, le filtrage des communications avec l'extérieur, la protection de la cellule et la catalyse d'un grand nombre de réactions fondamentales se réalisent au niveau de la *membrane*.

---

1. Nucléiques, parce qu'on les trouve principalement dans le noyau des cellules.

La cellule apparaît donc comme un système autorégulé, transformateur d'énergie, capable à tout moment d'équilibrer sa production en fonction de sa consommation interne et de l'énergie dont elle dispose.

Comment relier la cellule et l'organisme ?

Afin de relier l'activité de la cellule à celle de l'organisme tout entier, on peut s'appuyer sur deux fonctions complémentaires, la *respiration* et *l'alimentation*. Que se passe-t-il d'abord au niveau cellulaire ?

La respiration est la réaction de base de la vie animale. C'est une combustion en présence d'oxygène se produisant dans la mitochondrie. Cette réaction permet à la cellule d'extraire, à partir d'aliments obtenus à l'extérieur, l'énergie dont elle a besoin pour synthétiser des matériaux, se déplacer, sécréter des substances spécialisées, émettre des signaux électriques, et, évidemment, pour se reproduire. Considérée sous cet angle, la respiration représente donc une fonction beaucoup plus générale que la simple ventilation pulmonaire avec laquelle elle est souvent confondue.

D'une manière analogue à tout processus industriel de transformation, la respiration nécessite des *combustibles*, un *comburant* et des *catalyseurs* :

Le combustible principal de la cellule est le glucose. Il est extrait des aliments grâce à la chaîne des convertisseurs du système digestif, et livré « à domicile » par le réseau de distribution des capillaires.

Le comburant, c'est évidemment l'oxygène de l'air, véhiculé par l'hémoglobine des globules rouges et également livré à domicile dans le liquide qui baigne les cellules.

Les catalyseurs, ce sont les enzymes qui accélèrent et contrôlent les réactions de combustion et l'utilisation de l'énergie dégagée. Cette énergie brute se présente d'abord sous la forme d'électrons.

Le but ultime de la respiration est la recharge des « batteries » de la cellule. Tout ce qui vit utilise en effet une molécule véhiculant une réserve d'énergie et jouant le rôle d'une sorte de batterie portative, partout où la cellule a besoin de fournir un travail chimique, mécanique ou électrique. Cette molécule s'appelle l'ATP. Quand elle a cédé son énergie (quand la batterie est déchargée), on l'appelle l'ADP[1]. On peut assimiler le cycle de combustion et d'extraction des électrons à un *générateur* et les chaînes de recharge de l'ADP en ATP à un *chargeur*. Le schéma suivant illustre et résume le rôle de chaque agent.

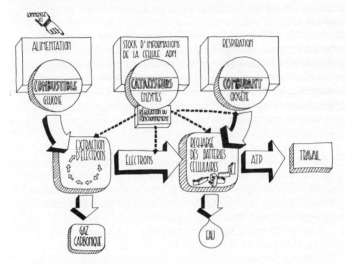

Ce modèle global permet d'illustrer trois importants aspects du fonctionnement moléculaire de la cellule : la transformation et l'utilisation de l'énergie ; la régulation d'ensemble du métabolisme cellulaire par les enzymes ; enfin, le fonctionnement d'un enzyme spécialisé, l'hémoglobine.

La transformation et l'utilisation de l'énergie par la cellule

Les petites molécules résultant de la digestion constituent les matières premières de la cellule. Il s'agit surtout du glucose, des acides aminés et des acides gras. Mais, avant d'être utilisés dans les réactions de combustion, ils doivent subir une préparation. Le générateur ne fonctionne en effet qu'à partir d'un combustible « raffiné » : la molécule d'acide acétique activée.

1. L'ATP signifie adénosine triphosphate, et ADP, adénosine diphosphate.

Les réactions qui assurent cette préparation et l'extraction des électrons se succèdent dans un ordre rigoureux. En fin de chaîne, elles forment un cycle fermé : le principal résidu de la combustion est associé à une nouvelle molécule d'acide acétique activée et réintroduit à chaque tour. Ce cycle qui alimente la vie de toute cellule évoluée s'appelle le cycle de Krebs [1]. C'est le « générateur » d'électrons.

Le flux d'électrons qui sort de ce générateur sert à recharger les « batteries » de la cellule grâce à une autre série de réactions couplées à la première [2]. Cet ensemble forme le « chargeur ». Tout au long des chaînes du chargeur, les électrons perdent graduellement leur énergie. Jusqu'à l'oxygène qui les attend en bout de chaîne et qui représente le niveau énergétique le plus bas de la cascade d'électrons. *C'est cette chute de potentiel qui fait tourner toute la machinerie de la vie.*

Que se passe-t-il lors d'un effort violent demandé à l'organisme ? En cas d'exercice musculaire, ou de fuite devant un danger ? Le facteur déterminant est le nombre de « batteries à plat ». C'est-à-dire le rapport ADP/ATP (molécules déchargées/molécules chargées). C'est lui qui conditionne tout le fonctionnement du « générateur » et du « chargeur ».

La mitochondrie peut être comparée à une station-service où l'on recharge régulièrement les batteries d'un certain nombre de clients. Le pompiste a toujours des batteries chargées d'avance. Le rapport batteries déchargées/batteries chargées est donc très petit (1/100 par exemple). Il en est de même dans la cellule quand le rapport ADP/ATP est très petit. Le chargeur est peu utilisé. La chaîne de transporteurs d'électrons fonctionne au ralenti ainsi que le générateur. La demande en combustibles et en oxygène étant faible, l'organisme met le glucose en réserve sous forme de glycogène et les acides gras sous forme de graisse. On dort, on se repose, on récupère.

Mais voici l'effort. Les muscles travaillent, consomment de l'ATP, les « batteries » se déchargent. La quantité d'ADP (batteries à plat) augmente rapidement. Le rapport ADP/ATP devient très grand (100/1, par exemple). La « station-service » est inondée par des demandes de recharge de batteries. La

---

1. Du nom de Sir Hans Krebs, Prix Nobel de médecine, 1953, qui l'a découvert.
2. C'est la chaîne des « transporteurs d'électrons » et la « phosphorylation oxydative ».

recharge s'accélère. Ce qui consomme plus d'électrons et plus d'oxygène. Le cycle générateur doit donc tourner de plus en plus vite, consommant des quantités accrues de combustibles et rejetant encore plus de gaz carbonique. Le taux de glucose, d'acides aminés et d'acides gras baisse dans le liquide extracellulaire, puis dans le plasma, tandis que les déchets s'y accumulent. Toute une série de détecteurs situés dans les glandes et au niveau du cerveau enregistrent les modifications de l'équilibre. La ventilation pulmonaire s'accélère fournissant plus d'oxygène et éliminant le gaz carbonique. Le rythme de la pompe cardiaque se précipite. Le sang circule plus vite et draine les déchets, tandis que le resserrement de certains vaisseaux ou la dilatation d'autres assurent une meilleure répartition de la masse sanguine, particulièrement là où le travail est intense. La peau rougit, on a chaud, on transpire. Le travail de la mitochondrie s'est répercuté sur *l'ensemble de l'organisme*.

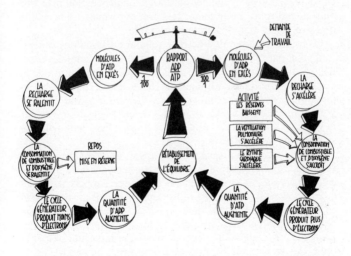

Après l'effort, la baisse du taux de glucose, d'acides gras et d'acides aminés dans le plasma est détectée par l'hypothalamus. On a faim et l'on recherche de la nourriture pour reprendre des forces. Si l'effort se poursuit plus longtemps, ou en cas de jeûne prolongé, par exemple, le glucose et les réserves du foie ne suffisent plus. L'organisme fait des prélèvements sur les réserves d'acides aminés des protéines qui construisent les édifices cellulaires. On brûle les meubles et les murs de la maison. Mais on ne peut perdre plus de 40 % de son poids sans risquer la mort. A partir d'un certain stade, l'équilibre ne peut être rétabli. Les dommages sont irréversibles.

La régulation des réactions de la vie par les enzymes

Pour ralentir ou accélérer un processus métabolique catalysé par une chaîne d'enzymes (analogue à une chaîne de machines-outils), la cellule a un moyen simple et draconien. A court terme : ralentir ou arrêter la machine-outil en tête de chaque chaîne. A plus long terme : supprimer purement et simplement tout ou partie des machines-outils travaillant sur une chaîne. A l'inverse, l'accélération de la production est obtenue par l'accroissement du nombre de machines en service sur chaque chaîne ou la mise en route de nouvelles chaînes parallèles. La production peut être ainsi démultipliée en un temps très bref et permettre à la cellule de faire face à une demande importante.

Le contrôle ultime de l'activité cellulaire passe donc obligatoirement par la synthèse (ou le blocage de la synthèse) des enzymes. Cette synthèse se réalise dans les ateliers de montage de la cellule. Mais les plans originaux de toutes les spécialités d'enzymes dont la cellule a besoin *ne quittent jamais le noyau*. Il suffit donc d'interdire le tirage des copies de ces plans *pour stopper la synthèse des enzymes*. Tant que ce tirage a lieu, cette synthèse se poursuit sans entraves.

Il existe au niveau des gènes du noyau une batterie d'interrupteurs capables de contrôler le fonctionnement de la machine à copier les plans. Ces interrupteurs chimiques s'appellent : molécules de *répresseur*. Chaque répresseur reconnaît un signal spécifique qui lui commande de bloquer ou de débloquer le tirage des plans des enzymes spécialisés dans une fonction donnée. Ce signal régulateur est généralement une molécule de petite taille qui se fixe sur le répresseur concerné, et l'active ou le désactive.

On retrouve ici le rôle des molécules-signaux sur lesquelles repose une grande part des informations qui circulent dans les cellules et dans l'organisme. Ces molécules sont reconnues par des détecteurs spécialisés situés, on l'a vu, dans les glandes ou dans les organes. Elles font jouer des interrupteurs chimiques comme les répresseurs, déclenchent ou inhibent la synthèse

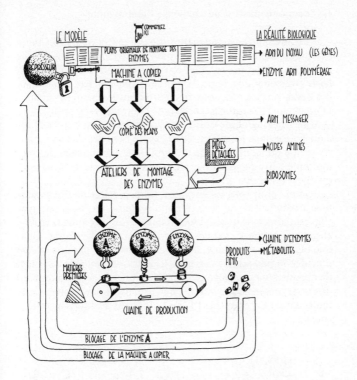

d'enzymes et, indirectement, d'hormones ou autres molécules essentielles à la vie.

Le fonctionnement des répresseurs, comme celui des enzymes, n'est possible que grâce à des mécanismes de reconnaissance qui s'exercent entre les acides nucléiques, les protéines et les molécules de régulation. Cette reconnaissance d'information se fondant sur *la forme* des molécules (sur leur morphologie) est très générale : c'est la base du langage universel de communication interne utilisé par toutes les cellules sans exception.

Le fonctionnement d'un enzyme : l'hémoglobine

L'hémoglobine est une extraordinaire machine. Un véritable « poumon moléculaire ». Son rôle : transporter l'oxygène des poumons vers les tissus, grâce aux artères et au réseau des capillaires. Ramener directement ou indirectement le gaz carbonique des tissus vers les poumons en empruntant le réseau des veines. D'un côté, le sang rouge écarlate, de l'autre, le sang brun foncé.

Mais l'hémoglobine doit livrer son oxygène au bon endroit, c'est-à-dire dans les tissus, et ne pas le ramener dans les poumons. Ce qui constitue une des propriétés paradoxales de cette molécule : être capable de se charger d'oxygène aussi facilement qu'elle s'en décharge.

Comme pour tous les enzymes, les propriétés de l'hémoglobine dépendent de sa structure moléculaire, de son anatomie. Elle est formée de quatre blocs reliés les uns aux autres, en une structure compacte, par des sortes d'agrafes moléculaires. Chaque bloc est une protéine, la globine, constituée par une chaîne d'acides aminés attachés les uns aux autres. A peu près au milieu de chaque bloc se trouve une grande molécule plate comme un disque et renfermant un atome de fer placé en son centre. Cette molécule est un pigment (l'hème), donnant au sang sa couleur rouge.

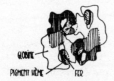

Représentation symbolique.

Ce pigment et son atome de fer constituent un « site actif » capable de reconnaître et de capter les molécules d'oxygène. Comme il y a quatre sites, l'hémoglobine peut donc fixer quatre molécules d'oxygène. Au fur et à mesure de l'absorption d'oxygène dans le tissu pulmonaire, les agrafes moléculaires sautent. Les quatre blocs modifient donc leur agencement dans l'espace : ce qui rend *plus facile* l'absorption d'autres molécules d'oxygène. Pourquoi ?

Tout le fonctionnement de l'hémoglobine repose sur une propriété très simple du fer : en présence d'oxygène, son diamètre diminue d'environ 13 %. Cette diminution de taille lui permet de se loger plus facilement dans le plan de la molécule plate du pigment. Le léger mouvement qui en résulte est amplifié par la chaîne à laquelle le fer est accroché et qui joue le rôle d'une série de ressorts et de leviers. La tension fait sauter une des agrafes qui reliait un bloc à l'autre ; un peu comme un bouton-pression éjecté de son logement. Résultat : un bloc change légèrement de forme et de position par rapport aux autres. Ce qui facilite la fixation d'une nouvelle molécule d'oxygène par le deuxième bloc et ainsi de suite, pour les blocs suivants.

A l'inverse, l'hémoglobine dégorge tout son oxygène dans les tissus cellulaires, et d'autant plus facilement que des molécules d'oxygène sont libérées. C'est grâce à ce mécanisme que l'hémoglobine ne pompe l'oxygène que dans une seule direction : des poumons vers les tissus. En effet, dans tout organisme, il y a équilibre entre deux formes d'hémoglobine : la forme désoxydée (à gauche du schéma) et la forme oxydée (à droite).

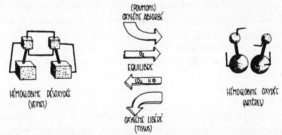

Tout ce qui stabilise la forme désoxydée permet de libérer plus d'oxygène en déplaçant l'équilibre dans cette direction. C'est le rôle joué par des signaux régulateurs présents dans les tissus cellulaires : la molécule de gaz carbonique et les ions acide (H +), principaux déchets de l'activité de la cellule (voir p. 81). On comprend ainsi pourquoi tout effort nous fait respirer plus vite.

L'activité de l'hémoglobine se fonde donc sur des changements de forme, déclenchés par des signaux régulateurs. Ces changements de forme s'appellent des modifications *allostériques* (terme créé par Jacques Monod et J.-P. Changeux, et signifiant « forme différente »). Le fonctionnement de la grande majorité des enzymes repose sur ce mécanisme fondamental.

Voici illustrées en quelques pages les réactions de transformation de l'énergie et de régulation qui caractérisent la vie. Mais,

sur le schéma de la p. 81, on peut remarquer que certaines flèches arrivent de nulle part et n'aboutissent nulle part (glucose
et gaz carbonique d'un côté ; oxygène et eau de l'autre). Il manque en effet un maillon essentiel à la chaîne de la vie : la cellule
végétale. C'est elle qui fabrique au cours des réactions de la photosynthèse — grâce à l'énergie solaire et au gaz carbonique
dégagé par les animaux — le glucose riche en énergie. C'est elle
qui libère dans l'atmosphère l'oxygène nécessaire aux réactions
de la respiration. La boucle se referme ainsi sur l'écosystème et
l'énergie solaire.

Depuis les grands cycles de la vie aux plus infimes rouages
moléculaires et au jeu subtil des électrons, cette dernière plongée au cœur de la cellule a fait apparaître, je l'espère, l'unité
des mécanismes fondamentaux de la nature et de la société.
L'enzyme, la cellule, l'organe représentent, chacun à leur niveau,
des catalyseurs aux multiples fonctions qui maintiennent, régulent ou transforment l'organisation dont dépend leur vie.
L'homme est l'un de ces catalyseurs. Mieux comprendre
comment ils agissent dans son propre organisme peut le conduire
à mieux agir, de l'intérieur, dans la transformation des grands
systèmes dont il dépend : l'entreprise, la ville, la société.

Pour être efficace, son action devra s'appuyer sur une nouvelle méthode d'approche de la complexité. Capable d'englober
à la fois les organismes, les organisations et leurs interdépendances. Mais capable aussi d'intégrer, au-delà de l'approche
analytique, « le savoir et le sens ».

2

La révolution systémique : une nouvelle culture

1. L'histoire d'une approche globale

Réunir pour comprendre

Les notions de base qui reviennent le plus souvent dans les modèles biologiques, écologiques et économiques des chapitres précédents se regroupent facilement en quelques grandes catégories : l'énergie et son utilisation ; les flux, les cycles et les réservoirs ; les réseaux de communication ; les catalyseurs et agents de transformation ; le rétablissement des équilibres ; la stabilité, la croissance, l'évolution. Et, évidemment, la notion de « système » (système vivant, système économique, écosystème) qui relie toutes les autres.

Chacune de ces notions s'applique à la cellule comme à l'économie ; à l'entreprise comme à l'écologie. Par-delà le vocabulaire, les analogies et les métaphores, il semble donc qu'il existe une *approche commune* permettant de mieux comprendre et de mieux décrire la complexité organisée.

Cette approche unifiante existe en effet. Elle est née, au cours des trente dernières années, de la fécondation de plusieurs disciplines dont la biologie, la théorie de l'information, la cybernétique et la théorie des systèmes. Ce n'est pas une idée neuve : ce qui est neuf, c'est l'intégration des disciplines qui se réalise autour d'elle. Cette approche transdisciplinaire s'appelle *l'approche systémique*. C'est elle que je symbolise dans ce livre par le concept du macroscope. Il ne faut pas la considérer comme une « science », une « théorie » ou une « discipline », mais comme une *nouvelle méthodologie, permettant de rassembler et d'organiser les connaissances en vue d'une plus grande efficacité de l'action*.

A la différence de l'approche analytique, l'approche systémique englobe la totalité des éléments du système étudié, ainsi que leurs interactions et leurs interdépendances.

L'approche systémique s'appuie sur la notion de *système*. Cette notion, souvent vague et ambiguë, est pourtant utilisée aujourd'hui dans un nombre croissant de disciplines en raison de son pouvoir d'unification et d'intégration.

D'après la définition la plus courante, « *un système est un ensemble d'éléments en interaction* ». Une ville, une cellule, un organisme sont donc des systèmes. Mais aussi une voiture, un ordinateur ou une machine à laver ! On voit qu'une telle définition est trop générale. Aucune *définition* du mot système ne peut d'ailleurs être satisfaisante. Seule la *notion* de système est féconde. A condition, évidemment, d'en mesurer la portée et les limites.

Ces limites sont bien connues. Trop commode, la notion de système est souvent employée à tort et à travers dans les domaines les plus divers : éducation, gestion, informatique ou politique. Pour de nombreux spécialistes, elle n'est qu'une notion vide : à force de vouloir tout dire, elle n'évoque finalement plus rien.

Mais sa portée ne tient pas à la précision des définitions. La notion de système ne s'y laisse pas facilement enfermer. Elle ne se révèle et ne s'enrichit que sous l'éclairage indirect des multiples faisceaux de l'expression analogique, modélisante et métaphorique. La notion de système est le carrefour des métaphores. Les concepts y circulent, venant de toutes les disciplines. Au-delà des seules analogies, cette circulation permet de rechercher ce qui est commun à des systèmes les plus divers. Il ne s'agit plus de *réduire* un système à un autre, considéré comme mieux connu (l'économique au biologique, par exemple) ; ni de *transposer* ce que l'on sait d'un niveau de complexité inférieur à un autre niveau. Il s'agit de dégager des *invariants*, c'est-à-dire des principes généraux, structuraux et fonctionnels, pouvant s'appliquer aussi bien à un système qu'à un autre. Grâce à ces principes, il devient possible d'organiser les connaissances en modèles plus facilement communicables. Puis d'utiliser certains de ces modèles dans la réflexion et dans l'action. La notion de système apparaît ainsi sous ses deux aspects complémentaires : permettre l'organisation des connaissances et rendre l'action plus efficace.

En terminant cette introduction à la notion de système, il faut situer l'approche systémique par rapport à d'autres approches avec lesquelles elle est souvent confondue :

— L'approche systémique dépasse et englobe l'approche *cybernétique* (N. Wiener, 1948), qui a pour but principal l'étude des régulations chez les organismes vivants et les machines.

— Elle se distingue de la *Théorie générale des systèmes* (L. von Bertalanffy, 1954), dont le but ultime consiste à décrire et à englober, dans un formalisme mathématique, l'ensemble des systèmes rencontrés dans la nature.

— Elle s'écarte également de l'*analyse de système*. Cette méthode ne représente qu'un des outils de l'approche systémique. Prise isolément, elle conduit à la réduction d'un système en ses composants et en interactions élémentaires.

— Enfin, l'approche systémique n'a rien à voir avec une *approche systématique*, qui consiste à aborder un problème ou à effectuer une série d'actions de manière séquentielle (une chose après l'autre), détaillée, ne laissant rien au hasard et n'oubliant aucun élément.

Un des meilleurs moyens, peut-être, de percevoir la force et la portée de l'approche systémique, est d'abord d'en suivre la naissance et le développement à travers la vie des hommes et des institutions.

De nouveaux outils

La démarche de la pensée est à la fois analytique et synthétique, détaillante et englobante. Elle s'appuie sur la réalité des faits et la perfection du détail. Mais elle recherche parallèlement les facteurs d'intégration, éléments catalytiques de l'invention et de l'imagination. Au moment même où l'on découvre les unités les plus simples de la matière et de la vie, on tente, grâce aux célèbres métaphores de l'horloge, de la machine, de l'organisme, de mieux comprendre leurs interactions.

Malgré la force de ces modèles analogiques, la pensée se disperse dans le dédale de disciplines isolées les unes des autres par des cloisons étanches. Le seul moyen de maîtriser la multitude, de comprendre et de prévoir le comportement des foules que constituent atomes, molécules ou individus, est de les mettre en statistiques, d'en tirer les lois de la complexité inorganisée.

La théorie des probabilités, la théorie cinétique des gaz, la thermodynamique, la statistique des populations s'appuient ainsi tour à tour sur des phénomènes fantomatiques et irréels. Sur des simplifications utiles mais idéales, presque jamais rencontrées dans la nature : c'est l'univers de l'homogène, de l'isotrope, de l'additif, du linéaire. Le monde des « gaz parfaits », des réactions « réversibles » et de la concurrence « pure et parfaite ».

Mais, en biologie et en sociologie, les phénomènes intègrent la durée et l'irréversibilité. Les liaisons entre les éléments comptent autant que les éléments eux-mêmes. Il fallait donc de nouveaux outils pour aborder la complexité organisée, l'interdépendance et la régulation.

De la cybernétique à la société

Ces outils sont nés dans l'Amérique des années 40, de l'interfécondation des idées, brassage qui est le propre des grands centres universitaires.

Pour illustrer un nouveau courant de pensée, il est souvent utile de prendre un axe de référence. Cet axe, ce sera le Massachusetts Institute of Technology, plus connu sous le nom de MIT. En trois bonds, d'environ dix ans chacun, le MIT va nous conduire de la naissance de la cybernétique à l'actualité la plus brûlante : les débats sur les limites de la croissance. Chacun de ces bonds est marqué par des aller et retour — typiques de l'approche systémique — entre machine, organisme, société. Au cours de cette circulation des idées, se réalisent des transferts de méthodes et de terminologies qui viennent à leur tour fertiliser des territoires inexplorés.

Dans les années 40, le premier bond conduit de la machine à l'organisme, transférant de l'une à l'autre des notions de rétroaction (*feed back*) et de finalité, et ouvrant la voie à l'automation et à l'informatique.

Dans les années 50, c'est le retour de l'organisme à la machine. Avec l'apport des notions de mémoire et de reconnaissance de formes, de phénomènes adaptatifs et d'apprentissage ; les nouveaux chemins de la bionique[1], l'intelligence artificielle, les robots industriels. Mais aussi le retour de la machine à l'organisme, accélérant les progrès en neurologie, perception, mécanisme de la vision.

Dans les années 60 enfin, le MIT voit l'extension de la cybernétique et de la théorie des systèmes à l'entreprise, à la société et à l'écologie.

Trois hommes peuvent être considérés comme les artisans de ces grandes percées : le mathématicien Norbert Wiener, mort en 1964, le neurophysiologiste Warren McCulloch, mort en 1969, et Jay Forrester, professeur à la Sloan School of Management du MIT.

Il va de soi que d'autres hommes, d'autres équipes et d'autres universités, aux États-Unis comme dans le reste du monde, ont contribué à l'avance de la cybernétique et de la théorie des systèmes. Il en sera question chaque fois que leur trajectoire recoupera celle des équipes du MIT.

Des machines « intelligentes »

Depuis 1919, Norbert Wiener enseigne les mathématiques au MIT. Peu après son entrée à l'institut, il fait la connaissance du neurophysiologiste Arturo Rosenblueth, ancien collaborateur de Walter B. Cannon (rappelez-vous : l'homéostasie, p. 72) et travaillant à la Harvard Medical School. De cette amitié toute neuve devait naître, vingt ans plus tard, la cybernétique. Rosenblueth met en place avec Wiener de petites équipes interdisciplinaires, dans le but d'explorer les *no man's lands* entre les sciences établies.

---

1. La bionique cherche à construire des machines électroniques imitant certains organes des êtres vivants.

En 1940, Wiener travaille avec un jeune ingénieur, Julian H. Bigelow, au développement d'appareils de pointage automatique pour canon antiaérien.

De tels servomécanismes doivent prédire la trajectoire d'un avion en tenant compte d'éléments de trajectoires passées. Au cours de leur travail, Wiener et Bigelow sont frappés par deux faits surprenants : le comportement en apparence « intelligent » de ce type de machines et les « maladies » qui peuvent les frapper. Comportement « intelligent » parce que s'appuyant sur « l'expérience » (l'enregistrement des faits passés) et la prévision du futur. Mais aussi, étrange défaut de fonctionnement : si l'on cherche à réduire les frictions, le système entre dans une série d'oscillations incontrôlables. Impressionné par cette « maladie » de la machine, Wiener demande à Rosenblueth si un tel comportement existe chez l'homme. La réponse est affirmative : dans certaines lésions du cervelet, le malade ne peut porter un verre d'eau à sa bouche ; les mouvements sont amplifiés jusqu'à ce que le contenu du verre se répande sur le sol. Wiener en déduit que, pour contrôler une action finalisée (c'est-à-dire orientée vers un but), la circulation de l'information nécessaire à ce contrôle doit former « une boucle fermée permettant d'évaluer les effets de ses actions et de s'adapter à une conduite future grâce aux performances passées ». C'est caractéristique de l'appareil de pointage de DCA, mais ça l'est également du système nerveux lorsqu'il commande aux muscles un mouvement dont les effets sont détectés par les sens et renvoyés au cerveau.

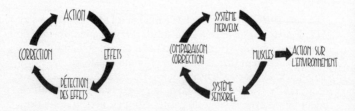

Wiener et Bigelow découvrent ainsi la boucle circulaire d'information, nécessaire pour corriger toute action, la boucle de *rétroaction négative* (*negative feed back*), et généralisent cette découverte à l'organisme vivant.

Pendant ce temps, les groupes pluridisciplinaires de Rosenblueth se constituent et s'organisent. Leur but : aborder l'étude des organismes vivants avec le regard du constructeur de servomécanismes et, réciproquement, considérer les servoméca-nismes avec l'expérience du physiologiste. Un premier séminaire se tient à l'Institut des études avancées de Princeton en 1942. Il regroupe des mathématiciens, des physiologistes, des ingénieurs en mécanique et en électronique. Devant son succès, une série de dix séminaires est organisée à la Josiah Macy Foundation. Un homme travaille avec Rosenblueth à la mise sur pied de ces séminaires : le neurophysiologiste Warren McCulloch. Il devait jouer un rôle considérable dans le développement de la jeune cybernétique. En 1948, deux publications fondamentales marquent une époque déjà si fertile en idées neuves : le livre de Norbert Wiener *Cybernétics*, ou *Régulation et communication chez l'animal et dans la machine*; et la *Théorie mathématique de la communication*, de Claude Shannon et Warren Weaver, qui fonde la théorie de l'information.

Copier l'organisme vivant

Les idées de Wiener, Bigelow et Rosenblueth se répandent comme une traînée de poudre. D'autres groupes se constituent aux États-Unis et dans le monde. Notamment, la Society for General Systems Research dont les publications touchent des disciplines éloignées de l'engineering, comme la sociologie, les sciences politiques ou la psychiatrie.

Les séminaires de la Josiah Macy Foundation se poursuivent et s'ouvrent à de nouvelles disciplines : l'anthropologie avec Margaret Mead, l'économie avec Oskar Morgenstern. Margaret Mead pousse N. Wiener à étendre ses idées à la société dans son ensemble. Mais cette période reste marquée par la profonde influence de Warren McCulloch, directeur de l'Institut neuropsychiatrique de l'université de l'Illinois.

A la suite des travaux de son équipe sur l'organisation du cortex du cerveau, et surtout de ses discussions avec Walter Pitts, un brillant mathématicien de vingt-deux ans, McCulloch se rend compte qu'un début de compréhension des mécanismes cérébraux (et leur simulation par des machines) ne peut résulter que de la coopération de nombreuses disciplines. Lui-même passe de la neurophysiologie aux mathématiques ; des mathématiques à l'engineering.

Walter Pitts devient aussi un des disciples de Norbert Wiener et contribue à transférer des idées entre Wiener et McCulloch. C'est encore lui qui réussit à convaincre McCulloch de venir s'installer en 1952 au MIT avec toute son équipe de physiologistes.

Dans ce creuset, les idées bouillonnent. D'un groupe de recherche à l'autre, on utilise indistinctement le vocabulaire de l'engineering ou de la physiologie. Peu à peu se constituent les bases du langage commun des cybernéticiens : apprentissage, régulation, adaptation, auto-organisation, perception, mémoire. Influencé par les idées de Bigelow, McCulloch développe avec Louis Sutro, du laboratoire d'instrumentation du MIT, une rétine artificielle. La base théorique est fournie par ses travaux sur l'œil de la grenouille, effectués en collaboration avec Lettvin, Maturana et Pitts en 1959. La nécessité de faire exécuter par des machines certaines fonctions propres aux organismes vivants contribue, en retour, à accélérer les progrès des connaissances sur les mécanismes cérébraux. C'est le départ de la *bionique*, les travaux sur l'*intelligence artificielle* et les robots.

Parallèlement aux travaux des équipes de Wiener et McCulloch au MIT, un autre groupe tente d'englober la cybernétique dans un ensemble plus vaste, c'est la Société pour l'étude des systèmes généraux (*Society for General Systems Research*), créée en 1954 et animée par le biologiste Ludwig von Bertalanffy. De nombreux chercheurs viendront se joindre à lui : le mathématicien A. Rapoport, le biologiste W. Ross Ashby, le biophysicien N. Raschewsky, l'économiste K. Boulding. En 1954, commencent à paraître les cahiers annuels de la Société (*General System Yearbooks*). Leur influence va être profonde sur tous ceux qui cherchent à étendre l'approche cybernétique aux systèmes sociaux et, en particulier, à l'entreprise.

De la dynamique industrielle à la dynamique mondiale

Durant les années 50, se développe et se perfectionne l'outil qui allait permettre d'aborder la complexité organisée sous un angle radicalement neuf : l'ordinateur. Les premiers ont pour nom ENIAC (1946), EDVAC ou EDSAC (1947). Mais l'un des plus rapides, Wirlwind II, fut construit au MIT en 1951. Il utilisait pour la première fois une mémoire magnétique ultra-rapide inventée par un jeune ingénieur électronicien du laboratoire des servomécanismes : Jay W. Forrester [1].

A la tête du Lincoln laboratory, Forrester est chargé par l'Air Force en 1952 de coordonner la mise au point d'un système d'alerte et de défense (*SAGE* [2] *System*), mettant en œuvre, pour la première fois, radars et ordinateurs. Sa mission : détecter et empêcher une possible attaque du territoire américain par des fusées ennemies. Forrester réalise l'importance de l'approche systémique dans la conception et le contrôle d'organisations complexes faisant intervenir des hommes et des machines interconnectés en « temps réel », c'est-à-dire capables de prendre des décisions vitales *au fur et à mesure de l'arrivée des informations*.

Devenu professeur à la Sloan School of Management du MIT, Forrester crée en 1961 la dynamique industrielle (*Industrial Dynamics*). Son but : considérer les entreprises comme des systèmes cybernétiques, pour simuler (et tenter de prévoir) leur comportement.

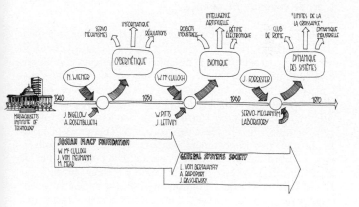

1. Par la suite, IBM utilisa de telles mémoires sur tous ses ordinateurs. Ce type de mémoire (dont Forrester détient toujours les principaux brevets) est en passe d'être remplacé par les mémoires à semi-conducteurs. Mais il équipe aujourd'hui la grande majorité des ordinateurs en service.

2. SAGE : Semi-Automatic Ground Equipment.

En 1964, confronté aux problèmes de la croissance et de la dégénérescence des villes, il étend la dynamique industrielle à celle des systèmes urbains (*Urban Dynamics*). Enfin, en 1971, il généralise ses précédents travaux en créant une nouvelle discipline, la «dynamique des systèmes», et publie un ouvrage (*World Dynamics*). Ce livre servira de base aux travaux de Dennis H. Meadows et de son équipe sur les limites de la croissance. Financés par le Club de Rome, ces travaux devaient avoir le retentissement mondial que l'on sait — sous le nom de *Rapport du MIT*.

Le schéma de la page précédente regroupe les chercheurs et les équipes mentionnés dans ce chapitre, tout en rappelant les principales voies ouvertes par leurs travaux.

2. Qu'est-ce qu'un système?

L'art de conduire les hommes

L'approche systémique s'appuie sur la cybernétique et la théorie des systèmes. Il est donc utile de rappeler ici quelques définitions. La cybernétique est la discipline qui étudie les régulations et la communication chez les êtres vivants et les machines construites par l'homme. Une définition plus philosophique, proposée par Louis Couffignal en 1958, considère la cybernétique comme «*l'art d'assurer l'efficacité de l'action*». Le terme de cybernétique a été réinventé par Norbert Wiener en 1948 à partir du mot grec *kubernetes*, signifiant «pilote» ou «gouvernail[1]». L'un des tout premiers mécanismes cybernétiques de régulation de la vitesse d'une machine à vapeur, inventé par James Watt et Matthew Boulton en 1788, fut appelé *governor* (régulateur à boule). Cybernétique a donc la même racine que gouvernement : l'art de gérer et de conduire des systèmes de très haute complexité.

Il existe d'autres définitions du mot «système» que celle qui

---

1. Ce mot fut utilisé pour la première fois par Platon au sens d'«art du pilotage», ou d'«art de conduire les hommes». En 1834, Ampère se sert du mot cybernétique pour désigner «l'étude des moyens de gouvernement».

a été donnée au début de ce chapitre. La plus complète est la suivante : « *Un système est un ensemble d'éléments en interaction dynamique, organisés en fonction d'un but.* »

L'introduction de la finalité (le but du système) dans cette définition peut surprendre. On comprend que la finalité d'une machine ait été définie et spécifiée par l'homme, mais que dire de la finalité d'un système comme la cellule ? « Le but » de la cellule n'a rien de mystérieux. Il ne traduit aucun projet. Il se constate *a posteriori* : maintenir sa structure et se diviser. De même pour l'écosystème. Sa finalité est de maintenir ses équilibres et de permettre le développement de la vie. Personne n'a fixé la teneur de l'air en oxygène, la température moyenne du globe, la composition des océans. Pourtant ils se maintiennent dans des limites très étroites.

La définition précédente s'écarte de celle d'une certaine tendance structuraliste, pour laquelle un système est une structure close. Une telle structure ne peut évoluer, mais passe par des phases d'effondrement dues à un déséquilibre interne.

En fait, de telles définitions, comme il a été dit plus haut, sont trop générales pour être vraiment utiles. Elles ne permettent pas de clarifier les ambiguïtés d'expressions telles que : « un homme de système », « avoir l'esprit de système », « un système politique », « un système informatique » ou un « système de transports ».

Par contre, il me paraît beaucoup plus fécond d'enrichir le concept de système en décrivant, de la manière la plus générale possible, les principales caractéristiques et propriétés des systèmes, quel que soit le niveau de complexité auquel ils appartiennent [1].

Ouverture et complexité

Chacune des poupées russes décrites dans le premier chapitre est un système *ouvert* et de très haute *complexité*. Notions importantes et qui méritent qu'on s'y arrête.

Un *système ouvert* est en relation permanente avec son environnement (en généralisant, on pourrait dire avec son écosys-

---

1. Je ne considère pas ici les « systèmes de concepts », ni les systèmes mécaniques pilotés par l'homme, mais plutôt des systèmes de haute complexité comme les systèmes vivants, sociaux ou écologiques.

tème). Il échange énergie, matière, informations utilisées dans le maintien de son organisation contre la dégradation qu'exerce le temps. Il rejette dans l'environnement de l'entropie, énergie « usée ».

Grâce au flux d'énergie qui le traverse, et malgré l'accroissement de l'entropie de l'environnement, l'entropie d'un système ouvert se manifeste à un niveau relativement bas. Ce qui revient à dire que l'organisme de ce système se maintient. Les systèmes ouverts peuvent donc diminuer localement l'entropie, et même évoluer vers des états de plus haute complexité.

Un système ouvert est en quelque sorte un réservoir qui se remplit et se vide à la même vitesse : l'eau se maintient au même niveau tant que les débits d'entrée et de sortie restent identiques.

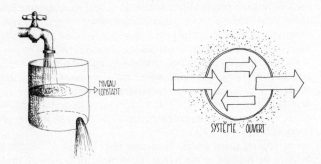

Pour faire ressortir la généralité et l'importance de la notion de système ouvert, j'ai utilisé le même type de schéma de base pour l'entreprise, la ville, l'organisme ou la cellule.

Enfin, on ne doit jamais oublier que système ouvert et écosystème (environnement) sont en interaction constante, *l'un modifiant l'autre, et se trouvant modifié en retour.*

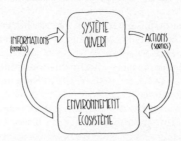

Un système *fermé* n'échange ni énergie, ni matière, ni information avec son environnement : il est totalement coupé du monde extérieur. Le système utilise sa réserve d'énergie potentielle interne. Au fur et à mesure du déroulement des réactions, l'entropie s'accroît de manière irréversible. Quand l'équilibre thermodynamique est atteint, l'entropie est maximale : le système ne peut plus fournir de travail. La thermodynamique classique ne considère que des systèmes fermés. Mais un système fermé est une abstraction des physiciens : c'est une simplification qui a permis d'établir les grandes lois de la physico-chimie.

Comment définir la *complexité ?* Ou plutôt, afin d'éviter les définitions, comment illustrer et enrichir la signification de ce mot ? Deux notions sont importantes : variété des éléments et interaction entre les éléments.

Un gaz, système simple, est composé d'éléments semblables entre eux (des molécules d'oxygène, par exemple), non organisés et présentant de faibles interactions. Par contre, une cellule, système complexe, comporte une très grande variété d'éléments organisés et en étroite interaction les uns avec les autres. On peut donc illustrer la notion de complexité par les points suivants :

— Un système complexe est constitué par une grande *variété*

de composants ou d'éléments possédant des fonctions spécialisées.

— Ces éléments sont organisés en *niveaux* hiérarchiques internes (par exemple, dans le corps humain : les cellules, les organes, les systèmes d'organes).

— Les différents niveaux et éléments individuels sont reliés
par une grande variété de *liaisons*. Il en résulte une haute densité d'interconnexions [1].

— Les interactions entre les éléments d'un système complexe
sont d'un type particulier. On dit que ces interactions sont *non
linéaires*.

Les effets d'interactions linéaires simples peuvent être décrits
par des relations mathématiques dans lesquelles les variables sont
augmentées ou diminuées d'une quantité *constante* (comme dans
le cas d'une voiture se déplaçant à la même vitesse moyenne sur
une autoroute).

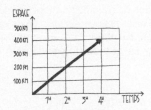

Par contre, quand il s'agit d'interactions non linéaires, les
variables sont multipliées ou divisées par des coefficients, pouvant être eux-mêmes fonctions d'autres variables. C'est le cas
de la croissance exponentielle (la quantité portée sur l'axe vertical double par unité de temps) ou d'une courbe en S (croissance
rapide suivie de stabilisation).

---

1. La variété définie par W. Ross Ashby est « le nombre d'éléments
différents que comporte un système ou le nombre de relations différentes entre ces éléments ou d'états différents de ces relations ». Or, la variété
d'un système relativement simple comportant sept éléments connectés
par des relations orientées à double sens et connaissant chacune deux
états, s'exprime déjà par le chiffre énorme de 2^{12}. Que dire des interactions qui se tissent au sein de la population cellulaire (voir p. 79) et *a
fortiori* au sein de la société ?

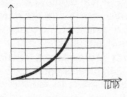 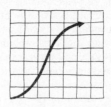

Un autre exemple de relation non linéaire est la réponse des enzymes à différentes concentrations de substrats (molécules qu'elles transforment). Dans certains cas (en présence d'inhibiteurs), la vitesse de transformation est lente. Dans d'autres (en présence d'activateurs), la réaction est rapide, jusqu'à saturation des sites actifs, ce qui se traduit par les courbes suivantes (nombre de molécules transformées en présence d'inhibiteur, en présence d'activateur, suivant la concentration relative des inhibiteurs et des activateurs) :

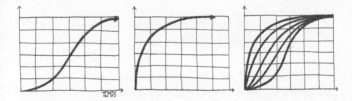

A la notion de complexité s'attache donc celle de variété des éléments et des interactions ; de non-linéarité des interactions ; et de totalité organisée. Il en résulte un comportement très particulier des systèmes complexes. Ce comportement est difficilement prévisible. Il se caractérise par l'émergence de propriétés nouvelles et une grande résistance aux changements.

De quoi se compose un système ?

Deux groupes de traits caractéristiques permettent de décrire de manière très générale les systèmes que l'on observe dans la nature. Le premier groupe se rapporte à leur aspect structural, le second à leur aspect fonctionnel.

Structural : il s'agit de l'organisation dans l'espace des composants ou éléments d'un système ; de leur organisation spatiale. Fonctionnel : il s'agit de processus, c'est-à-dire des phénomènes dépendant du temps (échange, transfert, flux, croissance, évolution, etc.). C'est l'organisation temporelle.

Il est facile de relier les éléments structuraux et fonctionnels en utilisant une représentation graphique très simple : un « meccano symbolique » permettant de construire les modèles de différents systèmes et de mieux comprendre le rôle des interactions [1].

L'aspect structural

Les principaux traits structuraux de tout système sont les suivants :

— *Une limite* qui définit les frontières du système et le sépare du monde extérieur. C'est la membrane de la cellule, la peau du corps, les remparts d'une ville, les frontières d'un pays.

— *Des éléments* ou composants pouvant être dénombrés et assemblés en catégories, familles ou populations. Il s'agit par exemple des molécules d'une cellule, des habitants d'une ville, du personnel d'une entreprise, ou de machines, d'institutions, de monnaie, de marchandises.

— *Des réservoirs* dans lesquels les éléments peuvent être rassemblés et dans lesquels sont stockés de l'énergie, de l'informa-

---

1. Cette représentation symbolique est dérivée de celle utilisée par Jay Forrester et son groupe du MIT dans les modèles de simulation.

tion, des matériaux. De nombreux exemples ont été donnés dans les premiers chapitres : réservoirs de l'atmosphère et des sédiments, réservoirs d'hydrocarbures, réserves de capital ou de savoir, mémoires d'ordinateurs, bibliothèques, films, bandes magnétiques, graisses de l'organisme, glycogène du foie.

La représentation symbolique d'un réservoir est un simple rectangle.

— *Un réseau de communication* qui permet l'échange d'énergie, de matière et d'information entre les éléments du système et entre les différents réservoirs. Ce réseau peut prendre les formes les plus diverses : tuyaux, fils, câbles, nerfs, veines, artères, routes, canaux, pipe-lines, lignes électriques. Il est représenté schématiquement par des traits pleins et pointillés reliant les réservoirs ou autres variables du modèle.

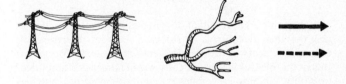

L'aspect fonctionnel

Les principaux traits fonctionnels de tout système sont les suivants :

— Des *flux* d'énergie, d'information ou d'éléments circulant entre les réservoirs. Ces flux s'expriment en quantités par unité de temps (comme un débit). Il peut donc s'agir de flux de monnaie (salaire en francs par mois), de flux de produits finis (nombre d'automobiles sortant des usines par jour ou par mois), de flux de personnes (nombre de voyageurs à l'heure), ou de flux d'information (nombre de bits — quantité d'information — par

micro-seconde pour un ordinateur). Les flux d'énergie et de matériaux font monter ou baisser le niveau des réservoirs. Ils circulent dans les réseaux de communication et se représentent de
manière symbolique par une flèche noire épaisse. Les flux d'information sont représentés par une flèche en pointillé. Les informations servent de base aux décisions qui permettent d'agir sur
les flux, pour maintenir, faire monter ou baisser les niveaux des
réservoirs.

— Des « *vannes* » contrôlant les débits des différents flux. Chaque vanne peut être visualisée comme un *centre de décision* rece-
vant des informations et les transformant en actions : par
exemple, un chef d'entreprise, une institution, un agent de transformation ou un catalyseur comme un enzyme. Ces actions ont
pour effet d'accroître ou de diminuer l'intensité des flux. Leur
représentation symbolique a l'aspect d'une vanne ou d'un robinet placé sur une ligne de flux.

— Des « *délais* », résultant des vitesses différentes de circulation des flux, des durées de stockage dans les réservoirs, ou
des « frottements » entre les éléments du système. Les délais
jouent un rôle très important dans les phénomènes d'amplification ou d'inhibition, typiques du comportement des systèmes
complexes.

— Enfin, des boucles d'information appelées *boucles de
rétroaction* (*feed-back*). Elle jouent un rôle déterminant dans le
comportement d'un système en combinant les effets des réservoirs, des délais, des vannes et des flux. De nombreux exemples
de rétroaction ont été donnés dans le premier chapitre : régulation d'une population, de l'équilibre des prix, ou de la teneur
en calcium du plasma (voir p. 33, 50, 74).

Il existe deux types de boucles de rétroaction : les boucles *positives* et les boucles *négatives*. Sur les boucles de rétroaction positives repose toute la *dynamique du changement* d'un système
(croissance et évolution, par exemple). Sur les boucles de rétroaction négatives reposent la *régulation* et la *stabilité* (rétablissement
des équilibres et autoconservation).

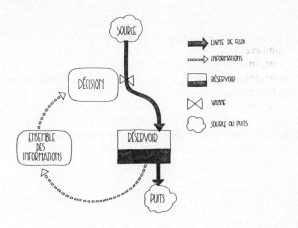

Ce modèle rassemble les symboles structuraux et fonctionnels décrits plus haut. Il permet en outre d'illustrer la différence entre boucle de rétroaction positive ou négative : si les informations reçues sur le niveau du réservoir permettent de constater que ce niveau monte, la décision d'ouvrir davantage la vanne conduit à l'assèchement rapide du réservoir. Il s'agit là d'une boucle positive vers l'infini ou vers zéro. Par contre, la décision de diminuer le débit quand le niveau augmente (et inversement) conduit au maintien de ce niveau à une hauteur constante. On est ici en présence d'une boucle de rétroaction négative.

3. La dynamique des systèmes : les ressorts internes

Le fonctionnement de base des systèmes repose sur le jeu combiné des boucles de rétroaction, des flux et des réservoirs. Trois notions parmi les plus générales de l'approche systémique et clefs du rapprochement de domaines très différents, de la biologie à la gestion, de l'engineering à l'écologie.

La rétroaction : agir sur le passé

Dans un système où s'effectue une transformation, il y a des *entrées* et des *sorties*. Les entrées résultent de l'influence de l'environnement sur le système, et les sorties de l'action du système sur l'environnement. (Entrées et sorties sont également appelées données et résultats, ou encore inputs et outputs.) Les entrées et les sorties sont séparées par de la *durée* ; comme « l'avant » de « l'après », ou le passé du présent.

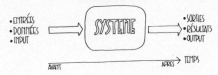

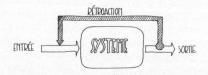

Dans toute boucle de rétroaction (comme son nom l'indique), des informations sur les résultats d'une transformation ou d'une action sont *renvoyées à l'entrée* du système sous forme de données. Si ces nouvelles données contribuent à faciliter et à accélérer la transformation dans le *même sens* que les résultats précédents, on est en présence d'une boucle positive (*positive feed back*) : ses effets sont cumulatifs. Par contre, si ces nouvelles données agissent en *sens opposé* aux résultats antérieurs, il s'agit d'une boucle négative (*negative feed back*). Ses effets stabilisent le système. Dans le premier cas, il y a croissance (ou décroissance) exponentielle. Dans le second, maintien de l'équilibre.

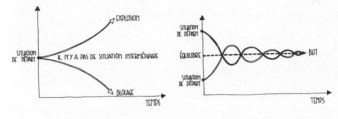

Rétroaction positive :
l'accroissement des divergences.

Rétroaction négative :
la convergence vers un but.

La boucle positive : l'accroissement des divergences

Une boucle de rétroaction positive conduit à un comportement divergent : expansion indéfinie, explosion (*runaway* vers l'infini) ou blocage total des activités (*runaway* vers zéro). Le « plus » entraîne le « plus », il y a effet de « boule de neige ». Les exemples sont nombreux : réaction en chaîne, croissance démographique, croissance d'une entreprise, capital placé à intérêts composés, inflation, prolifération de cellules cancéreuses...

Par contre, quand le « moins » entraîne le « moins », les choses se réduisent comme une « peau de chagrin ». Des exemples typiques sont la faillite d'une entreprise ou le processus de la dépression économique.

Dans un cas comme dans l'autre, une boucle positive laissée à elle-même ne peut conduire qu'à la destruction du système, soit par explosion, soit par arrêt de toutes ses fonctions. L'exubérance des boucles positives — cette mort en puissance — doit donc être contrôlée par des boucles négatives. Condition essentielle pour qu'un système puisse se maintenir au cours du temps.

La boucle négative : la convergence vers un but

Une boucle de rétroaction négative conduit à un comportement adaptatif ou finalisé, c'est-à-dire paraissant tendre vers un but : maintien d'un niveau, d'une température, d'une concentration, d'une vitesse, d'un cap. Dans certains cas, le but s'est établi de lui-même et maintenu au cours de l'évolution : le système a « sécrété » sa propre finalité (maintien de la composition de l'air ou des océans dans l'écosystème, du taux de glucose dans le sang, etc.). Dans d'autres cas, il a été assigné par l'homme à des machines : automates et servomécanismes.

Dans une boucle négative, toute variation vers le « plus » entraîne une correction vers le « moins » (et inversement). Il y a régulation : le système oscille autour d'une position d'équilibre qu'il n'atteint jamais. Le thermostat ou le réservoir d'eau muni d'un flotteur sont des exemples très simples de régulation par rétroaction négative[1].

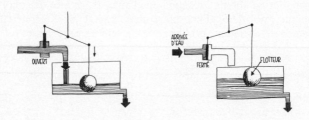

Le rôle des flux et des réservoirs

Le comportement de tout système, quelle que soit sa complexité, dépend essentiellement de *deux types* de variables : les *variables de flux* et les *variables d'état* (ou de niveau). Les pre-

1. Voir également la régulation de la population, des prix, de la balance commerciale, p. 33, 49, 50.

mières sont symbolisées par les « vannes » qui contrôlent les flux, et les secondes (indiquant ce qui est contenu dans les « réservoirs »), par des rectangles. Les variables de flux ne s'expriment qu'entre *deux instants*, ou pendant une durée déterminée, et sont donc essentiellement dépendantes du temps. Tandis que les variables d'états (les niveaux) indiquent l'accumulation au cours du temps d'une quantité donnée. Elles expriment donc le résultat d'une intégration. Si le temps s'arrête, le niveau reste constant (niveau statique), tandis que les flux disparaissent, car ils sont le résultat d'actions, d'activités du système.

Les exemples hydrauliques sont évidemment les plus commodes. La variable de flux, c'est le débit (quantité moyenne écoulée entre deux instants). La variable d'état, c'est la quantité d'eau accumulée dans le réservoir à un moment donné. Si l'on remplace le flux de l'eau par un flux d'individus (nombre de naissances par an), la variable d'état devient la population à un moment donné.

La différence entre variable de flux et variable d'état est parfaitement illustrée par la différence entre le *compte d'exploitation* et le *bilan* d'une entreprise. Le compte d'exploitation ne s'exprime qu'entre deux instants (entre le 1er janvier et le 31 décembre par exemple). Il résulte d'une agrégation de variables de flux : salaires versés entre les dates choisies, montant des achats, transports et déplacements, frais financiers, produits des ventes. Par contre, le bilan s'exprime à une date fixe (au 31 décembre par exemple). C'est un instantané de la situation de l'entreprise. Le bilan est constitué par différentes variables d'états ; à l'actif : immobilisation, stocks, effets à recevoir ; au passif : capital, dettes à long terme, effets à payer.

Trois exemples simples permettent d'illustrer les relations entre variables de flux et variables d'états, et de dégager quelques-uns des moyens dont on dispose pour agir à différents niveaux sur un système complexe.

Équilibrer son budget

Un compte en banque (réservoir) se remplit ou se vide suivant les entrées et sorties d'argent. L'état ou la situation du compte à une date donnée est la variable d'état. Les salaires et revenus du titulaire de ce compte représentent un flux de monnaie exprimé en quantité d'argent par unité de temps. Les dépenses corres-

pondent à un flux de sortie. Les « vannes » de contrôle de ces
deux flux sont l'aboutissement des décisions prises en fonction
de l'état du compte.

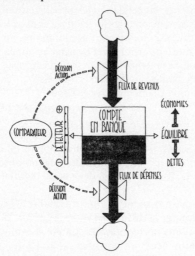

Boucler son budget signifie qu'il y a *équilibre des flux* : le flux
de revenus (entrée) est égal au flux des dépenses (sortie). Le
compte en banque se maintient à un niveau stationnaire. C'est
une situation d'équilibre dynamique [1].

Quand le flux d'entrée est supérieur au flux de sortie, l'argent
s'accumule dans le compte en banque. Son titulaire « fait des
économies ». Il peut épargner et accroître ainsi ses revenus globaux par les intérêts versés (boucle de rétroaction positive).

Enfin, quand le flux de sortie est supérieur au flux d'entrée,
il s'agit évidemment d'une situation de dettes. Cette situation
peut se détériorer car les intérêts sur les dettes accroissent le flux
de sortie (boucle positive vers zéro). Si l'on n'y remédie pas, elle
peut entraîner, à brève échéance, l'épuisement des réserves.

Le maintien de l'équilibre exige donc un contrôle très serré.
Ce contrôle s'exerce plus facilement sur la vanne de sortie (les

---

1. Cet état d'équilibre est réalisé même si le compte en banque se vide
et se remplit tous les mois. On pourrait concevoir en effet que le salaire
puisse être versé quotidiennement.

dépenses) que sur la vanne d'entrée (les revenus), ce qui implique le choix de nouvelles contraintes : diminution ou meilleure répartition des dépenses. Par contre, pour accroître rapidement ses revenus, il faut disposer de réserves (économies). Ou bénéficier, par exemple, d'une augmentation de salaire.

Piloter une entreprise

Le chef d'entreprise se sert, à court terme, d'indicateurs internes (ventes, état des stocks, carnet de commandes, évolution des marges de production, productivité, délais de livraison, trésorerie), et sur de plus longues périodes, du bilan, du compte d'exploitation et d'indicateurs externes : taux d'escompte, main-d'œuvre, croissance de l'économie. C'est en fonction des écarts entre ces indicateurs et les prévisions que le chef d'entreprise prend les mesures correctrices qui s'imposent. En voici deux exemples, se rapportant aux stocks et à la trésorerie.

Un stock est un réservoir rempli par la production et vidé par les ventes. Lorsque le niveau des stocks est trop haut, le chef d'entreprise peut décider d'agir sur le flux des ventes, en abaissant, par exemple, le prix de vente des produits, ou en renforçant le marketing. Il peut aussi, à plus court terme, agir sur la vanne d'entrée en ralentissant la production.

Situation inverse : très forte demande. Le niveau des stocks baisse rapidement. Le chef d'entreprise cherche alors à accroître la production. Mais si la demande reste forte, l'entreprise, en rupture de stocks, exige des délais de livraison plus longs. Les clients ne veulent pas attendre et s'adressent au concurrent. La demande diminue, le niveau des stocks remonte : une boucle de rétroaction négative vient alors aider le chef d'entreprise. ... Ou au contraire le gêner, s'il a trop augmenté sa production sans avoir su prévoir cette évolution du marché. C'est pourquoi le chef d'entreprise doit contrôler flux et niveaux en tenant compte des *délais* et des différents temps de réponse.

Une des causes les plus fréquentes des problèmes de trésorerie des petites entreprises résulte du décalage existant entre la date d'enregistrement d'une commande, la date de facturation et la date de réception du paiement du client. Les sorties régulières d'argent (salaires, achats, loyers) et l'irrégularité des paiements des clients créent des fluctuations de trésorerie, en partie atténuées par le découvert accordé par les banques aux entreprises. Ce découvert joue donc un rôle régulateur. Comme les stocks, comme un carnet de commande bien rempli ou tout autre réservoir : c'est l'effet tampon, plusieurs fois rencontré, notamment dans le cas des grands réservoirs des cycles écologiques.

Nourriture et population mondiale

Deux principales variables mesurent la croissance mondiale : *le capital industriel et la population*. Le réservoir du capital industriel (usines, machines, véhicules, biens d'équipement, etc.) se remplit par les investissements et se vide par les dépréciations (obsolescence et usure du matériel). Le réservoir de la population se remplit par les naissances et se vide par les décès.

Si le flux des investissements est égal au flux de dépréciation ou si le flux des naissances est égal au flux des décès, on atteint un état d'équilibre dynamique, un état stationnaire (et non pas statique) appelé *croissance zéro*. Que se passe-t-il lors de l'interaction de plusieurs variables d'états et de plusieurs variables de flux ?

Un modèle très simple peut servir à l'illustrer. Il s'agit du modèle malthusien bien connu, décrit ici sous sa forme classique et simpliste : les ressources mondiales en nourriture s'accroissent à un taux constant (progression arithmétique, linéaire), tandis que la population du globe s'accroît à un taux qui est lui-même fonction de la population (progression géométrique, non linéaire).

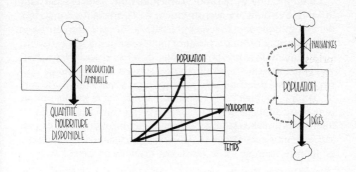

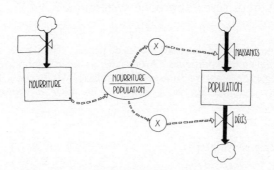

Le réservoir « nourriture » se remplit à vitesse constante ; celui de la population à une vitesse accélérée. L'élément de régulation est représenté (de manière très schématique) par la quantité de nourriture disponible par habitant. Ce qui permet de relier les deux parties du modèle.

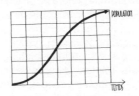

La diminution de la ration alimentaire par personne entraîne la famine et donc un accroissement de la mortalité. La courbe démographique se stabilise et présente la forme d'une courbe en S caractéristique d'une croissance limitée par un facteur extérieur.

Les équations correspondant aux différentes variables d'états et de flux peuvent être programmées sur ordinateur, afin de vérifier la validité de certaines hypothèses : que se passerait-il si le taux de natalité doublait ? se réduisait de moitié ? si la production de nourriture doublait, triplait ? Cela ne présente évidemment qu'un intérêt très limité dans un modèle aussi rudimentaire mais, en présence de plusieurs centaines de variables, la simulation s'impose et apporte, comme on le verra, des résultats précieux.

4. A quoi sert l'approche systémique ?

Une révolution dans nos modes de pensée, certes, mais quelles applications pratiques ? Au-delà de la simple description des systèmes de la nature : une méthode et des règles d'action. Rien d'autre, comme on va le voir, que le *mode d'emploi du macroscope.*

Analyse et synthèse

L'approche analytique et l'approche systémique sont plus complémentaires qu'opposées. Mais pourtant irréductibles l'une à l'autre.

L'approche analytique cherche à ramener un système à ses éléments constitutifs les plus simples ; afin de les étudier en détail et de comprendre les types d'interactions qui existent entre eux. Puis, en modifiant « une variable à la fois », d'en déduire des lois générales permettant de prédire les propriétés du système dans des conditions très différentes. Pour que cette prédiction soit possible, il faut que les lois d'additivité des propriétés élémentaires puissent jouer. Ce qui est le cas des systèmes homogènes, c'est-à-dire comportant des éléments semblables et présentant entre eux des interactions faibles. Dans ce cas, les lois statistiques s'appliquent bien et permettent de comprendre le comportement de la multitude, de la complexité désorganisée.

Les lois d'additivité des propriétés élémentaires ne jouent évidemment plus dans le cas des systèmes de haute complexité, constitués par une très grande diversité d'éléments liés par des interactions fortes. De tels systèmes doivent être abordés par des méthodes nouvelles comme celles que regroupe l'approche systémique. Leur but : considérer un système dans sa *totalité*, sa *complexité* et sa *dynamique* propres. Grâce à la simulation, par exemple, on peut « animer » un système et observer en temps réel les effets des

Approche analytique	Approche systémique
Isole : se concentre sur les éléments.	Relie : se concentre sur les interactions entre les éléments.
Considère la nature des interactions.	Considère les effets des interactions.
S'appuie sur la précision des détails.	S'appuie sur la perception globale.
Modifie une variable à la fois.	Modifie des groupes de variables simultanément.
Indépendante de la durée : les phénomènes considérés sont réversibles.	Intègre la durée et l'irréversibilité.
La validation des faits se réalise par la preuve expérimentale dans le cadre d'une théorie.	La validation des faits se réalise par comparaison du fonctionnement du modèle avec la réalité.
Modèles précis et détaillés, mais difficilement utilisables dans l'action (exemple : modèles économétriques).	Modèles insuffisamment rigoureux pour servir de base aux connaissances, mais utilisables dans la décision et l'action (exemple : modèles du Club de Rome).
Approche efficace lorsque les interactions sont linéaires et faibles.	Approche efficace lorsque les interactions sont non linéaires et fortes.
Conduit à un enseignement par discipline (juxta-disciplinaire).	Conduit à un enseignement pluridisciplinaire.
Conduit à une action programmée dans son détail.	Conduit à une action par objectifs.
Connaissance des détails, buts mal définis.	Connaissance des buts, détails flous.

différents types d'interactions entre ses éléments. L'étude de son comportement dans le temps conduit à définir des règles d'action ayant pour but de modifier le système ou d'en concevoir d'autres.

Plutôt qu'une description point par point des caractéristiques de chacune de ces deux approches, il est préférable de les opposer dans un tableau, sans engager à ce stade une discussion sur leurs avantages et inconvénients respectifs.

Ce tableau (cf. page précédente), utile par sa simplicité, ne représente en fait qu'une caricature de la réalité. Cette représentation, par trop dualiste, enferme la pensée dans une alternative qu'il semble difficile de dépasser. De nombreux autres points de comparaison mériteraient d'être mentionnés. Sans être exhaustif, ce tableau a l'avantage de situer deux approches complémentaires, mais dont l'une (approche analytique) a été favorisée de manière presque disproportionnée dans tout notre enseignement.

A l'opposition entre analytique et systémique, s'ajoute l'opposition entre vision statique et vision dynamique.

Notre connaissance de la nature et les grandes lois scientifiques s'appuient sur ce que j'appellerai la « pensée classique », dont les trois caractéristiques principales sont les suivantes :

— Ses concepts ont été formés à l'image du « *solide* » (conservation de la forme, conservation du volume, effets des forces, relations spatiales, dureté, solidité).

— Le temps irréversible, celui de la durée vécue, du non-déterminé, de l'aléatoire, n'est jamais pris en compte. Seul prime le temps de la physique et des phénomènes réversibles. T peut se transformer en —T sans que les phénomènes étudiés soient modifiés.

— Enfin, la seule forme d'explication des phénomènes est la causalité linéaire ; c'est-à-dire le mode d'explication s'appuyant sur une chaîne logique de causes et d'effets, étalée, dans toute sa dimension, le long de la flèche du temps.

$$\text{cause} \longrightarrow \text{effet}$$
$$\text{avant} \longrightarrow \text{après}$$

Dans la pensée actuelle, influencée par l'approche systémique, la notion de fluide remplace celle de solide. Le mouvant remplace le permanent. Souplesse et adaptabilité remplacent rigidité et stabilité. Les notions de flux et d'équilibre de flux s'ajoutent à celles de forces et d'équilibre de forces. La durée et l'irréversibilité entrent comme dimensions fondamentales dans la nature des phénomènes. La causalité devient circulaire et s'ouvre sur la finalité [1].

La dynamique des systèmes fait éclater la vision statique des organisations et des structures. En intrégrant le temps, elle fait apparaître le *relationnel* et le *devenir*.

A nouveau, un tableau, pour opposer, éclairer et enrichir les concepts les plus importants attachés à la « pensée classique » et à la « pensée systémique » :

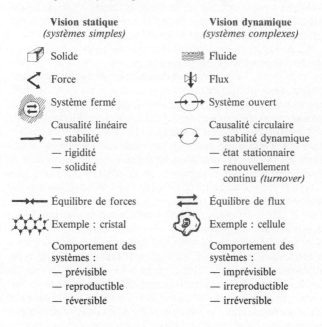

Vision statique *(systèmes simples)*	**Vision dynamique** *(systèmes complexes)*
Solide	Fluide
Force	Flux
Système fermé	Système ouvert
Causalité linéaire — stabilité — rigidité — solidité	Causalité circulaire — stabilité dynamique — état stationnaire — renouvellement continu *(turnover)*
Équilibre de forces	Équilibre de flux
Exemple : cristal	Exemple : cellule
Comportement des systèmes : — prévisible — reproductible — réversible	Comportement des systèmes : — imprévisible — irreproductible — irréversible

Modèles et simulation : les outils de base

La création de modèles et la simulation comptent au nombre des méthodes les plus largement utilisées par l'approche systémique, au point que, pour beaucoup, ils en constituent, en fait, l'essentiel.

---

1. De nombreux points mentionnés ici seront repris dans les chapitres suivants.

Confrontés à la complexité et à l'interdépendance, nous utilisons tous des modèles analogiques simples. Ces modèles, établis à partir d'une analyse préalable, cherchent à réunir les principaux éléments d'un système pour permettre des hypothèses sur son comportement d'ensemble ; et tout en tenant compte, le mieux possible, de l'interdépendance des facteurs.

En présence d'un petit nombre de variables, nous utilisons constamment de tels modèles analogiques : pour comprendre un système sur lequel on possède peu d'informations ; ou pour essayer de prévoir les réponses ou les réactions d'une personne ayant un modèle différent de la situation. Notre vision du monde est un modèle. Toute image mentale est un modèle, flou et incomplet, mais servant de base aux décisions.

La construction de modèles analogiques simples devient rapidement impraticable lorsqu'un plus grand nombre de variables entrent en jeu. Ce qui est le cas des systèmes de haute complexité. Il faut alors utiliser des moyens mécaniques ou électroniques, tels que simulateurs ou ordinateurs. C'est là qu'interviennent la construction de modèles mathématiques et la simulation.

La simulation cherche à « faire vivre » un système en permettant le jeu simultané de toutes ses variables. Ce que les limitations de notre cerveau nous interdisent sans l'assistance de l'informatique ou des appareils de simulation. La simulation s'appuie sur un modèle, lui-même établi à partir d'une analyse préalable. Analyse de système, modélisation et simulation constituent ainsi les trois étapes fondamentales de l'étude du comportement dynamique des systèmes complexes :

L'analyse de systèmes consiste à définir les limites du système à modéliser ; à identifier les éléments importants et les types d'interactions entre ces éléments, puis à déterminer les liaisons qui les intègrent en un tout organisé. Éléments et types de liaisons sont classés et hiérarchisés. Puis on dégage et on identifie les variables de flux, les variables d'états, les boucles de rétroaction positives et négatives, les délais, les « sources » et les « puits ». Chaque boucle est considérée séparément et son influence sur le comportement des différents sous-ensembles du système est évaluée.

La modélisation consiste à construire un modèle à partir des données de l'analyse de systèmes. On établit tout d'abord un schéma complet des relations causales entre les éléments des différents sous-systèmes (par exemple, dans le modèle malthusien de la p. 117 : influence de la natalité sur la population, du rationnement alimentaire sur la mortalité, etc.). Puis on exprime en un langage de programmation approprié les équations décrivant les interactions et les liaisons entre les différents éléments du système.

Enfin, *la simulation* étudie le comportement dans le temps d'un système complexe. Au lieu de modifier « une variable à la fois », elle met en œuvre un ordinateur pour faire varier *simultanément* des groupes de variables, comme cela se produit dans la réalité. On peut également utiliser un simulateur, c'est-à-dire un modèle physique interactif, donnant en « temps réel » une réponse aux différentes décisions et actions de l'utilisateur. C'est le cas, par exemple, d'un simulateur de vol utilisé par les élèves pilotes.

La simulation est aujourd'hui utilisée dans un grand nombre de domaines. Grâce à des langages de simulation à la fois plus puissants et plus simples. Grâce aussi à l'utilisation de nouveaux moyens de communication avec l'ordinateur (sortie graphique sur écran cathodique, tables traçantes rapides, stylets d'entrée de données, ou dessins animés automatiques sous contrôle de l'ordinateur). Quelques exemples montrent la diversité des applications :

Économie et politique : choix économiques du plan ; simulation de conflits ; « modèles du monde ». *Administration des entreprises* : politique de marketing ; pénétration d'un marché ; lancement d'un produit nouveau. *Écologie* : effets des polluants atmosphériques ; concentration des polluants dans la chaîne alimentaire. *Urbanisme* : croissance des villes ; dégénérescence des quartiers ; circulation automobile. *Astrophysique* : genèse et évolution des galaxies ; « expériences » réalisées dans l'atmosphère d'une planète éloignée. *Physique* : étude du flux d'électrons dans un semi-conducteur ; résistance des matériaux ; onde de choc ; écoulement des fluides ; formation des vagues. *Travaux publics* : ensablement des ports ; effet du vent sur les constructions élevées. *Chimie* : simulation de réaction chimique ; études de la structure de molécules. *Biologie* : circulation dans les capillaires ; croissance compétitive entre populations bactériennes ; effets de médicaments ; génétique des populations. *Informatique* : simulation du fonctionnement d'un ordinateur avant sa construction. *Recherche opérationnelle* : problèmes de files d'attente, d'optimisation, d'allocation de ressources, d'ordonnancement. *Engineering* : contrôle de processus ; calcul du coût énergétique ; calcul du coût de bâtiments. *Éducation* : jeux pédagogiques de simulation ; jeux d'entreprise.

Les limites et les avantages de la simulation

Malgré le nombre et la diversité de ces applications, il ne faut pas trop attendre de la simulation. Elle n'est qu'une approche parmi d'autres, une méthode complémentaire d'étude d'un système complexe. La simulation ne donne jamais l'optimum, ou la solution exacte à un problème posé. Elle ne fait que dégager les tendances générales du comportement d'un système, ses directions probables d'évolution ; tout en suggérant de nouvelles hypothèses.

Un des dangers les plus sérieux de la simulation résulte de la liberté d'action de l'utilisateur : on change les conditions initiales « pour voir ». Mais on risque de se perdre dans l'infinité des variables et des comportements incohérents associés à ces modifications « aléatoires ». Les résultats de la simulation ne doivent pas être confondus avec la réalité, ce qui est souvent le cas. Mais, comparés à ce que l'on sait de la réalité, pour servir de base à une modification éventuelle du modèle de départ. C'est à la suite d'un tel processus itératif, par approximations successives, que se révèle l'utilité de la simulation.

La simulation apparaît en effet comme un des outils les plus féconds de l'approche systémique. Elle permet de vérifier les effets d'un grand nombre de variables sur le fonctionnement global d'un système. De hiérarchiser le rôle de chaque variable. De détecter les points d'amplification ou d'inhibition, grâce auxquels on peut influencer le comportement de ce système. L'utilisateur peut tester différentes hypothèses sans prendre le risque de détruire le système qu'il étudie. Ce qui est particulièrement important dans le cas de systèmes vivants ou de systèmes fragiles ou très coûteux.

Étant donné que l'on fait des expériences sur un modèle de la réalité plutôt que sur la réalité elle-même, on peut agir sur la variable temps : accélérer des phénomènes très lents (phénomènes sociaux, par exemple) ; ou au contraire ralentir des phénomènes ultra-rapides (impact d'un projectile sur une surface). On peut également agir sur la variable espace, en simulant des interactions se réalisant dans des volumes très restreints ou sur de grandes distances.

La simulation n'extrait pas de l'ordinateur, comme par magie, « plus » que ce que l'on a mis dans le programme. L'apport de l'ordinateur se situe à un niveau qualitatif. Traitant des millions de données dans une fraction infime de temps, il révèle des structures, des modalités, des tendances auparavant inobservables et résultant de la dynamique propre du système.

L'interaction entre utilisateur et modèle développe l'intuition des interdépendances et permet de mieux prévoir les réactions du modèle. Cette intuition existe, évidemment, chez tous ceux qui ont une longue expérience de la gestion d'organisations complexes. Mais un des avantages de la simulation est de permettre l'acquisition plus rapide de ces mécanismes fondamentaux.

Enfin, la simulation représente un nouvel outil d'aide à la décision. Elle permet d'effectuer des choix sur des « futurs possibles ». Appliquée aux systèmes sociaux, elle n'est pas directement *prédictive*. Comment tenir compte en ce domaine de données non quantifiables comme le bien-être, la peur, le désir ou les réactions affectives ? Mais elle constitue une sorte de « laboratoire sociologique portatif » avec lequel on peut faire des expériences ; sans engager l'avenir de millions d'hommes et sans engouffrer des ressources importantes dans des programmes conduisant souvent à des échecs.

Certes, les modèles sont encore imparfaits. Mais, comme le fait remarquer Dennis Meadows, il n'y a en face d'eux que des « modèles mentaux », construits à partir d'éléments parcellaires et de démarches intuitives. C'est sur de tels modèles mentaux que s'appuient généralement les grandes décisions politiques.

Un étrange comportement

Les propriétés et le comportement d'un système complexe sont déterminés par son organisation interne et par ses relations avec son environnement. Mieux comprendre ces propriétés, mieux prévoir ces comportements, c'est disposer de moyens permettant d'agir sur ce système : en le transformant ou en orientant son évolution.

Tout système présente deux modes fondamentaux d'existence et de fonctionnement : le *maintien* ou le *changement*. Le premier mode repose sur les boucles de rétroaction négatives et se caractérise par la *stabilité*. Le second sur les boucles positives et se caractérise par la *croissance (ou le déclin)*. La coexistence de ces deux modes au sein d'un système ouvert, soumis en permanence aux perturbations aléatoires de son environnement, crée toute une série de comportements caractéristiques. On peut résumer les principaux dans une série de graphiques simples, en prenant comme variable n'importe quelle grandeur caractéristique du système en fonction du temps [1] (taille, production, chiffre d'affaires, nombre d'éléments, etc.).

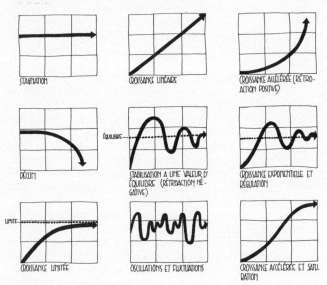

La dynamique du maintien

La stabilité dynamique : l'équilibre dans le mouvement

Se maintenir signifie *durer*. Les régulations négatives, en contrôlant les divergences des boucles positives, contribuent à stabiliser un système et à lui permettre de durer. Le système est capable d'autorégulation.

1. Il ne faut pas oublier qu'un comportement global est la résultante des comportements individuels des sous-systèmes ; comportements eux-mêmes déterminés par l'interconnexion d'un très grand nombre de variables.

Rapprocher stabilité et dynamique peut sembler paradoxal. En réalité, ce rapprochement exprime le fait que les structures ou les fonctions d'un système ouvert restent identiques à elles-mêmes, malgré le renouvellement continu des composantes du système. Cette persistance de forme, c'est la stabilité dynamique. On la retrouve dans la cellule, l'organisme vivant, ou la flamme d'une bougie.

La stabilité dynamique résulte de la combinaison et du réajustement de nombreux équilibres atteints et maintenus par le système. Comme l'équilibre du « milieu intérieur » de l'organisme, par exemple (voir p. 71). Il s'agit donc d'équilibres dynamiques. Ce qui impose une distinction préalable entre équilibre de forces et équilibre de flux.

Un *équilibre de forces* résulte de l'annulation en un même point de deux ou plusieurs forces égales et opposées. On peut l'illustrer par deux mains immobilisées dans un « bras de fer », ou par une bille reposant dans le fond d'une cuvette.

ÉQUILIBRE DES
FORCES

POINT
D'ÉQUILIBRE

Lorsqu'il existe deux masses en présence (deux armées ou deux puissances), on parle aussi « d'équilibre des forces ». Mais un équilibre de forces est un équilibre statique. Il ne peut être modifié que par suite d'un changement discontinu du rapport des forces. Cette discontinuité pouvant conduire, lorsqu'une force rattrape l'autre, à une « escalade ».

Par contre, un *équilibre de flux* résulte de l'ajustement des vitesses de deux ou plusieurs flux traversant un élément de mesure. Il y a équilibre quand les vitesses des flux sont égales et en directions opposées [1]. C'est le cas d'une transaction à un comptoir (marchandise contre monnaie).

---

1. Ou lorsque les flux ont un effet opposé, même s'ils vont dans la même direction (réservoir qui se remplit et se vide en même temps).

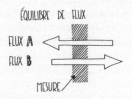

Un équilibre de flux est un *équilibre dynamique*. Il peut être adapté, modifié et modulé en permanence grâce à des réajustements parfois imperceptibles, en fonction des perturbations ou des circonstances. L'équilibre de flux est le fondement de la stabilité dynamique.

Lorsque l'équilibre est atteint, un certain « niveau » se maintient constant au cours du temps (concentration de certaines molécules dans le plasma, ou état d'un compte en banque : voir p. 114). Cet état particulier s'appelle un *état stationnaire (steady state)*. Il est très différent de l'état *statique* représenté par le niveau de l'eau d'un réservoir ne communiquant pas avec l'extérieur.

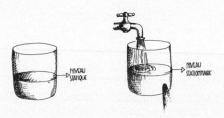

Il existe une infinité d'états stationnaires, comme il existe une infinité de niveaux d'équilibre à des hauteurs différentes du réservoir. C'est ce qui permet à un système ouvert de s'adapter et de répondre à la très grande variété des modifications de l'environnement.

L'homéostasie : la résistance au changement

C'est l'une des propriétés les plus remarquables et les plus caractéristiques des systèmes ouverts de haute complexité.

Le terme d'homéostasie a été créé par le physiologiste américain Walter B. Cannon en 1932 (voir p. 72). Un système homéostatique (une entreprise, une grande organisation, une cellule) est un système ouvert maintenant sa structure et ses fonctions par l'intermédiaire d'une multiplicité d'équilibres dynamiques. Équilibres rigoureusement contrôlés par des mécanismes de régulation interdépendants. Un tel système réagit à tout changement provenant de l'environnement, ou à toute perturbation aléatoire, par une série de modifications de grandeur égale et de direction opposée à celles qui lui ont donné naissance : ces modifications ont pour finalité le maintien des équilibres internes.

Les systèmes écologiques, biologiques ou sociaux sont particulièrement homéostatiques. Ils s'opposent au changement par tous les moyens à leur disposition. Si le système ne parvient pas à rétablir ses équilibres, il entre alors dans un autre mode de fonctionnement avec des contraintes parfois plus draconiennes que les précédentes, et pouvant conduire, si les perturbations se poursuivent, à la destruction de l'ensemble.

L'homéostasie apparaît ainsi comme une condition essentielle de la stabilité — et donc de la survie — des systèmes complexes. Mais elle leur confère également des propriétés très particulières. Les systèmes homéostatiques sont ultra-stables : toute leur organisation interne, structurelle, fonctionnelle contribue au maintien de cette même organisation. Leur comportement est imprévisible ; « anti-intuitif », selon l'expression de Jay Forrester, ou contra-variant : lorsque à la suite d'une action précise on s'attendait à une réaction déterminée, c'est un résultat tout à fait inattendu et souvent contraire qui est obtenu. Tels sont les jeux de l'interdépendance et de l'homéostasie. Les hommes politiques, les chefs d'entreprise ou les sociologues n'en connaissent que trop les effets.

La dynamique du changement

Pour un système complexe, durer ne suffit pas : il faut aussi s'adapter aux modifications de l'environnement et évoluer. Sinon, les agressions extérieures ne tardent pas à le désorganiser et à le détruire.

La situation paradoxale à laquelle se trouve confronté tout responsable du maintien et de l'évolution d'un système complexe (État, grande organisation, entreprise) s'exprime par cette simple question : « Comment une organisation stable, dont la finalité est de se maintenir et de durer, peut-elle changer et évoluer ? »

La croissance et la variété

La croissance d'un système complexe — en volume, en taille, en nombre d'éléments — dépend des boucles de rétroaction positives et de la mise en réserve d'énergie. En effet, une boucle de rétroaction positive agissant toujours dans le même sens entraîne l'accroissement accéléré d'une grandeur donnée [1]. Cette grandeur peut être le *nombre* (accroissement d'une population), la *diversité* (variété des éléments et des interactions entre ces éléments), l'*énergie* (excédent énergétique, accumulation des profits, croissance du capital).

La boucle de rétroaction positive est équivalente à un *générateur aléatoire de variété*. Elle amplifie le moindre écart. Elle accroît les possibilités de choix ; accentue la différenciation, et génère de la complexité en démultipliant les possibilités d'interaction.

Variété et complexité sont étroitement liées. Mais la variété est aussi une des conditions de la stabilité d'un système. En effet, l'homéostasie ne peut s'établir et se maintenir que grâce à une très grande variété de régulations. Plus un système est complexe, plus le système de contrôle doit, lui aussi, être complexe, afin d'offrir une « réponse » aux multiples perturbations provenant de l'environnement. C'est ce qu'exprime la « loi de la variété requise » (*Law of Requisite Variety*) proposée par Ross Ashby en 1958. Cette loi, extrêmement générale, établit sous forme mathématique que la régulation d'un système n'est efficace que si elle s'appuie sur un système de contrôle *aussi complexe que le système lui-même*. Autrement dit, il faut que les actions de contrôle aient une variété égale à la variété du système. En écologie, par exemple, c'est la variété des espèces, le nombre de « niches » écologiques, la richesse des interactions entre espèces, et entre communauté et environnement, qui assurent la stabilité et le maintien de cette communauté. La variété permet de présenter une très large « palette » de réponses aux formes possibles d'agressions de l'environnement.

La génération de la variété peut donc conduire à des adaptations par accroissement de complexité. Mais, par confrontation

---

1. Rétroaction positive, p. 111.

avec l'aléatoire de l'environnement, elle génère aussi de *l'imprévu*, qui est la sève du changement. La croissance est donc à la fois moteur du changement, et moyen permettant de s'adapter aux modifications de l'environnement. On entrevoit ainsi le chemin par lequel peut évoluer un système homéostatique, construit pour résister au changement. Il évolue grâce à un processus complémentaire de désorganisation (totale ou partielle) et de réorganisation. Ce qui se produit, soit au cours de l'affrontement du système avec les perturbations aléatoires venant de l'environnement (mutations, événements, «bruit»), soit au cours du réajustement d'un déséquilibre résultant, par exemple, d'une croissance trop rapide.

Évolution et émergence

Les systèmes vivants peuvent s'adapter (à l'intérieur de certaines limites) à des modifications brutales survenant dans le monde extérieur. Ils possèdent en effet des détecteurs et des comparateurs qui leur permettent de capter des signaux venant de l'extérieur ou de l'intérieur, et de comparer ces signaux aux valeurs d'équilibre. Quand il y a des écarts, l'émission de signaux d'erreurs permet de les corriger. S'il ne peut atteindre son ancien état d'équilibre homéostatique, le système recherche, par le jeu complémentaire des boucles positives et négatives, de nouveaux points d'équilibre et de nouveaux états stationnaires.

L'évolution d'un système ouvert est l'intégrale de ces changements et de ces adaptations [1]. L'empilement dans la durée des plans successifs ou des «tranches» de son histoire. Cette évolution se matérialise par des niveaux hiérarchiques d'organisation et par l'émergence de propriétés nouvelles. L'évolution prébiologique (la genèse des systèmes vivants), l'évolution biologique et l'évolution sociale sont des exemples d'évolution vers des niveaux de complexité croissante. A chaque niveau «émergent» des propriétés nouvelles qui ne peuvent être expliquées par la somme des propriétés de chacune des parties qui constituent le tout. Il y a saut qualitatif; franchissement d'un seuil : la vie, la pensée réfléchie, la conscience collective.

La propriété d'émergence est liée à la complexité. L'accroissement de la diversité des éléments, l'accroissement du nombre de liaisons entre ces éléments et le jeu des interactions non linéai-

---

1. Les mécanismes de l'évolution sont abordés au chap. 5.

res conduisent à des comportements difficilement prédictibles. Surtout si l'on se fonde sur les seules propriétés des éléments. On connaît, par exemple, les propriétés de chacun des acides aminés qui composent la chaîne des protéines. Mais, par suite des enroulements de cette chaîne, certains acides aminés éloignés dans leur ordre de succession se retrouvent cependant rapprochés dans l'espace. Ce qui confère à la protéine des propriétés émergentes : reconnaître certaines molécules et catalyser leur transformation. Ce qui est impossible quand les acides aminés sont présents dans le milieu mais non attachés dans l'ordre requis ou quand la chaîne est déroulée.

Les « dix commandements » de l'approche systémique

L'approche systémique n'a d'intérêt que si elle débouche sur l'opérationnel. En favorisant l'acquisition des connaissances et en permettant d'améliorer l'efficacité de nos actions.

Elle doit donc permettre de dégager, à partir des invariants, des propriétés et du comportement des systèmes complexes, quelques règles générales destinées à mieux comprendre ces systèmes et à agir sur eux.

A la différence des règles juridiques, morales, ou même physiologiques avec lesquelles on peut encore tricher, une méconnaissance de quelques règles systémiques de base peut entraîner de graves erreurs, et parfois conduire à la destruction du système dans lequel on se trouve et sur lequel on essaie d'agir. Il va sans dire que de nombreuses personnes ont une connaissance intuitive de ces règles dont beaucoup découlent de l'expérience ou du simple bon sens. Voici les « dix commandements » de l'approche systémique :

1. *Conserver la variété*

Pour conserver la stabilité, il faut conserver la variété. Toute simplification est dangereuse car elle introduit des déséquilibres. Les exemples abondent en écologie : la disparition de certaines espèces, par suite des progrès envahissants de la « civilisation », entraîne la dégradation de tout un écosystème. Dans certaines régions, l'agriculture intensive détruit l'équilibre de la pyramide écologique et la remplace par un équilibre instable constitué par trois étages seulement (les céréales, les bovins, l'homme) placés sous le contrôle d'une seule espèce dominante. Cet écosystème déséquilibré cherche spontanément à retourner à un état de complexité plus élevé, par la prolifération d'insectes et de mauvaises herbes, ce qu'empêchent les agriculteurs à grands coups de pesticides ou de désherbants.

En économie et en gestion, toute centralisation excessive entraîne une simplification des canaux de communication et un appauvrissement des interactions entre individus. Ce qui introduit le désordre, le déséquilibre et l'inadaptation à des situations rapidement changeantes.

2. *Ne pas « ouvrir » des boucles de régulation*

L'isolement d'un facteur conduit à des actions ponctuelles dont les effets désorganisent le plus souvent l'ensemble du système. C'est la cause d'erreurs parfois dramatiques, en médecine, en économie ou en écologie.

Pour obtenir une action à court terme, on « coupe » très souvent une boucle de stabilisation, ou en ensemble imbriqué de boucles de rétroaction. On croit ainsi agir directement sur les causes afin de mieux contrôler les effets.

C'est ce qui se produit dans la rupture de cycles naturels. L'utilisation massive de combustibles fossiles, d'engrais chimiques ou de pesticides non recyclables permet d'accroître le rendement agricole, pendant une courte durée. Mais, à plus long terme, cette action risque de provoquer des perturbations irréversibles.

Un exemple célèbre : la lutte contre les insectes entraîne également la disparition des oiseaux qui s'en nourrissent. Résultat à court terme : un retour en force des insectes... mais sans les oiseaux.

Autre exemple : les états de veille, de sommeil et de rêve sont très probablement régulés par le rapport délicat de médiateurs chimiques existant dans le cerveau. En apportant régulièrement de l'extérieur, dans un but d'action à court terme, une molécule étrangère, comme un somnifère, on inhibe à plus long terme des mécanismes naturels. Pire, on risque de les dérégler de manière presque irréversible : il faut faire subir une véritable cure de désintoxication aux personnes habituées à l'usage des barbituriques pour leur faire retrouver un sommeil normal.

3. *Rechercher les points d'amplification*

L'analyse de système et la simulation permettent de faire apparaître les *points sensibles* d'un système complexe. En agissant à ce niveau, on déclenche soit des amplifications, soit des inhibitions contrôlées. On agit sur les « gains » comme disent les électroniciens.

Un système homéostatique résiste à toute mesure ponctuelle ou séquentielle (consistant à attendre les résultats des mesures précédentes pour en prendre de nouvelles). Une des méthodes permettant de l'influencer et de le faire évoluer dans une direction choisie consiste à appliquer une *combinaison de mesures* (*policy mix*). Ces mesures doivent être soigneusement dosées les unes par rapport aux autres et porter simultanément sur différents points d'influence.

Un exemple : le problème des déchets solides.

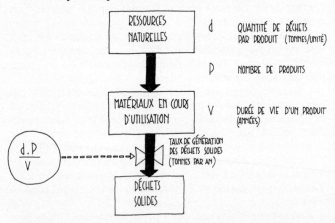

On voit que, pour réduire le flux de génération de déchets solides en agissant sur la vanne (la variable de flux), il n'y a que trois moyens : réduire le nombre de produits utilisés (ce qui impliquerait une diminution du niveau de vie) ; réduire la quantité de déchets solides dans chaque produit ; accroître la durée de vie des produits en les rendant plus robustes ou plus faciles à réparer. Les simulations effectuées par Jorgan Randers, du MIT, montrent qu'aucune de ces mesures, seule, ne suffit. Les meilleurs résultats sont obtenus par une combinaison de mesures mettant en jeu simultanément : une taxe de 25 % sur l'extraction de ressources non renouvelables ; une subvention de 25 % au recyclage ; un accroissement de 50 % de la durée de vie des produits ; un doublement de la fraction recyclable par produit et une réduction de la matière brute par produit.

4. *Rétablir les équilibres par la décentralisation*

Le rétablissement rapide des équilibres exige que les écarts soient détectés aux endroits mêmes où ils se produisent et que l'action correctrice s'effectue de manière décentralisée.

La correction de l'équilibre du corps lors de la station verticale se réalise par la contraction de certains muscles et sans que nous ayons besoin d'y penser constamment, même lorsque le cerveau intervient. Les régulations enzymatiques montrent que toute la hiérarchie des niveaux de complexité intervient dans le rétablissement d'un équilibre (voir l'exemple de la « station-service » p. 82). Très souvent, l'action correctrice se réalise avant même qu'il ait été nécessaire de remonter jusqu'aux centres supérieurs de décision. La décentralisation du rétablissement des équilibres est une des applications de la loi de la variété requise. Elle est de règle dans l'organisme, la cellule ou l'écosystème. Mais jusqu'à présent nous ne semblons pas avoir réussi à l'appliquer dans les organisations que nous sommes amenés à gérer.

5. *Savoir maintenir des contraintes*

Un système ouvert complexe peut fonctionner selon différents modes. Certains sont souhaitables, d'autres conduisent à la désorganisation du système. Si l'on veut maintenir un comportement donné, jugé préférable à un autre, il faut accepter et même maintenir certains types de contraintes, afin d'empêcher le système de dériver vers un mode de fonctionnement moins souhaitable, voire dangereux.

Dans la gestion d'un simple budget familial, on peut choisir le mode du « train de vie élevé » (on vit au-dessus de ses moyens), avec les contraintes que cela implique vis-à-vis des banques ou des créanciers. Ou au contraire choisir de limiter ses dépenses et de se priver par conséquent de biens que l'on aimerait posséder. Nouvelles contraintes.

Dans le cas de la conduite de l'économie d'un pays, les responsables de la politique économique choisissent et maintiennent les contraintes dues à l'inflation, avec leur cortège d'injustices et d'inégalités sociales, mais jugées comme un moindre mal vis-à-vis de celles engendrées par le chômage.

Au niveau de l'économie mondiale, la course à la croissance entraîne inégalités sociales, épuisement des ressources et pollution. Mais, théoriquement, elle permet l'élévation plus rapide du niveau de vie. Le passage à une économie «stationnaire» impliquerait le choix de nouvelles contraintes, fondées cette fois sur des privations et la réduction du niveau de vie, la mise en œuvre de moyens de contrôle et de régulation plus complexes, plus délicats et plus décentralisés que dans une économie de croissance. Moyens exigeant de chaque citoyen une responsabilité accrue.

La liberté et l'autonomie ne s'obtiennent qu'à travers le choix et le dosage des contraintes : vouloir à tout prix les éliminer, c'est risquer de passer d'un état contraignant mais accepté et maîtrisé, à un état incontrôlable conduisant rapidement à la destruction du système.

6. *Différencier pour mieux intégrer*

Toute intégration réelle se fonde sur une différenciation préalable. L'originalité, le caractère unique de chaque élément se révèle dans la totalité organisée. C'est ce qu'exprime la célèbre expression de Teilhard de Chardin : «l'union différencie». Cette loi de l'union «personnalisante» est illustrée par la spécialisation des cellules dans les tissus ou des organes dans le corps.

Mais il n'y a pas de vraie union sans antagonisme, rapport de forces, conflits. L'homogène, le mélange, le syncrétisme, c'est l'entropie. Seule l'union dans la diversité est créatrice. Elle accroît la complexité, conduit à des niveaux plus élevés d'organisation. Cette loi systémique et les contraintes qui vont de pair sont bien connues de ceux dont la mission est de réunir, de rassembler, de fédérer. Les antagonismes et les conflits naissent toujours du passage à une entité englobante. Avant de regrouper les diversités, jusqu'à quelles limites doit-on pousser le processus de personnalisation ? Trop tôt : c'est un mélange homogénéisant et paralysant. Trop tard : c'est l'affrontement des individualismes et des personnalités, et peut-être une dissociation encore plus poussée que celle qui existait antérieurement.

7. *Pour évoluer : se laisser agresser*

Un système homéostatique (ultra-stable) ne peut évoluer que s'il est « agressé » par des événements venant du monde extérieur. Une organisation doit donc être en mesure de capter ces termes de changement et de les utiliser dans son évolution. Ce qui l'oblige à adopter un mode de fonctionnement caractérisé par un renouvellement des structures et par une grande mobilité des hommes et des idées. En effet, toute rigidité, sclérose, pérennité des structures ou de la hiérarchie est évidemment à l'opposé d'une situation permettant l'évolution.

Une organisation peut se maintenir à la manière d'un cristal ou d'une cellule vivante. Le cristal maintient sa structure grâce à l'équilibre de forces qui s'annulent à chaque nœud du réseau cristallin. Grâce aussi à la « redondance », c'est-à-dire à la répétition des mêmes motifs. Cet état statique, fermé sur l'extérieur, ne lui permet pas de résister aux perturbations du milieu : si la température s'accroît, le cristal se désorganise et fond. La cellule, au contraire, est en équilibre dynamique avec son environnement. Son organisation n'est pas fondée sur la redondance, mais sur la variété de ses éléments. Système ouvert, elle se maintient dans le renouvellement continu de ses éléments. C'est cette variété et cette mobilité qui permettent l'adaptation au changement.

L'organisation-cristal évolue difficilement : dans les à-coups de réformes radicales et traumatisantes. L'organisation-cellule cherche à favoriser l'événement, la variété, l'ouverture sur le monde extérieur. Elle ne craint pas une désorganisation passagère, condition d'une réadaptation plus efficace. Admettre ce risque transitoire, c'est accepter et vouloir le changement. Car il n'y a pas de changement réel sans risque.

8. *Préférer les objectifs à la programmation détaillée*

Fixation des objectifs et contôle rigoureux, contre une programmation détaillée de chaque étape : c'est ce qui différencie un servomécanisme d'une machine automatique à commande rigide. Le programme de la machine automatique doit prévoir toutes les perturbations susceptibles de survenir en cours de route. Le servomécanisme s'adapte à la complexité : il suffit de fixer le but sans ambiguïté et de mettre en place les moyens de contrôle permettant de corriger les écarts en cours d'action.

Ces principes de base de la cybernétique s'appliquent à toute organisation humaine. La définition des objectifs, les moyens d'y parvenir et la détermination des échéances importent plus que la programmation détaillée d'actions quotidiennes. Une programmation minutieuse risque d'être paralysante. Une programmation autoritaire laisse peu de place à l'imagination et à la participation. L'important est de parvenir au but. Quels que soient les chemins parcourus. A condition, évidemment, de ne pas dépasser des limites bien définies : ressources nécessaires ou durée totale allouée aux opérations.

9. *Savoir utiliser l'énergie de commande*

Les informations émises par un centre de décision peuvent être démultipliées dans des proportions très importantes. Surtout quand elles sont reprises et amplifiées par les structures hiérarchiques des organisations ou par les réseaux de diffusion.

Au plan énergétique, le métabolisme du conducteur d'une machine est négligeable vis-à-vis des puissances qu'il peut déclencher et contrôler. Il en est de même d'un chef d'entreprise ou de tout responsable d'une grande organisation.

Il faut donc distinguer entre *énergie de puissance* et énergie de commande. L'énergie de puissance, c'est la ligne électrique et le courant qui chauffe une résistance ; ou la canalisation d'eau qui amène la pression en un point donné. L'énergie de commande se traduit par l'action du thermostat ou du robinet : c'est de l'*information*.

Un servomécanisme distribue lui-même son énergie de commande. Il répartit les informations qui commandent ses organes d'action. De même, le responsable d'une organisation doit aider le système qu'il dirige à répartir son énergie de commande. Et pour cela, mettre en place des boucles de retour des informations vers les centres de décision. Dans le cadre de l'entreprise ou dans les structures de l'État, ces boucles de régulation ont pour nom : autogestion, participation ou rétroaction sociale [1].

10. *Respecter les temps de réponse*

Les systèmes complexes intègrent la durée à leur organisation. Chaque système a un temps de réponse qui lui est propre : en

1. La rétroaction sociale sera discutée au chap. 4.

raison des effets combinés des boucles de rétroaction et des délais dus aux réservoirs ou à l'écoulement des flux. Dans bien des cas (dans l'entreprise en particulier), il est donc inutile de rechercher à tout prix la rapidité d'exécution. De faire pression pour obtenir des réponses, ou pour recueillir un résultat. Il vaut mieux chercher à comprendre la dynamique interne du système et à prévoir les délais de réponse. Entraînement qui s'acquiert bien souvent dans la conduite des grandes organisations ; les Anglo-Saxons l'appellent le sens du *timing* : savoir déclencher une action, ni trop tôt, ni trop tard, mais au moment où le système est prêt à réagir spontanément dans un sens ou dans l'autre. Le sens du *timing* permet de tirer parti au maximum de l'énergie interne d'un système complexe. Au lieu de lui imposer, de l'extérieur, des directives contre lesquelles il se mobilise.

Comment dépasser les dangers de l'approche systémique ?

L'intérêt de l'approche systémique passe par sa démystification. Car ce qui est utile dans l'action quotidienne ne doit pas avoir pour règle d'être réservé à quelques initiés. La hiérarchie des disciplines établies au XIXe siècle, des sciences les plus « nobles » aux sciences les moins « nobles » (mathématiques et physique au sommet ; sciences de l'homme ou de la société au bas de l'échelle), continue à peser lourdement sur notre approche de la nature et sur notre vision du monde. D'où, peut-être, ce scepticisme, voire cette méfiance envers l'approche systémique, que l'on retrouve chez ceux — mathématiciens ou physiciens — qui ont reçu la formation théorique la plus poussée. Par contre, ceux que la nature de leur recherche a habitués à réfléchir en termes de flux, de transfert, d'échange, d'irréversibilité — biologistes, économistes, écologistes — assimilent plus naturellement les notions systémiques, et communiquent plus facilement entre eux.

Pour démystifier davantage l'approche systémique et lui permettre de rester une *attitude* transdisciplinaire, un *entraînement* à la maîtrise de la complexité et de l'interdépendance, peut-être faudrait-il aller jusqu'à rejeter le terme même d'approche ou de *méthode* systémique ? La vision globale n'est pas réservée aux seuls grands responsables, philosophes ou savants. Chacun d'entre nous peut « prendre du recul ». Apprendre à regarder à travers le macroscope : pour appliquer les règles systémiques, construire des modèles mentaux plus rigoureux, et peut-être parvenir à dominer le jeu des interdépendances.

Mais il ne faut pas cacher les dangers d'une utilisation trop « systématique » de l'approche systémique. Une approche purement descriptive, sous le seul angle du relationnel, conduit rapidement à une collection inutilisable de modèles des différents systèmes de la nature. La trop grande généralité de la notion de système peut aussi se retourner contre elle. Détruisant sa fécondité dans une platitude stérilisante. De même, l'usage incontrôlé des analogies, homologies ou isomorphismes peut entraîner des interprétations qui compliquent au lieu d'éclairer. Car elles se fondent sur des ressemblances superficielles plutôt que sur des lois et des principes fondamentaux communs à tous les systèmes. Pour Edgar Morin, « trop d'unification risque de devenir simplification abusive, puis idée fixe, recette de pensée ».

Une fois de plus, nous voici guettés par le danger des dogmatismes : l'approche systémique se ramenant à un *systémisme* intransigeant, ou à un *biologisme* réductionniste. Nous voici menacés par la séduction exercée par des modèles conçus comme des aboutissements de la réflexion et non comme des points de départ de la recherche. Nous voici tentés par la transposition trop simpliste de modèles ou de lois biologiques à la société [1]. La cybernétique des régulations au niveau moléculaire offre des modèles généraux, dont certains aspects sont transposables, avec les réserves et les restrictions qui s'imposent, au niveau des systèmes sociaux. Mais la très grande faiblesse de ces modèles est qu'ils ne peuvent évidemment tenir compte des rapports de forces et des conflits qui interviennent entre les éléments de tout système socio-économique. C'est ce que faisait remarquer l'économiste J. Attali à l'issue d'une réunion du Groupe des Dix, consacrée au maintien des équilibres biologiques et sociaux : « A la diffé-

---

1. Le danger des transpositions trop directes du biologique au social avait été parfaitement perçu par Friedrich Engels lorsqu'il écrivait en 1875 à Piotr Lavrov, sociologue et publiciste russe : « La différence essentielle entre la société humaine et la société animale est que les animaux au mieux *collectent* tandis que les hommes *produisent*. Cette différence, unique mais capitale, interdit à elle seule de transposer les lois des sociétés animales, purement et simplement dans celles des hommes. » Les travaux de A.J. Lotka, en 1925, sur la dynamique des populations et de V. Volterra, en 1931, sur la théorie mathématique de la lutte pour la vie, ont montré par la suite qu'il fallait être moins sévère que Engels sur l'intérêt des transferts du biologique au social.

rence du sociologue, le biologiste observe des systèmes aux lois bien établies : ils ne se modifient pas pendant qu'on les étudie. Quant aux molécules, aux cellules et aux microbes, ils ne viendront jamais se plaindre de leur condition ! »

L'un des plus graves dangers qui menacent l'approche systémique, c'est la tentation de la « théorie unitaire », du modèle englobant ayant réponse à tout, capable de tout prévoir. L'utilisation du langage mathématique — par nature et par vocation généralisateur — peut conduire à un formalisme qui isole l'approche systémique au lieu de l'ouvrir sur le pratique. La théorie générale des systèmes échappe mal à ce danger : tantôt elle s'enferme dans le langage de la théorie des graphes, de la théorie des ensembles, de la théorie des jeux, de la théorie de l'information ; tantôt elle ne constitue qu'un ensemble d'approches descriptives, souvent très éclairantes, mais sans applications concrètes.

L'approche systémique *opérationnelle* est une des voies permettant de dépasser ces alternatives. Elle évite les dangereux écueils du réductionnisme paralysant et du systémisme englobant. Elle débouche sur la transmission de la connaissance, l'action et la création.

Sur la transmission de la connaissance, parce que l'approche systémique offre un cadre de référence conceptuel qui aide à organiser les connaissances au fur et à mesure de leur acquisition, renforce leur mémorisation et facilite leur transmission.

Sur l'action, parce que l'approche systémique permet de dégager des règles pour affronter la complexité. Parce qu'elle permet de situer et de hiérarchiser les éléments sur lesquels se fondent les décisions.

Enfin, sur la création, parce que l'approche systémique catalyse l'imagination, la créativité, l'invention. Elle est le support de la pensée *inventive, tandis que l'approche analytique est le support de la pensée connaissante.* Tolérante et pragmatique, la pensée systémique s'ouvre à l'analogie, à la métaphore, au modèle. Jadis exclus de la « méthode scientifique », les voici aujourd'hui réhabilités. Pour l'approche systémique, tout ce qui décloisonne la connaissance et débloque l'imagination est bienvenu : elle se veut ouverte, à l'image des systèmes qu'elle étudie.

La terre abrite l'embryon du corps et l'esquisse d'un esprit. Ce corps se maintient en vie grâce aux grandes fonctions écologiques et économiques réunies dans ce qui constitue l'écosphère. La conscience collective émerge de la communication simultanée des cerveaux des hommes. Elle constitue la noosphère.

Écosphère et noosphère ont donc pour support de l'énergie et de l'information. L'action, elle, est la synthèse d'une énergie et d'une information. Mais toute action exige de la durée : le trait d'union entre énergie, information et action, c'est le temps.

C'est à une telle approche globale de l'*énergie*, de l'*information* et du *temps* que se consacrent les chapitres suivants. Pour tenter d'envisager d'anciens problèmes sous un angle neuf.

3

L'énergie et la survie

La nécessité d'une approche systémique

La « crise » de l'énergie a révélé de manière tout à fait soudaine et même dramatique l'aspect « physique » de la société humaine. Car rien n'échappe aux lois implacables de la thermodynamique. La société humaine, comme toute machine ou tout organisme, y est rigoureusement soumise. Les économistes le découvrent avec semble-t-il quelque surprise et non sans un certain retard sur les biologistes et les écologistes.

Il y a en effet peu de temps que l'on dispose des éléments nécessaires pour envisager dans son ensemble la circulation et la dégradation de l'énergie dans la société humaine. C'est-à-dire le métabolisme de l'organisme social, sa fonction principale d'auto-conservation. Observer ce métabolisme « au macroscope » fait apparaître les grandes lignes d'un fonctionnement invisible « de l'intérieur ».

A travers la relation entre « anatomie » et « physiologie » de la société, apparaît au grand jour la liaison longtemps insoupçonnée entre énergie, économie, écologie et entropie. Liaison qui, non seulement révèle les causes possibles des maladies de l'organisme social, mais qui suggère également les types de « remèdes » que l'on pourrait administrer à un système dont dépend, en retour, la vie de chacun d'entre nous.

Il a fallu un certain nombre d'années aux biologistes pour parvenir à une vision globale du flux de l'énergie dans les systèmes vivants, et pour créer la discipline nouvelle que nous appelons aujourd'hui la *bio-énergétique*. La plupart des livres de biochimie à l'usage des étudiants en médecine ont conservé l'approche analytique décrivant en détail les fonctions de familles de molécules, plutôt que l'approche systémique considérant le fonctionnement global de la cellule.

La situation est encore pire quand on considère l'écosphère

dans son ensemble. Jusqu'à maintenant, seule l'approche analytique, fragmentaire a prévalu. C'est pourquoi, en prolongement de la bio-énergétique, je propose le terme d'*éco-énergétique* pour manifester la nécessité d'une approche globale consacrée à l'étude de la régulation du flux d'énergie dans la société.

L'éco-énergétique doit s'appuyer sur deux approches complémentaires : systémique et analytique. Dans le premier cas, il s'agit de procéder à une étude globale de la transformation et de l'utilisation de l'énergie dans la société. Dans l'autre, de faire l'analyse détaillée de toutes les transactions énergétiques dont dépendent les fonctions de production, de consommation et de récupération au sein du système social. C'est *l'analyse énergétique*.

L'éco-énergétique a pour but de définir les moyens permettant d'éviter l'interférence des activités industrielles et économiques des hommes avec les cycles naturels. Et surtout de jeter les bases d'une coopération réelle et efficace entre l'homme et la nature, abandonnant pour toujours l'ancienne idée de domination. C'est à ces questions que s'attache ce chapitre : analyse des crises que nous traversons et proposition de voies nouvelles vers des solutions à long terme.

1. L'histoire de la domestication de l'énergie

Des bonds en avant

L'histoire de la société s'identifie généralement dans les livres d'histoire à l'évolution politique et économique des pays. Pourtant les lois énergétiques interviennent, elles aussi. Pourquoi ne pas retracer l'histoire de l'organisation sociale sous l'angle de l'énergie ? Cette approche est justifiée car les lois énergétiques ont priorité sur les lois politiques et économiques. Elles en constituent les fondements : il faut de l'énergie pour assurer le maintien d'une organisation et il faut de l'énergie pour permettre le changement et favoriser le progrès. Tout surplus permet un « bond en avant ». L'évolution prébiologique (celle qui a précédé l'apparition des premières cellules) en fournit un excellent exemple.

Les premiers organismes trouvèrent autour d'eux, dans l'océan primitif, des substances organiques riches en énergie qui s'y étaient accumulées depuis des millions d'années (un peu comme l'homme, lorsqu'il découvrit dans le sous-sol de la terre les combustibles fossiles). L'énergie dégagée par les réactions de fermentation permit tout juste à ces organismes rudimentaires de survivre, de manière d'ailleurs tout à fait marginale et en accumulant dans leur environnement des déchets toxiques. Mais les réactions de la respiration couplées à celles de la photosynthèse permettent la combustion complète et propre des substances organiques en gaz carbonique et en eau. Cette combustion libère environ quatre fois plus d'énergie que la fermentation. Disposant de beaucoup plus d'énergie qu'il ne leur en fallait pour survivre, les organismes vivants se trouvèrent à la tête d'un surplus énergétique. C'est ce capital qui fut investi dans l'immense entreprise de l'évolution biologique.

Dans le cas de l'évolution des sociétés, la domestication de l'énergie s'est réalisée en trois grandes étapes dont la dernière vient à peine de commencer.

La première s'identifie avec la longue phase de survie de l'humanité, à partir de l'exploitation du *revenu* énergétique de la terre. La seconde commence il y a environ cent cinquante ans avec la dilapidation accélérée du *capital* énergétique de la planète. Enfin, commence de nos jours une période de retour progressif à une exploitation plus efficace du revenu de l'écosystème, associée à l'utilisation ménagée de son capital et à la mise en œuvre de l'énergie nucléaire.

Collecte et concentration de l'énergie

Le chasseur nomade de la préhistoire est à la merci des grands pouvoirs énergétiques de la terre : feu, inondations, orages, sécheresse, animaux sauvages. Disposant à peine d'énergie pour lui-même, il ne peut en investir dans le maintien d'une organisation sociale, même rudimentaire. Il ne lui reste qu'une possibilité : collecter l'énergie dispersée dans l'environnement et l'utiliser au fur et à mesure de ses besoins, car il n'a pas les moyens de la mettre en réserve [1]. Avec l'agriculture et la métallurgie, l'humanité entre dans une phase de concentration de l'énergie.

Le stockage du grain et des aliments est réalisé dans des pots

1. Voir aussi les schémas de l'économie p. 38.

en terre cuite. Des tuyaux et des canaux endiguent l'énergie. Le four concentre la chaleur, cuit l'argile, fond les métaux. Les hommes s'établissent dans des vallées fertiles et domestiquent l'énergie solaire en perfectionnant les techniques agricoles. Ils se rassemblent autour des réserves alimentaires et se protègent par un système défensif contre les agressions de l'environnement, des autres hommes et des animaux. Les aliments stockés libèrent les hommes de la contrainte des saisons, dégagent le temps de l'artisanat et de l'invention.

Mais la concentration des hommes et de l'énergie entraîne inévitablement le contrôle des hommes et le contrôle de l'énergie. L'exploitation de l'énergie biologique passe par la domination et l'asservissement de l'homme par l'homme : l'esclave, le galérien, le serf sont des machines peu coûteuses et faciles à contrôler.

La maîtrise de l'énergie mécanique des éléments culmine dans l'expansion de la navigation à voile, la construction de canaux, de digues, de barrages; la mise en service de moulins à eau et à vent. L'amélioration de l'efficacité des animaux domestiques, des outils et des machines facilite les processus d'extraction et d'accumulation de l'énergie : la consommation s'accroît et le rythme de l'évolution s'accélère.

Le capital de la terre

Le passage à la seconde phase de la domestication de l'énergie coïncide avec la découverte et l'exploitation des ressources du sous-sol : houille et pétrole. Le capital de la terre. Exploitation explosive : quelques instants seulement à l'horloge géologique...

L'organisation sociale se poursuit et se complexifie dans les villes. C'est le règne de la houille, de la vapeur et des machines. La division du travail et les usines. Les réseaux de chemin de fer et les bateaux transatlantiques. L'expansion industrielle de la fin du XIXe siècle et du début du XXe. La naissance du capitalisme et de la classe ouvrière. Le nouvel asservissement de l'homme par l'intermédiaire du contrat de travail.

Le pétrole, c'est l'énergie à bon marché ; l'électricité, l'automobile et l'avion à réaction. La fantastique explosion de la puissance industrielle, de la consommation individuelle, des transports et des communications. Mais aussi la dilapidation d'un précieux capital, la dégradation de l'environnement et les déséquilibres politiques et économiques.

Devant la crise, la réaction de la société est de faire appel à la meilleure source énergétique de substitution que nous connaissions : l'énergie nucléaire. Mais cette substitution coûte cher en capital, en travail, en informations, sans parler des dangers nouveaux qu'elle introduit. A cheval entre deux grandes phases du développement de l'humanité, l'énergie nucléaire relève peut-être plus de l'exploitation d'un capital accumulé (financier, de production, de savoir) que de l'exploitation réelle de la terre, même si la consommation de combustible est infime.

Ce court historique de l'énergie a montré que les sociétés humaines n'échappaient pas aux implacables lois énergétiques. Plus la société est complexe, plus son maintien exige la dissipation de quantités importantes d'énergie. Dans tous les systèmes de la nature, l'organisation se poursuit jusqu'à ce que le coût énergétique d'un accroissement de complexité (ajouté au coût de maintien de l'organisation et aux pertes inévitables) soit équivalent à la totalité du budget énergétique dont ces systèmes disposent. Si ce budget est dépassé ou si les sources d'énergie se tarissent, ces systèmes se désorganisent et disparaissent.

Il en est de même pour les systèmes sociaux. Dans une organisation complexe, chaque individu est relié aux autres par un réseau très dense de fonctions interdépendantes, impliquant des transferts d'énergie, de matériaux et de travail. Une telle organisation doit donc obligatoirement détourner à son avantage une partie du budget énergétique qui aurait dû être distribuée à chaque individu. Dans les sociétés modernes, près de la moitié de l'énergie reçue par les individus sous forme de salaires, de revenus, de produits manufacturés ou d'aliments doit retourner à « l'organisation » (c'est-à-dire l'État) sous forme d'impôts et de taxes pour que la survie du système social soit possible.

2. Les grandes lois de l'énergie

La science de la chaleur : quantité et qualité

Les grandes lois énergétiques qui régissent toute organisation dérivent des deux célèbres principes de la thermodynamique. Le second principe, généralement plus connu sous le nom de « principe de Carnot », est dominé par la notion d'entropie.

Le mot *entropie* fait aujourd'hui partie du langage des sciences physiques, comme de celui des sciences humaines. Malheureusement, physiciens, ingénieurs ou sociologues emploient indistinctement des expressions considérées comme synonymes d'entropie, telles que désordre, probabilité, bruit, mélange, chaleur ; ou au contraire des expressions synonymes d'anti-entropie, telles qu'information, néguentropie, complexité, organisation, ordre ou improbabilité.

C'est qu'il existe au moins trois approches pour définir l'entropie. Dans le cadre de la *thermodynamique*, la science de la chaleur, à laquelle s'attachent surtout les noms de Mayer, Joule, Carnot et Clausius (1865). Dans le cadre de la *théorie statistique*, qui dégage l'équivalence de l'entropie et du désordre, grâce aux travaux de Maxwell, Gibbs, Boltzmann (1875). Et dans celui de la *théorie de l'information* qui démontre l'équivalence de la néguentropie (l'inverse de l'entropie) et de l'information, grâce aux travaux de Szilard, Gabor, Rothstein, Brillouin (1940-1950) [1].

Les deux principes de la thermodynamique ne s'appliquent qu'à des systèmes fermés, c'est-à-dire à des enceintes à travers lesquelles il ne peut y avoir aucun transfert d'énergie, d'information ou de matière. L'univers dans sa totalité peut être considéré comme une enceinte de ce type, ce qui autorise à lui appliquer les deux principes :

— Le premier principe établit que la *quantité* totale d'énergie de l'univers reste *constante* (principe de conservation de l'énergie).

— Le second principe établit que la *qualité* de cette énergie se dégrade de manière irréversible (principe de la dégradation de l'énergie).

Le premier principe établit donc l'équivalence des différentes formes d'énergie (radiante, chimique, mécanique, électrique, thermique), la possibilité de transformation d'une forme dans l'autre et les lois qui régissent ces transformations. La chaleur et l'énergie sont considérées par le premier principe comme deux grandeurs de même nature physique.

---

1. Je ne considère ici que l'aspect thermodynamique et statistique de l'entropie. Les relations entre information et entropie sont rapidement abordées au chapitre consacré à l'information.

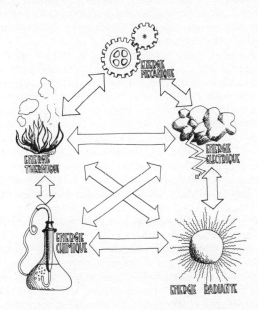

Mais, vers 1850, l'étude des échanges d'énergie dans les machines thermiques effectuée par lord Kelvin, Carnot et Clausius, fait apparaître une hiérarchie entre les différentes formes d'énergie et une dissymétrie dans les transformations. Cette hiérarchie et cette dissymétrie sont à la base de la formulation du deuxième principe.

En effet, l'énergie mécanique, chimique ou électrique peut se transformer intégralement en chaleur. Mais la transformation inverse (de chaleur en travail mécanique, par exemple) ne peut se faire intégralement sans apport extérieur et sans perte obligatoire d'énergie sous forme de chaleur irrécupérable. Cela ne veut pas dire que l'énergie est détruite. Cela signifie qu'elle devient indisponible pour accomplir du travail. C'est l'accroissement irréversible de cette *non-disponibilité* de l'énergie dans l'univers que l'on mesure par une grandeur abstraite appelée par Clausius, en 1865, entropie, du grec *entropê* signifiant changement.

La notion d'entropie est particulièrement abstraite et par là même très difficile à se représenter. Certains la considèrent pourtant comme intuitive. Il leur suffit de se référer mentalement à des situations réelles comme le désordre, le gaspillage, la perte de temps ou d'informations. Mais comment se représenter réellement une énergie dégradée? Et pourquoi d'ailleurs cette hiérarchie et cette dégradation?

Il semble y avoir là une contradiction entre le premier et le deuxième principe : l'un déclare que la chaleur et l'énergie sont deux grandeurs de même nature; l'autre qu'elles ne le sont pas, puisque l'énergie potentielle se dégrade irréversiblement en une forme « inférieure », moins « noble », de plus basse « qualité » : la chaleur. La réponse est apportée par la théorie statistique. La chaleur est bien une énergie. Expressément, c'est une énergie *cinétique*. Résultant de la vitesse des molécules individuelles d'un gaz ou de la vibration des atomes d'un solide. Mais, sous sa forme « chaleur », cette énergie est réduite à un état de désordre maximum dans lequel chaque mouvement individuel est neutralisé par la loi des grands nombres.

L'énergie potentielle est donc de l'énergie ordonnée. La chaleur, de l'énergie désordonnée. Le désordre maximum, c'est l'entropie. Dans le premier cas, le mouvement d'ensemble des molécules (d'un gaz, par exemple) permet de produire du travail (pousser un piston). Dans l'autre cas, il y a agitation inefficace « sur place » et dans toutes les directions à la fois : l'énergie est présente mais indisponible. De manière imagée, on pourrait dire que la somme de toutes les quantités de chaleur perdues au cours de tous les processus ayant lieu dans l'univers mesure l'accroissement de l'entropie.

Mais on peut généraliser davantage. Grâce à la relation mathématique entre *désordre* et *probabilité*, il est possible de parler d'une évolution vers une entropie croissante en employant l'une ou l'autre des deux expressions suivantes : « abandonné à lui-même, un système isolé tend vers un état de *désordre maximum* »; ou « abandonné à lui-même, un système isolé tend vers un état de plus grande *probabilité* ». Expressions équivalentes pouvant se résumer dans le tableau suivant :

Énergie potentielle → entropie
Énergie ordonnée → énergie désordonnée (chaleur)
Énergie noble → chaleur (énergie dégradée)
· Ordre → désordre
Improbabilité → probabilité.

La notion d'entropie et la notion d'irréversibilité, issues du deuxième principe, ont eu des conséquences d'une immense portée sur notre conception du monde. En brisant le cercle vicieux de la répétitivité dans lequel s'enfermaient les Anciens, et en s'opposant à l'évolution biologique génératrice d'ordre et d'organisation, la notion d'entropie ouvrait indirectement la voie à une philosophie du devenir et du progrès. Du même coup, elle faisait apparaître la complémentarité des « deux grandes dérives de l'univers », décrites dans les œuvres de Bergson et Teilhard de Chardin.

L'image de la mort inexorable de l'univers, que suggère le deuxième principe, a profondément influencé notre philosophie, notre morale, notre vision du monde et même notre art. L'idée qu'en raison de la nature même des choses, le seul futur possible et ultime pour l'homme soit l'annihilation, s'est infiltrée comme une paralysie à travers toute notre culture. Ce qui a conduit Léon Brillouin à se demander : « Comment est-il possible de comprendre la vie quand le monde entier est dirigé par une loi telle que le deuxième principe de la thermodynamique, qui pointe vers la mort et l'annihilation ? »

Énergie, puissance et pouvoir

Il n'y a pas de production de travail sans *concentration* préalable d'énergie, présence en un endroit donné d'un « réservoir » d'énergie potentielle (soleil, essence d'une voiture, barrage hydroélectrique, accumulateur ou chaudière à vapeur). Cette énergie doit ensuite couler de ce réservoir vers un puits où elle se désordonne et se disperse en entropie. Les lois établies par Carnot montrent que cette perte d'énergie est nécessaire au fonctionnement de toute machine. Plus la chute de potentiel est élevée, plus la quantité de travail produite est grande. Dans une machine thermique, cette chute se réalise de la chaudière (source chaude) au condenseur (source froide).

La loi des potentiels établit que les débits des flux (de chaleur, d'électricité, de liquides), qui s'écoulent d'un réservoir, sont déterminés par l'importance des quantités stockées. Par exemple, l'intensité du courant dans un circuit électrique dépend de la différence de potentiel aux bornes du générateur et de la résistance du circuit. Le flux de revenus provenant d'un capital que l'on fait « travailler » est proportionnel à la valeur de ce capital.

Faire travailler de l'énergie, c'est l'*actualiser*. La quantité d'énergie utile libérée par unité de temps se mesure en unités de *puissance*. La notion de puissance est donc très générale. On parle de la puissance d'un générateur électrique, d'une locomotive, du rayonnement solaire. Mais aussi de la puissance d'un pays, d'une armée, d'une économie, d'un groupe politique. Pour libérer la puissance, il faut paradoxalement une très faible quantité d'énergie : l'énergie de commande, ou *information*. Cette capacité à libérer de grandes quantités d'énergie grâce à la propriété d'amplification de l'information est appelée communément le pouvoir. *Le pouvoir est donc le contrôle de la puissance.*

Mais l'effet d'amplification de l'information modifie les rapports de forces. Le pouvoir de décision, pour s'appliquer, exige un basculement de l'équilibre des forces. C'est pour cette raison simple qu'il faut dégager dans toute assemblée, conseil ou jury une majorité, ne fût-ce que d'une personne. C'est pourquoi aussi la prise de pouvoir passe très souvent, d'abord, par une prise de contrôle des moyens permettant de libérer la puissance.

Sacrifier le rendement à la puissance

En 1922, A.J. Lotka a proposé une loi très intéressante dite « d'énergie maximum », qu'il a appliquée à l'évolution biologique. Cette loi établit qu'un des facteurs qui semblent avoir le plus d'importance dans la survie d'un organisme est la production d'une grande quantité d'énergie. Cette énergie est investie dans le maintien de la structure, la reproduction et la croissance. La génération de la puissance maximale apparaît ainsi comme une *condition de survie* dans la « lutte pour la vie ». Cette loi est également valable pour les organisations humaines.

Puissance et croissance seraient donc les deux facteurs principaux d'autosélection d'un système. Mais la puissance n'est libérée qu'au prix d'un gaspillage important d'énergie. Ce gaspillage résulte de l'abaissement du rendement des processus métaboliques. Et ce rendement se stabilise autour d'une valeur remarquablement constante, même pour des systèmes ouverts de nature très différente.

Dans tous les systèmes ouverts, le transfert de l'énergie se réalise par des processus de couplage : l'input d'un système provient de l'output d'un autre. L'observation de très nombreuses réactions montre que les processus de couplage se déroulent toujours avec un « rendement optimum », correspondant à une puissance libérée maximum : ce rendement est voisin de 50 % du *rendement idéal.* Voici un exemple simple pour illustrer cette loi.

La chute d'un poids fournit la force nécessaire pour en remonter un autre (auquel il est relié par un fil et une poulie). Il y a donc couplage : l'énergie potentielle du poids le plus haut, transformée en énergie cinétique par sa chute, sert à mettre en réserve (par l'intermédiaire de l'autre poids) de l'énergie potentielle. Cette énergie, à son tour, peut fournir un travail.

Deux poids égaux ne conduisent évidemment à aucun mouvement, à aucun travail, à aucune mise en réserve d'énergie. Si l'on parvenait cependant à mettre ce système idéal en mouvement, le rendement du couplage atteindrait 100 %. En effet, la chute d'un poids conduirait à mettre en réserve, par l'intermédiaire de l'autre, une *quantité exactement égale d'énergie.*

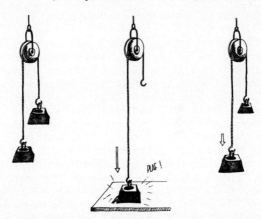

Autre cas extrême : le poids de droite est maintenant égal à zéro et on libère celui de gauche. Chute rapide : toute l'énergie cinétique se perd en chaleur au moment du choc avec le sol. Il n'y a donc aucune mise en réserve d'énergie.

Il résulte de ces deux cas limites que le seul arrangement permettant à la fois la libération et la mise en réserve d'énergie dans un *minimum de temps* est celui dans lequel le poids de droite est égal à la moitié du poids de gauche. Il y certes une perte d'énergie sous forme de chaleur au moment du choc, mais la charge soulevée est maximum pour une durée minimum d'opération. Si ce poids était plus lourd le processus serait beaucoup trop lent. S'il était plus léger, *trop d'énergie* serait perdue en chaleur au moment du choc, et le rendement serait encore plus faible.

La généralisation de ce principe à toute une catégorie de processus irréversibles se déroulant dans des systèmes ouverts a été effectuée dans le courant des années 50 par des physiciens appartenant à l'école dite de la « thermodynamique des processus irréversibles ». Leurs travaux montrent que des grandeurs telles que le voltage, le gradient de température, la gravité ou la concentration, peuvent chacune être considérées comme une *force* thermodynamique (le potentiel). Couplé à chaque force, existe un *flux* dont la vitesse est proportionnelle à la force qui le détermine. Dans les cas précédents, ce flux sera représenté par un courant électrique, un flux de chaleur, la vitesse de chute d'un mobile, ou un flux de molécules. On retrouve ainsi les variables d'états, les variables de flux et leur contrôle.

Un rapprochement très intéressant avec la loi du rendement optimum peut être fait sur le plan de l'information. La puissance d'une banque de données sur ordinateur contenant des références bibliographiques peut être exprimée par le maximum d'informations utiles que l'on peut obtenir dans le minimum de temps. Lorsque la demande de l'utilisateur à la banque de données est très précise, on obtient un petit nombre de références, certes très utiles, mais on risque également de passer à côté de beaucoup d'autres références ayant un rapport avec la demande. Si la demande est plus générale (et donc moins précise), on obtient un très grand nombre de références, dont certaines sont très utiles, et d'autres sans aucun intérêt. Il faut de plus, dans ce cas, consacrer beaucoup de temps à dépouiller les réponses de l'ordinateur. La pratique montre que le rendement optimum est obtenu aux environs de 50 % de « bruit », c'est-à-dire d'informations inutiles. L'utilisateur se déclare satisfait par un *compromis* lui donnant la certitude d'avoir retrouvé rapidement presque toutes les références qu'il considère comme utiles, même s'il doit les payer par 50 % de « bruit ».

De manière générale, les équations établissent que, dans tous les processus couplés, la puissance maximum est bien obtenue quand le rapport des forces est égal à 1/2. Cela signifie que l'homme (comme d'ailleurs les plantes et les animaux) *préfère sacrifier le rendement à la puissance*. On en verra un exemple dans le cas du métabolisme énergétique de la société. Cette loi très simple et très générale [1], puisqu'elle s'applique aussi bien

---

1. L'identification des flux et des forces dans les systèmes sociaux et écologiques est assez nouvelle, et l'on doit à des écologistes comme Howard Odum de l'avoir dégagée pour un grand nombre de processus.

aux systèmes physiques qu'aux systèmes biologiques et aux systèmes sociaux, peut se représenter par le schéma suivant :

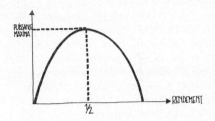

Des efforts inutiles

Une autre loi s'applique également à un grand nombre de systèmes. C'est la loi des rendements décroissants bien connue des économistes. Lorsqu'un résultat global est obtenu par la multiplication de plusieurs facteurs, il suffit que la croissance *d'un seul d'entre eux* soit limitée pour que le résultat global tende également vers une limite infranchissable (asymptote). La fonction mathématique qui traduit cette loi est une hyperbole. Malgré l'accroissement très important des quantités représentées sur l'axe horizontal, le rendement représenté sur l'axe vertical ne s'accroît plus.

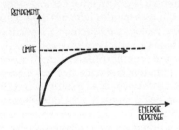

On retrouve cette loi en biologie, dans la saturation des sites actifs des enzymes ; en agriculture où, malgré l'injection massive de combustibles fossiles, le rendement énergétique des processus agricoles (en calories consommables par l'homme) atteint une limite ; en comptabilité où les efforts déployés pour obtenir deux chiffres après la virgule sont sans commune mesure avec l'utilité réelle d'une telle précision dans l'usage des pièces comptables ; en navigation où, à partir d'une certaine vitesse, l'augmentation de la voilure et les efforts de l'équipage qui en découlent n'ont qu'un effet marginal sur l'accroissement de la vitesse.

La leçon qu'il convient de tirer de la loi des rendements décroissants est sévère : dans de nombreuses organisations, entreprises, équipes de travail, on a atteint depuis longtemps, et sans s'en apercevoir, la limite des rendements. On continue pourtant dans le but d'améliorer ces rendements à dépenser des prodiges d'ingéniosité, des quantités élevées d'énergie, ou d'importantes ressources en hommes et en matériel, alors que le facteur limitant reste totalement inaperçu.

3. Le métabolisme et les déchets de l'organisme social

Les nourritures terrestres : protéines et pétrole

Comme tout organisme vivant, la société humaine transforme, stocke, distribue et dégrade de l'énergie, pour survivre, pour produire du travail et pour évoluer. La circulation de l'énergie dans ses structures et les transformations qui s'y déroulent représentent son métabolisme.

Ce métabolisme englobe toute la « machinerie biologique » (humaine et animale) et l'ensemble des machines mécaniques et électroniques qui assistent les hommes dans leurs tâches sociales. La machine biologique fonctionne à partir d'aliments. La machine mécanique à partir de pétrole et d'électricité ; plus généralement à partir de combustibles fossiles. La machinerie biologique et la population mondiale des machines mécaniques et électroniques transforment cette énergie en travail utile, permettant le maintien de l'organisation sociale et son développement.

Le métabolisme d'un homme marchant normalement consomme 200 watts. Son « minimum vital » énergétique est d'environ 1 320 Kcal par jour ; 2 500 Kcal par jour pour une activité modérée [1].

1. La kilocalorie est 1 000 fois plus grande que la « petite calorie », quantité d'énergie nécessaire pour augmenter de 1 degré centigrade 1 cm^3 d'eau à 15°. Pour éviter toute confusion entre la grande calorie (Cal) et la petite calorie (cal), on utilise désormais Kcal.

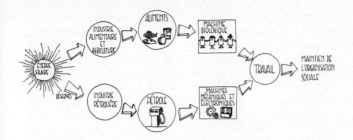

Avec l'utilisation du feu, l'homme préhistorique consomme 4000 Kcal, soit le double de l'énergie nécessaire à son métabolisme. Dans une société agricole primitive, l'homme consomme environ 12000 Kcal et, avec les débuts de l'ère industrielle, 70000 Kcal. Aujourd'hui, un Américain dépense 230000 Kcal par jour. Statistique bien connue mais qu'il est bon de rappeler, l'Amérique consomme 30 % de l'énergie mondiale (soit 20.10^{15} Kcal) avec seulement 6 % de la population du globe.

La machinerie biologique d'un pays comme la France fonctionne à partir de 50 millions d'individus (sans compter la population animale). Elle fournit annuellement $4,3\ 10^{10}$ heures de travail effectif (l'équivalent d'environ 5 millions d'années de travail [1]) et consomme, en énergie alimentaire seule, 45.10^{12} Kcal de nourriture par an. Elle produit 35000 tonnes de déchets par jour, soit 12 millions de tonnes d'ordures ménagères par an. En comptant également le secteur industriel et commercial, 25 millions de tonnes de déchets sont produits par an. La consommation d'énergie par tête a atteint 32 millions de Kcal en 1973. Soit une consommation totale pour la France de $1,6.10^{15}$ Kcal/an.

A part les calories « alimentaires », toute l'énergie dépensée par la société est consommée par les machines utilisées par les hommes. La consommation mondiale d'énergie était de 58.10^{15} Kcal en 1974, et atteindra probablement, avec un accroissement d'environ 5 % par an, 100.10^{15} Kcal en l'an 2000.

L'énergie thermique, libérée principalement par la combustion du pétrole et de ses dérivés, sert à faire tourner les moteurs

1. Il y a 20900000 personnes actives travaillant en moyenne 173 heures par mois.

des machines, des automobiles ou des alternateurs produisant l'électricité. Toutes ces machines peuvent être regroupées en quatre grands secteurs : transports, industries, résidences et commerces.

Le flux global de l'écoulement de l'énergie dans l'organisme social suit la « loi du rendement optimum » de tout système ouvert (voir p. 154) : le rendement énergétique global des systèmes sociaux semble se stabiliser autour de 50 %, valeur correspondant à la production de la puissance maximum exigée par l'intensité de leur métabolisme. Dans tous les grands pays développés, il semble que l'on retrouve ce rendement global de 50 %. C'est ce qu'illustre ce schéma de l'utilisation de l'énergie dans la société américaine.

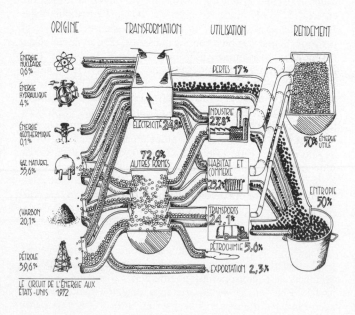

ORIGINE   TRANSFORMATION   UTILISATION   RENDEMENT

ÉNERGIE NUCLÉAIRE 0,6 %
ÉNERGIE HYDRAULIQUE 4 %
ÉNERGIE GÉOTHERMIQUE 0,1 %
GAZ NATUREL 35,6 %
CHARBON 20,1 %
PÉTROLE 39,6 %

PERTES 17 %
ÉLECTRICITÉ 24,8 %
72,0 % AUTRES FORMES
INDUSTRIE 27,8 %
HABITAT ET COMMERCE 25,2 %
TRANSPORTS 24,1 %
PÉTROCHIMIE 5,6 %
EXPORTATION 2,3 %
50 % ÉNERGIE UTILE
ENTROPIE 50 %

LE CIRCUIT DE L'ÉNERGIE AUX ÉTATS-UNIS 1972

Une goutte d'eau dans l'océan ?

Tout métabolisme produit des déchets et de l'entropie. Mais, avec l'accélération de la consommation d'énergie et l'accélération de l'intensité du métabolisme du système social qui en résulte inévitablement, l'action de l'homme sur la nature prend des proportions alarmantes.

Contrecoup de cette action : les trois grandes crises énergétiques que traverse notre civilisation industrielle : la « crise de l'énergie » et des matières premières, la « crise alimentaire » et la « crise de l'environnement ».

Une réelle approche systémique des problèmes de l'énergie doit se vouloir planétaire et porter sur le long terme. C'est pourquoi je préfère discuter ici, à titre d'exemple, des effets possibles à long terme des activités des hommes (reliées à la consommation d'énergie) sur le climat global de la planète, plutôt que de décrire les effets des polluants spécifiques [1].

La quantité totale des déchets gazeux, solides ou liquides résultant du métabolisme de l'organisme social atteint aujourd'hui des ordres de grandeur tout à fait voisins des quantités totales d'éléments recyclés par l'écosystème. On est loin de l'époque où la masse de déchets produits par l'humanité nous apparaissait, par rapport aux processus naturels, aussi infime que la goutte d'eau dans l'océan. Désormais, on sait évaluer les quantités totales d'eau, d'oxygène, de carbone, d'azote, de soufre présentes dans les grands réservoirs de l'écosystème. On peut donc les comparer aux productions résultant des activités humaines. Les résultats démontrent que l'homme entre directement en compétition avec la nature.

Deux exemples : tout ce qui respire dans la nature produit 720 milliards de tonnes de CO_2 par an. Par ailleurs, la masse totale du soufre qui circule dans l'atmosphère et dans les cycles biogéochimiques représente 500 millions de tonnes par an. Comment ces grandeurs se comparent-elles à la contribution de l'homme ? Comme un grand organisme en train de respirer, la société humaine exhale aujourd'hui 19 milliards de tonnes de gaz carbonique résultant principalement de la combustion des combustibles fossiles. En 1980, le CO_2 produit atteindra 26 milliards de tonnes. La contribution des sociétés industrielles représentera donc près de 4 % de celle de la nature. Quant à la production

---

1. Les pollutions spécifiques sont causées principalement par l'oxyde de carbone (CO), l'anhydride sulfureux (SO_2), les oxydes d'azote (NO) ; on peut inclure également la pollution des eaux, les déchets solides, les déchets radioactifs, la pollution thermique des rivières. C'est sur ces types de polluants que portent généralement les normes et standards établis par les gouvernements et les organisations internationales.

de SO_2, elle s'est élevée en 1973 à 150 millions de tonnes, résultant principalement de la combustion de pétrole dans les centrales thermiques. En l'an 2000, la contribution de l'homme sera égale à celle de la nature.

De la chaleur, des poussières et du gaz carbonique

Une fois de plus, l'interdépendance des facteurs nous échappe. La chaleur excédentaire, les poussières et le gaz carbonique sont directement liés aux activités industrielles et donc à l'accélération de la croissance économique. Vont-ils conduire à long terme à un réchauffement ou à un refroidissement de la planète? On discute beaucoup de cette question. Quel effet l'emportera? Le refroidissement dû aux poussières atmosphériques, ou « l'effet de serre » du gaz carbonique? C'est difficile à dire. Car la terre, elle aussi, se rééquilibre. Mais pas toujours pour notre plaisir.

Toute l'énergie du monde finit en chaleur. D'abord stockée dans la biosphère et dans l'eau, puis dissipée dans l'atmosphère et irradiée dans l'espace. La quantité totale de chaleur dégagée par la société humaine peut être facilement calculée, car elle est en relation directe avec la consommation d'énergie, laquelle est bien connue (voir p. 159). Les climatologistes estiment que des changements importants dans le climat du globe peuvent se produire à partir du moment où la chaleur dégagée par la société atteint 1 % de la quantité d'énergie qui nous arrive du soleil. Or la chaleur produite par les quatorze États du Nord-Est américain, qui consomment 40 % de toute l'énergie des États-Unis, atteint 1,2 % de l'énergie reçue du soleil sur cette même surface. Elle s'élèvera à 5 % en l'an 2000. Valeur atteinte aujourd'hui pour la seule presqu'île de Manhattan.

Des modifications locales du climat sont déjà observables. Elles se manifestent par des formations de nuages, sous le vent des grandes centrales thermiques. Un parc de 20 000 mégawatts peut provoquer des orages et des averses comme le démontrent des études effectuées à Saint Louis en 1973. La modification du microclimat des grandes villes est également très sensible (voir p. 58). Il semble que l'on y soit condamné à un temps perpétuellement gris et doux en hiver et maussade en été à cause des perturbations orageuses. Le climat du monde entier risque-t-il de subir le même sort? On pourrait le penser, car le problème posé par l'évacuation de la chaleur s'aggrave. La consommation d'énergie s'accroît à un taux exponentiel : près de 4 % par an aux USA ; 6 % par an dans le reste du monde. A cette vitesse, on atteindra la limite de 1 % dans cent trente ans pour l'ensemble de la terre.

Aux effets de la chaleur excédentaire s'ajoute l'effet de serre dû au CO_2. Les radiations de courte longueur d'onde provenant du soleil traversent facilement la couche de CO_2 entourant la terre. Mais pas les radiations infrarouges réfléchies par la surface de la terre : elles sont piégées et contribuent à réchauffer l'atmosphère. La teneur de l'atmosphère en gaz carbonique, par suite des activités des hommes, augmente de 0,2 % par an. L'effet de serre qui en résulte aurait dû provoquer un accroissement de la température moyenne du globe. Or c'est au contraire à un refroidissement qu'on assiste depuis 1940.

La clef de cette situation paradoxale est peut-être à rechercher du côté des facteurs qui accroissent la réflexion du rayonnement solaire par la terre. Cette réflexion constitue ce que l'on appelle l'*albédo*. Le rôle régulateur de l'albédo est un facteur déterminant dans l'équilibre thermique de la planète. Grâce à lui, la terre maintient sa température à un état stationnaire. La différence de température entre l'équateur et les pôles restant à peu près constante.

Or on constate depuis trois ans, grâce aux photographies des satellites météorologiques, que la superficie des glaces dans l'hémisphère nord a dépassé de 12 % les surfaces enregistrées les années précédentes. Les glaces se forment également plus tôt et fondent plus tard. Les différences sont très marquées à partir de 1972 et 1973, périodes pendant lesquelles, selon le *Bulletin of the World Meteorologic Organization*, on observe un climat tout à fait anormal.

D'après Reid Bryson, directeur de l'Institut pour les études d'environnement de l'université du Wisconsin, le refroidissement de la terre serait dû à l'accroissement de la quantité des particules de poussières et d'aérosols en suspension dans l'atmosphère. Ces poussières sont dispersées dans l'atmosphère par des causes naturelles (volcans, vent des déserts, sel) et par l'activité humaine. Leur quantité totale atteint aujourd'hui 296 millions de tonnes (dont 4 millions pour les volcans). Sur cette masse, environ 15 millions de tonnes résident en permanence dans la haute atmosphère. Or 2 millions de tonnes supplémentaires peuvent réduire la température du globe de O,4° C. C'est pourquoi l'effet des poussières sur la transparence de l'atmosphère paraît plus important que l'effet de serre dû au CO_2.

Mais un dernier élément intervient : l'accroissement de l'albédo a un effet plus marqué sur le refroidissement des pôles que sur les tropiques (car les rayons du soleil voyagent latéralement et traversent une couche plus épaisse de poussière). Il en résulte une plus grande différence de température entre les pôles et l'équateur. La machine thermique de la terre cherche à égaliser ces différences. Ce qui provoquerait un bouleversement du régime des vents dominants et des perturbations.

Malgré des modifications climatiques aussi inquiétantes, il ne faut ni dramatiser ni désespérer. Tout d'abord, parce qu'il n'est pas encore certain que ces dérèglements soient dus aux seuls facteurs qui viennent d'être mentionnés. (La température du globe passe peut-être par des phases cycliques encore mal connues.) Ensuite, parce que l'écosystème, bien que fini, n'est pas statique ; il est au contraire en équilibre dynamique. Ses multiples états stationnaires peuvent se réajuster suivant les modifications qui naissent des activités perturbatrices de la société humaine. Le CO_2, par exemple, dont la teneur dans l'atmosphère n'a cessé d'augmenter, est probablement retransformé, peu à peu, en carbonates et en matières organiques. C'est-à-dire mis en réserve dans les sédiments et dans le bois des forêts.

4. Économie et écologie

L'économie, une science de la vie

L'illusion de la croissance économique continue est peut-être alimentée par cette idée fausse : l'économie serait un processus cyclique isolé échappant aux lois énergétiques du monde physique et à l'accroissement de l'entropie. L'opposition entre les circuits monétaires et les circuits énergétiques (chacun coulant en sens inverse l'un de l'autre) et la possibilité de création de monnaie ont probablement contribué à enrichir et à renforcer cette illusion. Mais peut-être faut-il rechercher plus loin, jusque dans l'inconscient collectif, les racines de ce rêve fou de l'humanité cherchant à équilibrer et même à inverser le vieillissement des organisations de la société par la croissance économique ? Au cours d'une sorte de lutte pathétique contre la mort.

Hélas, il faut payer. La note de la croissance vient de nous être présentée. Elle est lourde. Les ressources naturelles s'épuisent. L'environnement est dégradé. Les inégalités, loin d'être aplanies, sont encore plus marquées.

C'est que l'économie n'a rien d'un processus cyclique. Le « mouvement circulaire » est en réalité, comme dans tout système ouvert, un processus irréversible, unidirectionnel : celui de la dégradation de l'énergie et de l'accroissement de l'entropie. Il n'est pas surprenant que, dans l'interprétation « classique » de l'économie, la relation entre économie et écologie (et à plus forte raison entre énergie, écologie, économie et entropie) soit restée longtemps inaperçue [1]. Économie ct écologie sont entre elles comme une série de réservoirs connectés les uns aux autres : puiser dans l'un plus vite qu'il ne se remplit revient à le vider à plus ou moins longue échéance.

L'économie dans son interprétation classique se définit par la répartition de la rareté. Or, la ressource ultime dont la rareté conditionne celle de toutes les autres est *l'énergie libre* (appelée aussi potentiel thermodynamique [2]). L'économie des systèmes biologiques et écologiques est totalement organisée autour de la « reconnaissance » de la valeur de ce bien ultime. Cette économie se ramène donc à la gestion d'un patrimoine énergétique et à la judicieuse utilisation de l'information pour « organiser » l'énergie en produits directement assimilables par la cellule, l'organisme ou les différentes espèces de l'écosystème.

Ne devrait-on pas élargir et enrichir l'acte économique traditionnel par le biais de cette liaison féconde entre énergie et information ? Dans l'optique nouvelle de l'éco-énergétique, l'économie deviendrait alors la gestion et la répartition équitable d'un stock et d'un flux d'énergie, couplés à « l'information » (c'est-à-dire la mise en forme) de cette énergie en produits et en services utiles à la société.

Une approche systémique des processus reliant l'économie à l'écologie doit donc chercher à dépasser la notion, désormais étriquée, de « valeur monétaire », et la compléter par la notion de « coût énergétique » exprimé en une unité énergétique universelle.

---

1. C'est de cette relation qu'il est question ici. Et non de l'économie de l'environnement.
2. Voir définition de l'énergie libre p. 169.

Cette unité pourrait être la kilocalorie. Elle permettrait, sur le plan énergétique, le rapprochement des systèmes biologiques, écologiques et socio-économiques.

Le tableau ci-dessous donne quelques ordres de grandeur en kilocalories :

Énergie reçue du soleil	3,7	10^{18} Kcal/jour
Consommation totale du monde en 1974	58	10^{15} Kcal
Consommation sous forme d'aliments en France	45	10^{12}
Énergie nécessaire pour fabriquer :		
1 tonne : — d'aluminium	50	10^{12}
— de papier	10	10^{6}
— d'acier	7,5	10^{6}
— de ciment	2,2	10^{6}
— de pétrole	1,3	10^{6}
Pour fabriquer une auto de 1,5 tonne	32	10^{6}
Pour nourrir un homme pendant trente ans (subsistance seule)	32	10^{6}
Besoins énergétiques d'un homme	2 500	Kcal/jour
Énergie d'un litre d'essence	10 000	Kcal
Coût énergétique d'une place sur un vol transatlantique	6	10^{6}

Une monnaie universelle : la kilocalorie

Une des clefs de l'éco-énergétique repose sur la détermination de la valeur économique de la kilocalorie. Peut-on calculer un facteur de conversion reliant valeur monétaire et coût énergétique ? Même un ordre de grandeur serait déjà très significatif. On peut partir, par exemple, des courbes établissant la relation entre le produit national brut et la consommation d'énergie par habitant, et en tirer une première approximation de la valeur en dollars de la kilocalorie suivant les économies.

En 1971, H. Odum a proposé un équivalent énergétique de 10 000 Kcal (l'énergie d'un litre d'essence) par dollar. Il est probable qu'aujourd'hui on n'obtiendrait plus que de 5 000 à 7 000 Kcal par dollar. Néanmoins une telle approximation permet déjà de comparer flux d'énergie et flux de monnaie de manière plus efficace. Et de chiffrer le coût de biens non économiques comme l'arbre d'une forêt, l'eau ou l'oxygène. La comparaison des dollars et des kilocalories permet également d'éclairer la notion d'*energy-intensiveness*, la « faim » en énergie de certains processus industriels. Cette « faim » est donnée par le rapport entre kilo-calories consommées et valeur ajoutée [1]. Une industrie très « affamée d'énergie » dépense jusqu'à 50 000 Kcal par dollar de valeur ajoutée.

Le passage de l'économique à l'éco-énergétique se justifie par bien d'autres aspects. On retrouve en écologie l'équivalent éco-nomique de la rémunération versée pour un travail accompli. Ce « paiement » se fonde sur un « prix » énergétique, et la « mon-naie » circule sous la forme des matériaux utiles à la communauté.

Quand une fonction est nécessaire au maintien des structures d'un écosystème, les circuits de « récompense », fondés sur le bénéfice mutuel qu'en tirent différentes espèces ou communau-tés, se trouvent renforcés par des boucles de rétroaction. Les ani-maux renvoient aux plantes les substances minérales (phosphates, nitrates, potassium) utiles à leur croissance. Le « travail » des ani-maux (recherche, destruction, contrôle de certaines espèces et transferts d'informations) est l'équivalent d'un « service » payable en aliments.

Il existe toute une régulation par les kilocalories dans le monde des producteurs et des consommateurs de l'écosystème. Les pro-ducteurs sont stimulés si le flux de substances minérales qui leur est retourné est supérieur au flux des aliments qu'ils fabriquent. A l'inverse, ce sont les consommateurs qui se trouvent stimulés quand le flux d'aliments qu'ils reçoivent est supérieur au flux de substances minérales qu'ils retournent aux plantes. Mais toute interdépendance équilibrée doit s'appuyer sur des boucles auto-stimulantes. Autrement dit, les agents qui interviennent dans ces boucles doivent être récompensés. Cette stimulation des agents transformateurs peut être conçue comme une « motivation » indi-viduelle. Sans récompense ou stimulation, un circuit énergéti-que se tarit et disparaît. Par le jeu des boucles de renforcement et de leurs interconnexions, l'écosystème sélectionne les espèces et les individus qui contribuent le plus efficacement au fonction-nement et au maintien de l'ensemble.

Enfin, l'approche éco-énergétique fait apparaître la liaison entre le temps et l'énergie. La loi empirique est simple : *un « gain de temps » se paie en énergie.* Pour aller plus vite, on utilise une voiture, un jet. Pour produire plus vite, les chaînes de montage,

---

1. La valeur ajoutée d'un produit est la différence entre la valeur finale de ce produit et celle des consommations intermédiaires utilisées pour sa fabrication.

l'automation. Aux minutes gagnées s'opposent les kilocalories
dépensées. Pour gagner du temps, on accroît la quantité de subside énergétique injectée dans la mégamachine sociale. C'est le
cercle vicieux de la croissance économique qui croyait pourtant
libérer le temps. On gagne du temps, mais sur quelle échéance ?

Une nouvelle comptabilité : l'analyse énergétique

L'outil fondamental de l'éco-énergétique, c'est *l'analyse énergétique*. Cette méthode se révélera l'une des plus fécondes pour
faciliter les choix de solutions à apporter aux crises que nous traversons.

Pour trouver et mettre en œuvre de nouvelles sources d'énergie ou pour choisir les moyens les plus avantageux permettant
d'économiser l'énergie, il faut d'abord être en mesure d'établir
des bilans énergétiques complets et détaillés. On sait le faire
aujourd'hui, grâce à des techniques nouvelles de comptabilité
énergétique, issues principalement du génie chimique, de la biologie et de l'écologie. Ces techniques se regroupent sous le nom
d'analyse énergétique.

Les grands précurseurs de l'analyse énergétique ont été Ray-
mond L. Lindeman de l'université de Yale (qui attirait déjà
l'attention, dans un article publié en 1940, sur les relations quan-
titatives existant dans la nature entre les différents consommateurs d'un écosystème) et Howard Odum de l'université de
Floride. Odum a publié en 1957 un article célèbre, document de
base des écologistes, dans lequel il décrivait l'analyse complète
du flux d'énergie (exprimé en Kcal par m^2 par jour) circulant
dans un écosystème constitué par la flore et la faune d'une petite
rivière.

D'autres écologistes ont appliqué ces méthodes à la comptabilité énergétique de petites communautés vivant de chasse et de
pêche (village esquimau, village africain) et ont pu relier des facteurs énergétiques à des éléments d'ordre économique. Mais la
vraie naissance de l'analyse énergétique (et du même coup les
débuts de l'éco-énergétique) coïncide avec la réinterprétation des
résultats de l'analyse économique en unités énergétiques.

Le père de l'analyse économique est Vasilli Léontieff de l'université Harvard, Prix Nobel d'économie en 1972. Dès 1946,
Léontieff réalisait une matrice d'input-output de l'économie américaine portant sur trente secteurs. Les matrices d'input-

output sont des tableaux comportant un grand nombre d'entrées correspondant aux différents secteurs de l'économie. Ils servent à suivre et à quantifier, des producteurs aux consommateurs, les variations de l'offre et de la demande en produits bruts, semi-finis, finis et en services. Les résultats de l'analyse économique s'expriment en unités monétaires et permettent de dégager la notion de valeur ajoutée.

L'analyse énergétique part des résultats de l'analyse économique, mais s'inspire des méthodes utilisées par le génie chimique. Elle cherche à évaluer le coût énergétique attaché à toute transformation industrielle faisant intervenir de l'énergie, des matières premières et du travail. On remonte ainsi de proche en proche toutes les étapes des chaînes de fabrication d'un produit donné, en construisant un arbre aux branches de plus en plus ramifiées. A chaque étape, on calcule la quantité d'énergie utilisée. A la fin, on additionne toutes les kilocalories dépensées. Les premières applications de l'analyse énergétique ont été faites à l'industrie automobile en 1972, et à la production alimentaire en 1973.

Le calcul du coût énergétique de la fabrication d'une voiture aux États-Unis a été établi par Stephen Berry et son groupe du département de chimie de l'université de Chicago en 1972. Pour une voiture de 1,5 tonne, il faut dépenser 32 millions de Kcal. Or les calculs thermodynamiques montrent que la quantité théorique nécessaire ne représente que 6 millions de Kcal. L'énergie excédentaire de 26 millions (soit 80 % de la consommation) n'est donc dépensée que pour gagner du temps. L'industrie automobile consomme donc plus d'énergie libre qu'il n'en faut [1]. Pour accroître l'efficacité de la production, abaisser les prix, vendre davantage de voitures et réaliser ainsi plus de profits.

La différence entre analyse économique et analyse énergétique est une différence d'échelle de temps. Si les économistes devaient déterminer l'amenuisement des ressources en extrapolant à termes de plus en plus longs, ils rejoindraient les estimations des thermodynamiciens.

---

1. A la différence de l'énergie, l'énergie libre ou potentiel thermodynamique introduit une expression quantitative de la désirabilité d'un produit. Par exemple, la valeur d'un minerai de fer est beaucoup plus élevée si ce minerai est riche en fer que si le fer est dilué mille fois dans la poussière. La différence entre l'énergie et le potentiel thermodynamique fait intervenir la contribution de l'entropie. C'est-à-dire l'entropie multipliée par la température absolue de la transformation.
Énergie libre = Énergie — Entropie x Température absolue.

Ces estimations se fondent sur le calcul de l'énergie nécessaire pour un processus infiniment lent (et à la limite réversible). Mais le système économique est un système ouvert traversé par un flux irréversible d'énergie. De plus, comme l'indique la loi du rendement optimum, nous préférons sacrifier le rendement à la puissance. Ce qui nous conduit à gaspiller en moyenne 50 % de l'énergie disponible, pour effectuer plus rapidement une transformation. L'énergie supplémentaire qui permet le passage de la thermodynamique à l'économie, et qui mesure en même temps la « valeur » que nous attachons aux choses matérielles, est le *subside énergétique*. Ce subside exprime en termes énergétiques que le coût est étroitement lié à l'intensité de la transformation. Le subside énergétique global est lié à l'intensité du métabolisme de l'organisme social, et donc au rythme de sa croissance. Il est bien connu que les pays qui possèdent les plus fort taux de croissance et les PNB les plus élevés sont aussi les plus gros consommateurs d'énergie.

L'accroissement de l'énergie libre à chaque étape de la transformation d'un produit au cours de sa fabrication est l'équivalent physique du concept économique de valeur ajoutée. L'énergie passe par un maximum au moment de l'achat par le consommateur, puis décroît ensuite plus ou moins vite. Mais le consommateur ne « consomme » pas le produit. Il le rejette dans l'environnement, dès qu'il le juge inutile. Certains rejets conservent ainsi une énergie libre élevée. Le véritable gaspillage est là : dans la non-utilisation de l'énergie libre présente dans les rejets.

Le pourquoi de la crise alimentaire

Une des applications les plus révélatrices de l'analyse énergétique se rapporte à l'ensemble du secteur de l'alimentation. La production et la distribution d'aliments sont parmi les fonctions les plus importantes de l'organisme social. Cette importance se traduit d'ailleurs, au plan économique, par la fraction du budget familial consacrée à l'alimentation : de 49 % en France en 1950, elle est tombée en 1973 à 27 %. Aux USA, elle représente moins de 22 % du budget des ménages. Un flux de monnaie représentant près du quart du budget total de la consommation doit être équilibré par un flux au moins équivalent d'énergie.

L'analyse énergétique montre que la totalité de l'énergie dépensée pour la production alimentaire représente près de 15 % du budget énergétique total des USA et 22 % de l'électricité. L'énergie est consommée au niveau des entreprises agricoles, des industries de transformation, des transports, du secteur commercial (supermarchés) et du secteur domestique (réfrigérateurs, congélateurs, cuisinières, fours). En 1973, les Américains ont dépensé pour s'alimenter six fois plus d'énergie qu'il n'en faut au seul métabolisme humain. Le taux de croissance de la quantité d'énergie nécessaire à l'alimentation est supérieur au taux de croissance de la population des USA. Ce qui conduit à pousser l'analyse énergétique plus loin et à se poser des questions à long terme sur l'ensemble de la formidable machine à produire la nourriture qui soutient la population des pays développés.

Si l'on considère les différentes chaînes et cycles écologiques, allant de la transformation de l'énergie solaire par les plantes vertes au morceau de sucre de notre café, à la graisse d'un morceau de viande ou tout simplement au pain du petit déjeuner, on s'aperçoit que l'accroissement et le maintien des rendements agricoles, exigés par la pression démographique et l'élévation du niveau de vie, n'ont été possibles, depuis une cinquantaine d'années, que grâce à *l'injection massive de combustibles fossiles* (et principalement de pétrole) dans les processus agricoles. Ce qui revient (en considérant l'ensemble de ces processus comme une « machine ») à introduire, en plus des calories « solaires » naturelles, toujours plus de calories « fossiles » à l'entrée, dans le but de recueillir, à la sortie, des calories consommables par l'organisme.

La question fort simple qu'il convient alors de se poser est la suivante : dans nos sociétés industrialisées, ne dépense-t-on pas plus de calories à l'« entrée » que nous n'en récupérons à la « sortie » ? En d'autres termes, l'input introduit sous forme de combustibles fossiles est-il supérieur à l'output calorique de la machine de production agricole ? Mais surtout le rapport calories output/calories input ne tend-il pas à diminuer dans des proportions inquiétantes ? Si la réponse à ces questions est positive, on peut s'attendre à ce que nos pays industrialisés connaissent, eux aussi, une pénurie de calories, peut-être moins dramatique que celle qui frappe les pays pauvres, mais pouvant conduire à une hausse incontrôlable des produits alimentaires.

Appliquée à l'agriculture, l'analyse énergétique montre comment l'énergie provenant des combustibles fossiles se substitue à celle qui était fournie par le travail des hommes, des animaux domestiques et par les éléments naturels. Mais l'énergie

« fossile » se substitue également aux engrais naturels. Sous la forme de phosphates, nitrates, engrais potassiques, dont la fabrication consomme de grandes quantités d'énergie. Les pompes mues par l'énergie des animaux ou l'énergie éolienne, et qui assuraient l'irrigation des champs, sont remplacées par des pompes électriques ou à moteur diesel. Le pétrole et l'électricité se substituent aussi à la chaleur et à la lumière du soleil qui servait jadis au séchage des fourrages. Ils sont utilisés dans l'éclairage et la climatisation des étables artificielles permettant l'élevage intensif du bétail.

Les résultats les plus significatifs de l'analyse énergétique proviennent de la mesure de l'ensemble des « inputs » énergétiques nécessaires à la production d'une denrée alimentaire donnée. David Pimentel et son équipe du Collège d'agriculture et de sciences biologiques de l'État de New York ont cherché à comparer, sur une période de vingt-cinq années (de 1945 à 1970), l'accroissement du subside énergétique nécessaire à la culture d'une acre [1] de maïs aux États-Unis. Pour cela, ils font entrer dans leur analyse énergétique les éléments suivants : travail des ouvriers agricoles (kilocalories consommées par jour), coût énergétique de fabrication des machines agricoles, essence consommée, coût énergétique de production des engrais, des insecticides, des herbicides, des graines. Énergie électrique ou pétrole consommés pour le séchage, l'irrigation des champs, le transport du maïs.

Cette analyse donne les résultats suivants : en 1970, il faut dépenser 2,9 millions de kilocalories à l'acre (soit l'équivalent énergétique de 750 litres d'essence à l'hectare) pour produire les 8,16 millions de kilocalories contenus dans les graines de maïs récolté. Ce qui correspond à un rendement énergétique de 2,82 calories par calorie investie. En 1945, il était de 3,7 calories par calorie investie. Entre 1945 et 1970, le rendement énergétique de la culture du maïs a donc diminué de 24 % tandis que les rendements en tonnes à l'hectare augmentaient régulièrement.

L'analyse énergétique est poussée encore plus loin par John S. Steinhart de l'université de Wisconsin, qui l'applique à tout le système agricole et alimentaire des États-Unis entre 1940 et 1970. Les résultats de l'analyse font apparaître un accroissement de l'écart entre l'énergie nécessaire à la production alimentaire et l'énergie correspondant aux besoins alimentaires de la popu-

1. Une acre = 0,4047 hectare.

lation américaine pendant la période considérée. Cet écart se
creuse parce que la consommation d'énergie liée à l'agriculture
et à l'augmentation du niveau de vie entraîne une consommation accrue d'aliments en conserve, d'aliments surgelés et de plats
préparés, dont la fabrication ou le stockage exigent des quantités plus importantes d'énergie. Cette augmentation conduit également à une consommation plus élevée de nourriture prise en
dehors de la maison, sur les lieux de travail ; et de viande de bœuf
dont l'efficacité dans la chaîne de transformation des calories
« solaires » en calories « alimentaires » est faible.

Mais un des résultats les plus inquiétants est que l'on arrive
peu à peu aux limites du rendement agricole théorique. Ce qui
constitue une excellente illustration de la loi des rendements
décroissants (voir p. 157). La pente de la courbe retraçant la
quantité d'énergie nécessaire pour produire une calorie alimentaire, au cours de l'histoire de l'agriculture aux États-Unis, ne
semble en aucun cas s'adoucir, ce qui prouve la chute d'efficacité du processus de production.

Une telle évolution doit être comparée avec celle des pays pauvres ou des cultures dites « primitives », dans lesquels, pour une
calorie investie, on obtient 5 à 50 calories alimentaires. Alors
que, dans nos pays développés, il faut 5 à 10 calories de combustibles fossiles pour produire une calorie de nourriture.

La compétition entre énergie et travail

L'analyse énergétique a pu être également appliquée aux problèmes de pollution par les déchets solides, et servir, par exemple, à déterminer la plus avantageuse de ces deux solutions :
récupérer les vieux papiers et les emballages en carton et les recycler, ou au contraire les brûler et récupérer la chaleur pour chauf-
fer des locaux.

Mais des perspectives très intéressantes résident dans l'étude
des conséquences de la substitution du travail humain par l'énergie, sur la création ou la suppression d'emplois, ou de la transition d'un type de fabrication, gros consommateur d'énergie, à
un système moins consommateur.

Il existe en effet une relation très étroite entre énergie, travail
et capital de production. Les économistes savent depuis longtemps qu'énergie et travail varient en sens inverse. Ils sont en
compétition pour l'utilisation de la même fraction du capital de

production. L'énergie étant, comme chacun sait, la capacité à fournir du travail, énergie et travail sont des substituts l'un pour l'autre.

Voici des exemples illustrant ces relations et l'intérêt de l'analyse énergétique. Les cinq industries les plus grosses consommatrices d'énergie sont dans l'ordre : l'aluminium, le papier, l'acier, le ciment et la pétrochimie. A elles seules, elles consomment 40 % de toute l'énergie utilisée dans le secteur industriel des USA. Malgré cela, elles ne contribuent que pour 25 % des emplois de l'ensemble. Dans ces industries, le capital de production est très important. Matériel lourd, machinerie complexe, automation, nécessitant des investissements élevés. Mais, partout où de l'énergie se substitue au travail des hommes, un flux plus important de dividendes coule vers les détenteurs du capital. Quand les prix de l'énergie sont bas, le capital de production est élevé. Quand les prix augmentent, le capital de production s'amenuise.

Conséquence de la compétition entre énergie et travail : si les prix de l'énergie continuent de monter, la tendance à long terme se traduira paradoxalement par un accroissement des emplois, et donc des salaires. Toutes choses restant égales par ailleurs, la part du revenu national allant aux fruits du travail risquera de s'accroître au détriment des revenus du capital. Il ne fait aucun doute que, de 1947 à 1971, le faible coût de l'énergie conduisait à substituer, chaque fois que cela était possible, de l'énergie à du travail ; avec la dévalorisation du travail qui en résultait inévitablement : chaînes de production, bureaucratie...

On peut donc réutiliser des matrices d'input-output économiques et les retraduire en termes d'énergie afin de mesurer la quantité totale d'énergie et de travail (sous forme de biens et de services) nécessaires pour atteindre un niveau de production donné. Ce qui a été réalisé par Bruce Hannon, de l'université de l'Illinois, en 1974.

Par exemple : pour produire 100 000 dollars d'aluminium de plus, il faut $9,5.10^9$ Kcal de plus et 5 personnes. Mais, pour produire la même valeur supplémentaire de tabac (industrie faible consommatrice d'énergie), il ne faut que $1,2.10^9$ Kcal et la création de 32 nouveaux emplois. En d'autres termes, un transfert de 100 000 dollars dans la demande finale de l'aluminium vers le tabac réduirait la consommation d'énergie de 33 % tout en créant 27 nouveaux emplois.

La construction d'autoroutes est un des plus gros consommateurs d'énergie, à cause de l'utilisation de l'asphalte dérivé du pétrole, et de l'emploi du ciment, dont la fabrication consomme de grandes quantités d'énergie. Un programme de construction d'autoroutes de 5 milliards de dollars consomme $55,4.10^{12}$ Kcal et fait travailler directement ou indirectement 256 000 personnes. La même somme investie dans la création d'un réseau de voies ferrées consommerait $20,1.10^{12}$ Kcal et ferait travailler 264 000 personnes, soit un gain de 8 000 emplois sur le programme d'autoroutes. Enfin, la même somme dépensée dans un vaste programme de santé publique consommerait certes de l'énergie, mais permettrait la création de 423 000 emplois (167 000 de plus que le programme d'autoroutes et 159 000 de plus que le programme de réseaux de chemin de fer).

L'analyse énergétique contribuera de manière très positive à faciliter les choix des moyens les plus avantageux et les plus appropriés pour résoudre certains des problèmes posés par la crise de l'énergie, la crise de l'alimentation et la crise de l'environnement. Car elle permettra, par exemple, de répondre, chiffres à l'appui, à des questions de ce type : est-il plus coûteux de mettre en œuvre de nouvelles sources d'énergie ou d'améliorer l'efficacité de la production d'aluminium ?

5. La naissance de la bio-industrie

Survivre à la crise

Pour réduire la consommation de combustibles fossiles et de matières premières, il existe, on le sait, trois grandes catégories de moyens : la mise en œuvre de nouvelles sources d'énergie, le recyclage des matériaux et l'économie d'énergie. A plus long terme : le passage à des produits moins consommateurs d'énergie, une transition de l'économie vers le secteur des services, et la mise en œuvre de technologies « douces ».

Ces moyens sont bien connus. Ils ne seront donc mentionnés ici que pour situer la portée des transformations que subit la société.

Les nouvelles sources d'énergie, dont il est tant question, sont principalement l'énergie nucléaire (de fission et de fusion), l'énergie solaire et l'énergie géothermique. L'énergie provenant de la combustion de matières organiques ou même l'énergie éolienne peuvent être considérées comme des formes dérivées de l'énergie solaire.

La transformation d'énergie solaire en chaleur et en électricité est rendue possible, grâce à des systèmes de concentration du rayonnement solaire (chauffage des locaux, climatisation). Ou directement, grâce aux cellules photo-électriques. Indirectement, cette énergie est libérée par l'incinération de déchets organiques ou par la production de combustibles liquides grâce à la pyrolyse ; ou gazeux (méthane) grâce à la bioconversion des ordures par fermentation bactérienne.

Le « recyclage des déchets » doit être incorporé dans un processus beaucoup plus général de récupération des rejets : l'équivalent, au niveau de la société, du recyclage réalisé dans l'écosystème par les décomposeurs (voir p. 29). La récupération comprend la réutilisation des objets et le recyclage des matériaux par la production. Quant aux rejets, ils regroupent les déchets et les débris (objets considérés comme inutiles dans un contexte économique donné). Un des seuls moyens, valable à long terme, de reconstituer cette grande boucle naturelle de recyclage, repose probablement sur la participation de la population au tri des rejets, au moment de leur élimination. Pour une faible dépense en énergie et grâce à l'utilisation judicieuse de l'information, chaque personne a les moyens de diminuer l'entropie d'une masse de rejets. Ce que ne savent faire les machines qu'à un coût très élevé.

Enfin, l'économie d'énergie est réalisée, principalement, grâce à la récupération de la chaleur ; à l'isolation thermique et à la substitution de processus industriels ou de moyens de transport gros consommateurs d'énergie, par des procédés plus économiques. On estime que 25 % de l'énergie mondiale pourrait être économisée en respectant quelques règles énergétiques de base.

Quelle que puisse être l'ingéniosité des solutions ou l'efficacité de la discipline de la population vis-à-vis du gaspillage, les véritables solutions à long terme viendront d'une refonte radicale de notre manière de vivre en société : vivre différemment et en coopération avec la nature. C'est dans cette optique nouvelle que se situent la bio-industrie et l'éco-engineering.

Une révolution et un nouvel esclavage

La véritable révolution agricole et des industries de transformation (industrie chimique et alimentaire en particulier) qui s'annonce sera d'ordre *biotechnologique*. Elle donnera naissance à une bio-industrie apportant des solutions nouvelles, à base de technologies douces, à la crise de l'énergie et à la dégradation de l'environnement.

Après l'avènement de l'agriculture, il y a environ dix mille ans, la première révolution agricole a eu lieu au XVIIᵉ siècle. Elle a été marquée par les techniques de l'assolement ; les techniques de sélection et d'hybridation des graines. La seconde révolution s'est produite au milieu du XXᵉ siècle avec la mécanisation de l'agriculture. La troisième révolution qui se prépare se fondera sur l'engineering biologique, les nouvelles méthodes de conservation de l'énergie et la manipulation contrôlée des cycles naturels.

Déjà une meilleure connaissance du développement des micro-organismes permet de produire des protéines en faisant croître des levures sur des hydrocarbures, du méthanol ou du méthane. L'utilisation d'hormones d'insectes assure, par la stérilisation des mâles, le contrôle des populations d'insectes nuisibles, et ceci à une fraction du coût énergétique dépensé dans la fabrication des pesticides.

Mais il faut aller encore plus loin. Les connaissances biologiques accumulées depuis bientôt trente ans le permettent. La révolution agricole et industrielle de la fin du XXᵉ siècle s'appuiera sur des techniques qui sortent à peine des laboratoires : engineering génétique, engineering enzymatique et engineering bactérien. Mais aussi synthèse de molécules imitant l'activité des enzymes naturels, réactions de fermentation contrôlées par ordinateur, domestication des réactions de base de la photosynthèse, et (pourquoi pas ?) synthèses réalisées dans des conditions simulant celles de la terre primitive, lorsque sont apparues les substances de base de la vie.

Cette révolution verra le retour à une nouvelle forme d'esclavage : la domestication des microbes, travailleurs infatigables et dociles. En effet, pour remplacer l'homme ou certaines de ses machines dans de nombreuses tâches, on peut envisager deux directions correspondant à deux formes d'esclavage : l'électronique sophistiquée des robots industriels (gros consommateurs d'énergie) ou la biologie et l'asservissement des myriades de microbes qui peuplent la biosphère. Ces deux solutions commencent à être exploitées aujourd'hui ; mais il semble que la bio-industrie et la domestication des microbes seront appelées à connaître un développement encore plus spectaculaire que celui des robots industriels, limités par leur appétit énergétique.

Cette révolution contribuera à libérer l'agriculture et l'industrie alimentaire du cercle vicieux où les enferment aujourd'hui l'épuisement des ressources énergétiques, la diminution du rendement calorique de la machine de production agricole et l'accroissement concomitant du prix des calories consommables par l'homme.

Quatre secteurs vont probablement dominer la bio-industrie dans les années à venir : la production de produits chimiques par les microbes ; la domestication des enzymes ; le contrôle électronique des réactions de fermentation et des biotransformations en général (capables, par exemple, de générer de l'énergie) ; enfin, la domestication des réactions de base de la photosynthèse.

Du travail pour les microbes

Il n'y a pas que des microbes pathogènes. Il existe aussi des microbes utiles. Depuis longtemps nous les avons mis au travail pour fermenter le vin et la bière, faire lever la pâte du boulanger ou produire yaourts et fromages. Sous le nom général de décomposeurs, les micro-organismes sont les agents de recyclage de l'écosystème.

Mais, aujourd'hui, les micro-organismes trouvent de nouveaux emplois dans l'industrie. On les utilise comme usines miniatures dans la fabrication de douzaines de produits commerciaux, dont des acides aminés, des enzymes, des solvants, des insecticides et des antibiotiques. La crise de l'énergie et de l'alimentation accélère cette mobilisation des microbes utiles.

Les processus biologiques de la nature sont contrôlés par des catalyseurs d'une efficacité prodigieuse (les enzymes). Grâce à eux les réactions de la vie se déroulent à la température ambiante et dans des conditions très douces ; à l'opposé des processus affamés d'énergie qui sont de règle dans l'industrie chimique et alimentaire. De plus, les sous-produits du métabolisme des microbes sont, soit des substances dont on a besoin, soit des molécules inoffensives comme le gaz carbonique ou l'eau.

Le secret de la domestication des microbes tient dans le contrôle de certains processus qui se déroulent au niveau moléculaire. Depuis une trentaine d'années, la recherche a fait des progrès considérables en biologie moléculaire. La moitié des Prix Nobel décernés en médecine, au cours de ces quinze dernières années, l'ont été pour des avances réalisées dans le domaine de la biologie moléculaire.

La complexité du savoir-faire et des connaissances exigés de ceux qui travaillent avec les micro-organismes et les enzymes peut être comparée à celle qui contribua tant au pouvoir des savants atomistes des années 40 à 50, et qui conduisit à la domestication de l'énergie nucléaire, mais aussi aux armes atomiques. C'est cette masse de connaissances accumulées dans des domaines voisins de la biologie et de la chimie, tels que micro-biologie, biologie moléculaire, génétique, biochimie, chimie organique, génie chimique, qui laisse présager une révolution toute proche.

Le microbe idéal est celui qui peut produire un excès d'une substance ayant un intérêt médical ou industriel. Les techniques modernes issues de la biologie moléculaire, et particulièrement de travaux sur la régulation cellulaire qui valurent aux professeurs Lwoff, Monod et Jacob le Prix Nobel de médecine en 1965, permettent de mettre en route ou d'arrêter à volonté la machinerie cellulaire. Les techniques d'engineering génétique sont à ce sujet très prometteuses. En transférant certaines séquences de gènes dans des bactéries faciles à cultiver mais incapables de produire tel antibiotique ou telle substance utile, on les transforme en un producteur très efficace de la substance recherchée. De la streptomycine, par exemple, peut être fabriquée par la bactérie commune de l'intestin, E. Coli. De nouveaux antibiotiques permettant de lutter plus efficacement contre les bactéries devenues résistantes aux antibiotiques connus seraient ainsi susceptibles d'être fabriqués « sur mesure [1] ».

Mais les techniques de l'engineering génétique permettront également de fabriquer des *engrais azotés*, en transférant des gènes permettant la fixation de l'azote de l'air dans des bactéries vivant en symbiose avec des plantes. Des millions de personnes meurent de faim dans le monde parce que notre industrie ne sait pas transformer l'azote (représentant 80 % de l'air qui traverse nos poumons inchangé) en ammoniac et en molécules azotées, constituants principaux des protéines. Dans la nature, l'azote de l'air est transformé en ammoniac par des bactéries qui vivent en symbiose avec des légumes comme les pois ou les haricots. Le

---

1. Ces techniques, si prometteuses soient-elles, représentent également de nouveaux dangers pour l'humanité. C'est pourquoi les biologistes ont décidé d'appliquer des consignes de sécurité très strictes sur ce type de manipulations génétiques.

catalyseur biologique qui permet la conversion de l'azote en ammoniac est un enzyme appelé nitrogénase. Son efficacité permet la conversion annuelle de 50 millions de tonnes d'azote, ce qui représente 350 kg par hectare de culture de légumes. A titre de comparaison, l'industrie des engrais fixe annuellement la même quantité d'azote (50 millions de tonnes en 1973), mais en mettant en jeu des températures de l'ordre de 400° C et des pressions de 200 atmosphères. Il faut dépenser 20 millions de Kcal pour synthétiser une tonne d'ammoniac. L'utilisation des microorganismes dans ces types de processus n'aura donc pas seulement pour avantage de fournir un supplément de nourriture à la population humaine, elle permettra également de réduire la note énergétique très élevée de l'industrie des engrais azotés.

Les microbes savent aussi fabriquer des protéines utilisables dans la nutrition humaine et animale. La diminution de la quantité totale de protéines dans le monde, en raison des mauvaises récoltes dues aux sécheresses, de pêches insuffisantes (en particulier d'anchois utilisés dans les farines de poisson), ou de l'augmentation du prix du soja, sont autant de raisons qui poussent la bio-industrie naissante à produire des protéines à partir de micro-organismes. Mais la production de protéines par les microbes présente d'autres avantages.

Voici les trois principaux : cette production est indépendante des conditions agricoles ou climatiques ; la masse microbienne croît très rapidement (ce qui est particulièrement souhaitable pour obtenir des rendements de production élevés) ; enfin, la production n'est pas limitée par les surfaces nécessaires pour les cultures.

Certaines grandes compagnies comme British Petroleum (BP) utilisent du pétrole pour faire croître des levures ; d'autres comme ICI se servent de méthanol. Mais il semble qu'un des procédés les plus intéressants soit celui développé par Bechtel Corp et l'université de Louisiane : les microbes sont nourris de déchets de cellulose, abondants et peu coûteux : papier, pulpe de bois, cannes à sucre, fumier d'animaux ou épis de maïs.

En Europe, 25 millions de tonnes d'aliments spéciaux, préparés à partir de 6 millions de tonnes de protéines de soja ou de farine de poisson, sont absorbées annuellement par le bétail porcin. Les protéines fabriquées par les micro-organismes pourraient représenter 2 millions de tonnes par an d'aliments complémentaires.

Il reste encore beaucoup de travail pour les microbes. Car on commence à peine à explorer les multiples voies ouvertes par la bio-industrie. En tirant profit des techniques d'engineering génétique, de fermentation et de sélection automatique de souches bactériennes, on pourra bientôt fabriquer, à la demande, des microbes spécialisés dans certaines tâches. Par exemple, dans l'élimination du pétrole répandu à la surface des océans, dans la production de lumière biologique ou dans la fabrication de produits pharmaceutiques spécialisés.

La domestication des enzymes

Les agents responsables de la spécificité et de l'efficacité des microbes sont les enzymes. La domestication de ces catalyseurs par la bio-industrie ouvre la voie à de nouvelles formes de transformations chimiques. On en tire déjà profit dans l'industrie pharmaceutique et alimentaire, en médecine et dans la mise au point de nouveaux instruments d'analyse biomédicale.

Les enzymes doivent en grande partie leurs propriétés catalytiques à leur «site actif». Cet endroit particulier du «corps» de l'enzyme, où les réactions s'effectuent à grande vitesse, dépend de la structure tridimensionnelle de l'enzyme [1]. La préservation de cette structure est donc primordiale pour l'activité enzymatique. C'est pourquoi les enzymes sont si fragiles.

Le but ultime de nombreux chercheurs est de parvenir à synthétiser des enzymes artificiels, ou plus simplement à copier, grâce à des molécules appropriées, l'activité du site actif. La première synthèse d'un enzyme a été réalisée en 1969 par des chercheurs de l'université Rockefeller et par la compagnie Merck Sharp and Dohme. Il existe aujourd'hui des appareils automatiques permettant de synthétiser des enzymes. Mais l'on n'a pas encore réussi à fabriquer en grande série des enzymes «sur mesure» pouvant avoir une utilisation industrielle ou médicale. Néanmoins rien ne s'oppose à cette synthèse automatisée. Elle devrait donc devenir une réalité industrielle dans un proche avenir.

La grande conquête de la bio-industrie et la direction de développement la plus prometteuse, ce sont les *enzymes immobilisés* (appelés aussi «enzymes insolubilisés»). Depuis quelque temps déjà, l'industrie alimentaire ou pharmaceutique utilise des enzymes «libres» (c'est-à-dire en solution) dans des réactions chimiques particulièrement délicates.

1. Voir le fonctionnement de l'hémoglobine, p. 86.

Mais, grâce à des techniques empruntées au génie chimique, on sait maintenant fixer les enzymes sur des supports plastiques, ou les emprisonner à l'intérieur de micro-capsules. Résultat : l'activité des enzymes est démultipliée. De plus, les enzymes immobilisés sont réutilisables. Ils permettent de travailler en continu et pendant de longues périodes.

Tout un champ d'applications nouvelles s'ouvre désormais aux enzymes immobilisés : production d'acides aminés, en traitant, par exemple, un mélange de ces acides par des enzymes qui détruisent sélectivement un seul des isomères, ce qui permet de séparer celui auquel on s'intéresse ; transformation du dextrose du sirop de végétaux en fructose dans la fabrication de confiseries et de boissons non alcoolisées ; coupure sélective de molécules d'amidon ou de cellulose.

Dans un avenir proche, on envisage la fabrication *d'électrodes biochimiques* permettant des mesures biomédicales de grande précision et la réalisation d'appareils d'analyse. Des reins artificiels de très petite taille peuvent être fabriqués à partir d'uréase immobilisée. On étudie également le traitement de tumeurs ou de désordres métaboliques à partir d'enzymes immobilisés.

Le savoir-faire accumulé depuis des années en génie chimique et en contrôle de processus peut être appliqué aujourd'hui aux réactions mettant en œuvre des enzymes immobilisés. Les conséquences de ce transfert seront déterminantes pour le développement de la bio-industrie.

Au lieu d'utiliser des enzymes immobilisés, on peut aussi chercher à *copier l'activité* du site catalytique des enzymes. Ce site est généralement constitué par un ion métallique (fer, zinc, magnésium, molybdène) entouré d'une chaîne moléculaire comportant des groupements spécifiques d'acides aminés. La discipline qui étudie l'activité catalytique de complexes formés à la fois par des métaux et par des molécules organiques s'appelle la chimie *bio-inorganique*. On peut s'attendre également à une très grande contribution de la part de cette discipline nouvelle dans le développement de la bio-industrie.

On a pu réaliser la synthèse de complexes bio-inorganiques à base de fer, de soufre, de molybdène et d'acides aminés spécifiques, capables de simuler l'activité de l'enzyme nitrogénase qui transforme, comme on l'a vu, l'azote de l'air en ammoniac. La nitrogénase est si efficace que quelques kilos à peine, représentant la quantité totale d'enzyme présente dans toutes les bactéries et algues fixatrices d'azote de l'écosystème, sont suffisants pour transformer annuellement des *millions de tonnes* d'azote en ammoniac. On voit l'intérêt de la synthèse de tels catalyseurs « artificiels ». Capables de fonctionner dans des conditions très douces, ils offrent des solutions radicalement neuves à la crise de l'énergie et à la crise alimentaire.

La symbiose des microbes et des ordinateurs

Un autre domaine très prometteur de la bio-industrie concerne le contrôle électronique des réactions de fermentation.

La fermentation est la plus ancienne des réactions énergétiques de la vie. Des microbes à l'homme, elle fournit soit une partie, soit la totalité de l'énergie servant au maintien de l'organisation biologique. Les organismes les plus primitifs survivent et se développent en fermentant (en l'absence d'oxygène) les substances organiques qu'ils extraient de leur environnement. Les techniques de l'électronique, de l'informatique et de l'automation donnent aujourd'hui aux ingénieurs des moyens d'assister les microbes dans ces réactions de fermentation et de rendre leur travail plus efficace en vue de l'accomplissement d'une multitude de tâches utiles à la société.

L'idée de base consiste à fournir aux micro-organismes, placés dans un fermenteur, les éléments dont ils ont besoin pour croître et se développer ; tout en contrôlant rigoureusement les conditions physico-chimiques de leur milieu. Les ordinateurs aident à déterminer et à maintenir les conditions optimum de la réaction : substances nutritives, taux d'acidité, taux de CO_2, élimination des déchets, etc.

Cette association représente une curieuse et intéressante symbiose entre l'homme, les ordinateurs et les microbes : l'homme obtient des substances utiles à la survie et à son développement (médicaments, protéines) et fournit en échange aux microbes aliments et conditions optimum de travail ; quant aux ordinateurs, ils enregistrent, comparent et régulent la multitude de paramètres intermédiaires, typiques des réactions biologiques possédant chacune ses caractéristiques propres. Cette symbiose est très significative. Elle préfigure l'efficacité de la bio-industrie de demain et la perfection du contrôle électronique nécessaire à l'accroissement de la production de nos nouveaux esclaves microscopiques.

Une des biotransformations parmi les plus utiles, surtout dans le cadre de la crise de l'énergie et de la crise de l'environnement, est la conversion de matières organiques (provenant, par exemple, des ordures ménagères) en combustibles gazeux, et particulièrement en méthane.

Les sous-produits habituels de la fermentation bactérienne sont le gaz carbonique et le méthane (voir p. 30). Les quantités produites sont importantes. Pour fixer les idées, les cent plus grandes villes des États-Unis ont produit, en 1973, 74 millions de tonnes de déchets solides. Convertie en combustibles gazeux, cette masse de déchets aurait pu fournir un volume de méthane correspondant à 3 % de la demande totale de gaz naturel aux États-Unis. La production biologique de méthane peut donc être considérée comme une source d'énergie complémentaire, offrant en plus l'avantage de détruire une grande partie des ordures ménagères.

La solution idéale : copier la nature

La domestication des réactions de la photosynthèse, à laquelle se consacrent de nombreux laboratoires dans le monde, aura également un effet déterminant sur le développement de la bio-industrie. C'est évidemment la solution idéale : parvenir à fabriquer des substances riches en énergie à partir du soleil, du gaz carbonique, de l'eau et de la chlorophylle. Cependant, malgré l'avancement rapide des connaissances en ce domaine, on est encore loin de la fabrication d'une unité catalytique réussissant à copier l'efficacité du chloroplaste des feuilles. Des solutions intermédiaires sont néanmoins possibles. La canne à sucre, par exemple, possède le meilleur rendement photosynthétique de toutes les plantes vertes connues. On pourrait l'utiliser beaucoup plus qu'on ne le fait actuellement, comme matière première industrielle dans la fabrication d'alcool, ou d'éthylène. Et, par cette voie, de matériaux carbonés très divers. L'hévéa est aussi un producteur très efficace de chaînes carbonées, pouvant être utilisées comme source d'hydrocarbures.

Enfin, les réactions chimiques qui se sont déroulées sur la terre primitive, il y a plusieurs milliards d'années, peuvent servir de modèles à la bio-industrie. A partir de gaz simples (méthane, ammoniac, vapeur d'eau, hydrogène), sous l'effet des radiations ultraviolettes, et en présence de catalyseurs minéraux, des masses considérables de matière organique ont été fabriquées dans la haute atmosphère et se sont accumulées dans les océans. C'est à partir de ce stock de matériaux et d'aliments qu'ont évolué les premiers organismes vivants. L'industrie chimique (en particulier au Japon) sait aujourd'hui bénéficier de ces réactions, dites « prébiotiques », pour fabriquer des matières premières entrant dans la composition de médicaments. La bio-industrie pourra ainsi tirer parti des réactions douces et naturelles de la chimie prébiotique, en les canalisant vers la production de substances alimentaires et pharmaceutiques.

L'éco-engineering

Les méthodes, réactions ou processus qui viennent d'être décrits, comme d'ailleurs la bio-industrie elle-même, s'intègrent dans un ensemble bien plus vaste de techniques et de savoir-faire. Cet ensemble dominera la fin de ce siècle et le début du suivant, comme l'engineering mécanique puis électronique a dominé ces cinquante dernières années. Cet ensemble de techniques, je l'appelle l'engineering écologique, ou éco-engineering.

L'éco-engineering, c'est bien plus que l'aménagement écologique, la gestion écologique ou la planification écologique. Au-delà du « management » de la nature, c'est la reconnaissance de la *nature symbiotique* des relations entre la société humaine et l'écosystème, l'un utilisant l'autre pour leur bénéfice mutuel.

L'éco-engineering devra fournir aux hommes, à partir de méthodes nouvelles (comme l'analyse énergétique), les moyens leur permettant pour la première fois de manipuler consciemment les circuits énergétiques de l'écosystème, pour le bien de l'homme et de la nature.

Comme des médecins ou des chirurgiens travaillant de l'intérieur même de l'organisme, nous pourrons alors rétablir les grandes boucles de récompense et de renforcement sur lesquelles se fonde « l'économie » de la nature. Refermer, reconnecter et par là même « naturaliser » les chaînes et réseaux du système socio-économique, comme ceux qui servent à l'élimination des déchets ou à la production de nourriture. Nous pourrons développer des espèces bactériennes nouvelles susceptibles de nous assister plus efficacement dans le recyclage des matériaux usés et l'élimination de déchets. Réaliser la fixation d'azote en ammoniac à grande échelle pour nourrir la population du globe. Modifier localement les climats pour cultiver de nouvelles zones, ou aider la nature à se réadapter aux agressions que nous lui faisons subir.

Avec l'avènement de l'éco-engineering, cesseront les tâtonnements dangereux des apprentis sorciers que nous sommes. Alors seulement pourra se développer une relation de partenaires entre l'homme et la nature, base de l'économie nouvelle et de la société « postindustrielle » que nous avons à créer de toutes pièces.

4

*L'information
et la société interactive*

L'information aussi, c'est de l'énergie. Mais une forme particulière d'énergie, puisqu'elle permet de libérer et de contrôler la puissance. Cette liaison étroite entre énergie et information est apparue au grand jour à partir du moment où l'on a compris qu'il fallait obligatoirement dépenser de l'énergie pour acquérir des informations. Et, inversement, que l'on était obligé d'utiliser de l'information pour collecter et domestiquer l'énergie. Toute information se paie en énergie. Tout surcroît d'énergie se paie en information.

Mais l'information serait restée une notion qualitative et sans grand intérêt si l'on n'avait pas été capable de mesurer avec précision la *quantité d'information* renfermée dans un message circulant dans une ligne de transmission. Cette mesure, effectuée à la fin des années 40, a conduit à une véritable révolution en mathématiques, en physique, en électronique. Son impact a été particulièrement marqué dans le domaine de la cybernétique, de l'information et des télécommunications.

Un des moyens les plus féconds de saisir toute l'importance de la notion d'information et les conséquences de la révolution qu'elle entraîne est d'adopter, comme pour l'énergie, une position d'observation permettant une vision « au macroscope » du rôle de l'information et des communications dans la société. Ce qui conduit, tout d'abord, à rappeler quelques points importants sur les communications, la mesure de l'information, et la relation entre l'information et l'entropie. Puis, à la suite d'un bref historique des communications, à discuter les conditions et les conséquences possibles de l'avènement d'une société interactive et participative, fondée sur les télécommunications et que j'appelle la « société en temps réel ».

1. Les supports de la communication

Matière, forme et communication

Il existe une différence profonde entre la matière et la forme. La matière semble immuable : elle se conserve et ne change pas. Ce qui change et se modifie, c'est la forme. Cette différence de nature avait été illustrée par Aristote dans son exemple célèbre de la statue d'airain.

Mais Aristote introduit une autre distinction — peut-être plus importante encore — entre les deux significations du mot information. D'un côté, information est comprise comme « acquisition de connaissance » (c'est l'acte qui consiste à *s'informer*, en observant un objet ou la nature). De l'autre, information signifie « pouvoir d'organisation » ou « action créatrice » (c'est l'acte qui consiste à *informer* la matière, à donner forme à un objet, comme le fait le sculpteur à partir de la terre glaise).

Pour le moment, il suffit simplement de définir l'information comme le *contenu d'un message capable de déclencher une action*. On verra par la suite la définition plus précise proposée par la théorie de l'information.

La communication, c'est l'échange et la circulation d'informations dans un réseau reliant des émetteurs et des récepteurs. L'information est transmise d'un émetteur à un récepteur par l'intermédiaire d'un *message*. Un message est composé de signaux, de signes ou de symboles assemblés suivant un *code*. C'est le cas d'un message chiffré, d'un message en morse, ou de l'information héréditaire renfermée dans la molécule d'ADN, sous la forme du code génétique. Un ensemble élaboré de messages et de codes constitue un *langage*. Le message émis par la source est codé, puis transmis par l'intermédiaire d'un transporteur.

Quelle que soit sa nature (ondes électromagnétiques, fils, faisceau laser), le transporteur est appelé la ligne ou *voie de transmission*. A l'autre bout de cette ligne, le message est décodé et retranscrit en informations ayant une signification pour le destinataire. Mais, pour que ce destinataire puisse *reconnaître* (et donc utiliser) ces informations, il faut au préalable que l'information ait été *mémorisée* pour être comparée à celle qui vient d'être reçue. Enfin, point très important, des perturbations survenant au niveau de la voie de transmission, et que l'on appelle le « bruit », peuvent altérer les messages et modifier leur signification.

Pourquoi mesurer l'information ?

La signification de l'information varie suivant les individus. Si je dis à quelqu'un « Il va pleuvoir », cette information possède une signification tout à fait différente selon que mon interlocuteur est un vacancier à la recherche du soleil ou un agriculteur menacé par la sécheresse. Dans son sens le plus courant, une information est un fait nouveau, un renseignement ou une connaissance résultant d'une observation. Des éléments d'information peuvent être stockés dans la mémoire ou les bibliothèques, et servir de support à une action efficace.

L'information semble donc impossible à mesurer. Pour y parvenir, il a fallu se débarrasser de toute référence à son contenu subjectif et ne considérer que la forme particulière d'énergie qui circule dans une voie de communication. Cette « information » particulière a un sens beaucoup plus restrictif que celui que lui confère l'usage courant. Mais sa définition a permis de parvenir à une expression quantitative indispensable dans l'amélioration des communications ou l'avènement de l'informatique.

La mesure de l'information est le résultat d'une convergence très remarquable d'efforts indépendants entrepris, à la fin des années 40, par des ingénieurs des télécommunications et des servomécanismes, des mathématiciens, des théoriciens de la mécanique statistique et des physiciens. La théorie de l'information devait naître de ces travaux et culminer dans le livre de Shannon et Weaver, *The Mathematical Theory of Communication*.

Ces différents chercheurs avaient été amenés, à la suite de leurs observations et expériences, à faire un certain nombre de remarques déterminantes :

— L'information qui circule dans une voie de transmission se dégrade de manière irréversible. Elle offre en cela une très grande analogie avec l'énergie, laquelle se dégrade, comme on l'a vu, en entropie. Par exemple, si l'on prend le moule d'une statue et que l'on coule, à partir de ce moule, une autre statue dont on prendra également le moule, il est fort probable qu'au bout d'une vingtaine d'opérations successives, la forme finale de la statue sera complètement dénaturée. Autre exemple, un négatif photographique servant à faire des agrandissements à partir desquels on tire de nouveaux clichés : la moindre rayure dégrade irréversiblement l'information originale.

— Pour transmettre de l'information, *il faut dépenser de l'énergie*. Ce support énergétique de l'information est représenté par le rayonnement lumineux, les ondes sonores, le courant électrique d'un fil téléphonique, ou par l'abeille qui transporte le pollen de fleur en fleur. Cette énergie s'affaiblit, se disperse. Il faut la canaliser et l'amplifier. Enfin, plus la précision d'une mesure est grande, plus il faut dépenser d'énergie.

Pour éviter la dégradation de l'information, améliorer la qualité des transmissions, il fallait donc, au préalable, mesurer la quantité d'information renfermée dans un message.

> Pour définir convenablement ce que représente une certaine quantité d'information, il faut se placer dans les conditions d'un observateur cherchant à acquérir de l'information sur un système qu'il connaît mal. Ce système peut être constitué par le nombre de réponses possibles à une question ; par le nombre de solutions à un problème, ou simplement par un jeu de cartes retourné sur une table.
>
> Obtenir des informations sur le système inconnu peut conduire l'observateur à réduire le nombre de réponses possibles. Une information totale pourrait même conduire immédiatement à *une seule réponse possible* : la bonne. L'information est donc une fonction du rapport entre le nombre des réponses possibles *avant* la réception du message (P_0) et le nombre de réponses qui restent possibles *après* (P_1).
>
> Un exemple très simple : le système inconnu est un jeu de 32 cartes. Question : quelle chance a-t-on de tirer une carte nommée d'avance ?
>
> Cette question introduit une incertitude et cette incertitude se mesure par un rapport : le nombre de cas favorables sur le nombre de cas possibles. (C'est ce qu'on appelle la probabilité de tirer la bonne carte.) Comme il n'y a qu'un seul cas favorable (la carte nommée), cette probabilité est d'une chance sur 32.
>
> Comment mesurer maintenant la quantité d'information acquise en tirant une carte ? *Avant* de la tirer, il y a 32 cas possibles ayant la même probabilité (P_0). Après l'avoir tirée, deux situations se présentent :

— Soit on a tiré la bonne carte. En ce cas il ne reste qu'une réponse possible (on la tient dans la main). La quantité d'information obtenue est fonction du rapport 32/1, et l'information est dite *totale*.

— Soit on a tiré la mauvaise et il reste encore 31 réponses possibles. La quantité d'information obtenue est maintenant une fonction du rapport 32/31. L'information est dite *partielle*.

L'information obtenue dans la première situation résout définitivement le problème en ramenant le nombre de cas possibles à 1. Dans la seconde, elle réduit peu à peu le nombre de cas possibles. Elle diminue donc le dénominateur de la fraction (P_0/P_1) : le rapport augmente et l'information aussi. Ce qui revient à dire que l'information s'accroît quand l'incertitude diminue. Car l'incertitude traduit le manque d'information que l'on possède sur un système inconnu.

Enfin, pour mesurer l'information et pour définir les unités, on adopte deux conventions : on préfère définir l'information de manière soustractive, plutôt que par un rapport, puisque l'information est la *différence entre deux incertitudes* (avant le message, et après). On substitue donc au rapport P_0/P_1 une soustraction de leur logarithme[1]. Deuxième convention : le code le plus commode et le plus utilisé pour traduire un message est constitué de deux signe 0 et 1, pouvant également signifier oui et non. Ce qui conduit à adopter le langage binaire et les logarithmes à base 2. En tenant compte de ces conventions, la quantité d'information d'un message est mesurée en « bits » (abréviation de *binary/digits*).

On peut maintenant répondre à la question : quelle est la quantité d'information acquise en tirant une carte ? Cette quantité d'information est de 5 bits. (En base 2, le logarithme de 32 est 5 ($32 = 2^5$).

L'information apparaît donc comme une entité abstraite, objective, dénuée de toute signification humaine. Il est plus facile de se représenter une quantité donnée d'information en l'assimilant à des unités matérielles circulant dans un conduit ; comme des molécules d'eau dans un tuyau, par exemple. Le débit du tuyau est limité par sa section. Il en est de même d'une voie de transmission. Certains types de voies, comme un fil téléphonique standard, ne peuvent débiter plus de 1 200 bits par seconde. Cette quantité d'information est totalement indépendante de la *signification* du message : chanson, résultat des courses ou cours de la bourse.

1. Le logarithme d'un nombre est la puissance à laquelle il faut élever la base pour obtenir ce nombre. Par exemple, en base 10, le logarithme de 1 000 est 3, parce que $1\,000 = 10^3$. En base 2, le logarithme de 16 est 4, parce que $16 = 2^4$.

La relation entre information et entropie

Toute information résultant d'une observation, d'une mesure ou d'une expérience, et qui nous dit ce que nous savons déjà, ne produit aucun changement du nombre de réponses possibles. Elle ne réduit pas notre incertitude. L'information apportée par un message ou un événement est d'autant plus grande que sa probabilité de survenue était faible. L'information obtenue en tirant du premier coup la bonne réponse ($I = 32/1$) est l'inverse de la probabilité d'obtenir cette réponse avant la réception du message ($P = 1/32$). Or, probabilité et entropie sont reliées par la théorie statistique (voir p. 152). On constate, en rapprochant les différentes expressions mathématiques, que l'information est *l'inverse de l'entropie* des physiciens. Elle est équivalente à une anti-entropie. C'est pourquoi on a proposé le terme de *néguentropie* (signifiant entropie négative) pour faire ressortir cette importante propriété. Information et néguentropie sont donc équivalentes à de l'énergie potentielle.

Mais ce rapprochement va plus loin. En choisissant convenablement les constantes et les unités, on peut exprimer l'information en unités thermodynamiques et la relier directement à l'entropie. On calcule ainsi la plus petite « chute » d'énergie associée à une mesure capable de générer un bit d'information : pour obtenir une information égale à un bit, il faut dégrader en entropie une quantité très faible, mais finie et donc significative, de l'énergie de l'univers.

Cette constatation très importante a conduit des physiciens comme Léon Brillouin à généraliser le principe de Carnot. De manière à exprimer la relation indissoluble qui existe entre l'information acquise par un cerveau et la variation d'entropie de l'univers : toute acquisition de connaissance, reposant sur une observation ou une mesure physique effectuée à l'aide d'un instrument, consomme l'énergie du laboratoire et donc de l'univers[1].

Un exemple : la lecture de cette page met en jeu plusieurs éléments : le texte, imprimé en noir sur le papier, une source de lumière (soleil ou lampe électrique), l'œil et le cerveau. La lampe

---

1. A l'inverse, le cerveau crée de l'information, et peut donc diminuer l'entropie. On le verra au chapitre consacré au temps.

est la source de néguentropie. Elle émet un flux lumineux qui se réfracte sur la succession de segments noirs et blancs des mots imprimés et module le faisceau lumineux qui frappe l'œil. L'œil décode ce message et le cerveau l'interprète. Le cerveau du lecteur a donc acquis des informations. Mais il lui a fallu les payer en énergie : les watts de la lampe contre les quelque 24 000 bits d'information de la page imprimée.

L'histoire des communications : de la molécule au village planétaire

La communication entre molécules...

L'histoire des communications commence au niveau moléculaire. Une grande partie des informations sur lesquelles reposent les communications entre les molécules sont contenues dans leur forme. Support principal des signaux, des codes et des messages. Les molécules de la vie sont comme des «individus-information» qui porteraient, inscrit dans leur morphologie, ce qu'ils sont, ce qu'ils font, ce qu'ils « savent », et la « mémoire » des autres formes qu'ils sont susceptibles de « reconnaître ».

La cellule maintient son organisation, sa complexité et son intégration grâce à des réseaux très denses de communications intermoléculaires. Les enzymes, placés aux nœuds de ces réseaux, trient les molécules et contrôlent les flux d'information, permettant la rapidité et l'efficacité des réactions de base de la vie.

La molécule d'ADN, support des informations génétiques, illustre peut-être mieux que toute autre biomolécule les principes de base des communications. En rappelant son rôle, il suffit de souligner les expressions communes aux biologistes et aux ingénieurs des communications. L'information génétique est renfermée sous la forme d'un *code* moléculaire. Elle est *transcrite* en molécules d'ARN *messager*, transportant des *copies* de cette information, du noyau vers la cellule. Par suite de l'action des ribosomes et des molécules d'ARN de *transfert*, l'information est *traduite* en molécules de protéines. A partir d'un « alphabet » composé de vingt acides aminés, la cellule fabrique ainsi des milliers de protéines différentes, de la même manière que nous construisons des milliers de phrases différentes avec les vingt-six lettres de l'alphabet. Au cours de la reproduction des molécules d'ADN, des perturbations provenant de l'environnement (le « *bruit* » dans la voie de la transmission) introduisent des « erreurs » qui modifient le sens des *messages*, ce sont les mutations.

...entre les cellules

La communication chimique par l'intermédiaire de la forme des molécules représente donc le système de communication le plus ancien utilisé par les systèmes vivants. Mais les molécules-signaux ne sont pas seulement responsables du contrôle et de la régulation des activités internes de la cellule, elles franchissent la membrane, circulent dans le milieu environnant et vont informer d'autres cellules. Le comportement des bactéries, levures, algues, protozoaires dépend des messages chimiques qu'ils échangent entre eux ou avec l'environnement. Les micro-organismes savent reconnaître et fuir des poisons ou se diriger au contraire vers des substances nutritives. Quand une cellule du sang est tuée brusquement sous le microscope à l'aide d'un faisceau laser, les substances chimiques libérées dans le milieu attirent immédiatement les globules blancs que l'on voit se précipiter, comme à la curée, vers la cellule morte pour la phagocyter.

Certaines cellules vivant dans des cultures *in vitro* synchronisent leurs activités, leurs déplacements ou leurs pulsations (on le voit de manière très spectaculaire dans des cultures de cellules cardiaques), grâce à l'émission de substances chimiques agissant comme des signaux de coordination. Mais d'autres moyens de communication plus perfectionnés interviennent déjà au niveau des organismes unicellulaires. De nombreux micro-organismes capables de réaliser la photosynthèse possèdent une « tache oculaire » composée de molécules sensibles à la lumière — véritable œil primitif — leur permettant de se diriger vers une source lumineuse. Des fibrilles musculaires actionnent des cils vibratiles, générateurs de mouvements et donc moyens de communication. Dans la plupart des cellules existent des microtubules préfigurant les tuyaux et canaux que l'on retrouve partout où, dans la nature, circulent des liquides ou des matériaux.

...entre les organismes

L'intégration et la différenciation des cellules en tissus et en organes au sein d'un organisme conduisent à la diversification des moyens de communication. Le support de l'information génétique et le coordinateur des communications et des régulations cellulaires restent l'ADN et ses agents d'exécution, les enzymes. Mais dans le cas où un très faible délai de réponse est exigé, la communication interne et externe se réalise par l'intermédiaire du système nerveux et des hormones (voir p. 69), permettant des réactions rapides aux stimuli provenant de l'environnement.

La communication chimique ne perd pas ses droits. Odeurs émises par les insectes et les animaux, produits toxiques, poisons, venins, alcaloïdes des plantes, parfums des végétaux et surtout des fleurs assurent la régulation des équilibres naturels et le maintien de toute l'organisation. Le pouvoir d'une phéromone (substance chimique de communication utilisée par les insectes) est tel qu'il suffit d'*une seule molécule*, reconnue à 1 km de distance par les antennes du bombyx, le papillon du ver à soie, pour l'attirer vers la femelle.

Avec la vision et l'audition, c'est l'explosion de la diversité. Au monde chatoyant et bigarré des fleurs, des poissons, du plumage des oiseaux ou de la parure des animaux, répond celui des chants, des cris et des appels. Une multitude de taches phosphorescentes éclairent les profondeurs de la mer ou de la nuit. Chacun de ces signes possède une signification précise dans un environnement donné. C'est déjà une forme de communication sociale.

Chez les animaux les plus évolués, la communication sonore, visuelle ou olfactive peut être complétée par la posture du corps, la position des membres et, chez les primates, par la mimique faciale. Le marquage du territoire par les odeurs — forme de communication différée dans le temps — ou le toucher (palpage des antennes chez les insectes ou pratique de l'épouillage chez les singes) renforcent les effets des autres moyens de communication et contribuent à accroître la variété et la stabilité des différentes niches écologiques.

...dans la société humaine

La communication entre les organismes humains doit être considérée à part, en raison, évidemment, de l'importance jouée par le langage. Ce qui ne veut pas dire que l'homme n'est pas soumis aux autres formes de communication non verbale (visuelles, olfactives, tactiles), capables de déclencher une infinie variété de comportements, et qui sont la règle dans les communications animales. Mais le progrès technique et social se fonde surtout sur la puissance créatrice du langage et du raisonnement logique qui en découle.

Les grandes phases du développement des communications se sont poursuivies à un rythme accéléré depuis l'outil des hommes de la préhistoire, le manuscrit sur papyrus et jusqu'aux signaux électroniques de la télévision. Car la vitesse d'évolution a porté sur les systèmes de plus en plus fluides, adaptables — et comme « immatériels » — que sont les systèmes de communication imprimés puis électroniques. A la suite du langage et de la généralisation de la tradition orale, l'avènement de l'écriture permet de démultiplier et de mémoriser l'information pour un faible coût en énergie. La pratique de la copie des manuscrits, mais surtout l'invention de l'imprimerie, suivie de la création des bibliothèques, extériorisent une des fonctions principales du cerveau humain, la mémoire, tout en libérant le prodigieux pouvoir d'amplification de l'information. Une des caractéristiques de toute organisation sociale est de permettre, dans un délai d'autant plus court que l'organisation est plus complexe, la multiplication et l'amplification de la masse totale d'informations existantes, pour une dépense très faible d'énergie.

La véritable explosion des télécommunications date du moment où l'on a su coder l'information et la transmettre dans un fil ou sur une onde porteuse. Avec le télégraphe et le téléphone, la radio et la télévision, le son et l'image franchissent montagnes et océans et encerclent la planète en réunissant les hommes dans le « village global » cher à Marshall McLuhan. La lettre, le téléphone, les radios amateurs n'autorisent simultanément que des communications bilatérales ou, à la limite, entre de petits groupes d'individus. La radio, la télévision, les journaux et les magazines touchent un très grand nombre d'individus, mais ceux-ci sont privés du contrôle de l'information « en retour ».

Mais, dans le « village global », la communication ne dépend plus seulement de l'information écrite et parlée ou de l'audiovisuel. Il existe tout un monde des signes et des symboles à l'infinie complexité. La force des messages qu'ils constituent est aussi réelle que celle du mot imprimé ou de l'image télévisée. L'habillement, le comportement social, la fonction de signe que représentent l'achat et la possession de biens matériels comme la voiture ou le logement ; mais aussi l'art, la musique ou les sports sont des moyens de communication capables d'assurer l'intégration et la différenciation complémentaire des individus au sein de l'organisation sociale.

Aujourd'hui, par suite du mariage entre les ordinateurs et les réseaux de télécommunications, on assiste à la mise en place progressive d'un véritable « service public » d'informations. Un tel réseau représentera le stade le plus élaboré de l'intégration des différents systèmes de communication. Depuis les molécules-signaux des bactéries jusqu'au système nerveux de l'homme et de la société.

Vers une « société en temps réel » ?

« L'histoire naturelle » du rôle de l'information et des communications, dans les systèmes biologiques et les sociétés animales et humaines, que je viens de retracer, conduit nécessairement à se poser la question de l'étape suivante de l'évolution des communications. Le système de communication planétaire qui se met en place sera-t-il le « système nerveux » de nos sociétés ? Le support matériel de la noosphère, la sphère de l'esprit que Teilhard voyait succéder à la biosphère, la sphère de la vie ?

Un processus semble irréversiblement engagé dans la plupart des pays développés : l'intégration de plus en plus étroite des cerveaux des hommes, des réseaux de télécommunications et des ordinateurs. Ce processus, s'il se poursuit, peut être le support d'une nouvelle forme d'organisation sociale. S'agira-t-il d'une société interactive et participative respectant l'initiative individuelle et le pluralisme des idées ? Ou au contraire d'une caricature de la société, proche de celle décrite par Orwell dans *1984* ?

La vitesse d'évolution et l'impact des moyens de télécommunications sont tels qu'il me paraît utile de discuter dès aujourd'hui des conditions et des conséquences de l'avènement possible d'une nouvelle forme d'organisation sociale : « la société en temps réel ».

L'expression « temps réel » est issue du vocabulaire des informaticiens. On dit qu'un dialogue ou une interaction (homme/ordinateur, par exemple) se déroule en temps réel quand les informations provenant de l'environnement sont traitées au fur et à mesure de leur arrivée. On peut généraliser cette notion de la manière suivante : toute action mettant en jeu des décisions et des échéances se déroule en temps réel quand les informations servant de base aux décisions parviennent aux centres de décision *avant* les échéances. L'étalon « temps réel » est la durée maximum tolérée pour qu'une information engageant une décision puisse parvenir à un récepteur avant la prise de cette décision.

Cette durée maximum est très variable ; de quelques microsecondes dans le cas d'un ordinateur contrôlant le départ d'une fusée ; de quelques secondes ou de quelques minutes dans le cas du contrôle des chaînes de production dans une usine automatisée, ou de plusieurs mois dans le cas des systèmes sociaux. Dans l'expérience quotidienne, la notion de « temps réel » est liée à celle d'interaction avec d'autres personnes, ou avec des machines. L'interaction permet d'obtenir immédiatement des informations ou des signaux (mouvements, mimiques, intonations de la voix) à partir desquels se modifient comportements et décisions. La notion de temps réel est également liée à celle du « direct », introduite par les émissions de radio et de télévision et qui fait participer à des événements éloignés.

L'information descendante et l'information montante

La naissance de la société en temps réel résultera de l'évolution de deux formes complémentaires de moyens de communication. L'une de ces évolutions est parvenue à un stade de développement beaucoup plus avancé que la seconde, créant peu à peu un déséquilibre dont on ressent aujourd'hui les conséquences de manière parfois dramatique.

Ces deux évolutions sont le prolongement, au niveau social, des deux modes d'action fondamentaux de la conscience individuelle : *l'observation* (en vue d'acquérir des connaissances, de s'informer), et *l'action créatrice* (en vue d'organiser le monde, d'informer la matière). Dans le premier cas, toute acquisition de connaissance est contrebalancée par l'accroissement de l'entropie de l'univers. Dans le second, toute création d'informations nouvelles par le cerveau humain contribue à diminuer localement l'entropie. L'expérience quotidienne montre que le premier mode d'activité est considéré comme « facile » et demandant peu d'efforts ; le second, comme plus difficile et plus astreignant.

D'une manière analogue, la société s'est dotée tout d'abord d'un système de communication fondé sur la dissémination rapide des informations. Depuis le haut de la pyramide constituée par toute organisation sociale jusqu'à sa base : c'est le système de communication *descendant*.

Ce système représente la transposition à grande échelle de l'acte d'observation ou d'acquisition d'informations par le cerveau. Il se matérialise par les moyens de communication de masse bien connus (livre, presse, radio, cinéma et télévision), apportant les informations descendantes jusqu'aux points les plus reculés du globe. Son évolution a été très rapide et sa mise en place explosive, car la copie et la diffusion des informations peuvent se réaliser à une très grande échelle pour un coût minime d'énergie.

L'autre système de communication, par contre, ne s'est mis en place que très progressivement. Encore loin d'avoir atteint l'efficacité du premier, il a pour rôle principal de transmettre les informations remontant vers des centres de décision ou de rediffusion. Ces informations montantes sont représentées par des actions individuelles, des participations ou des contributions personnelles au fonctionnement d'une organisation ou au fonctionnement d'ensemble du système social. Il peut être considéré comme la transposition au plan collectif de l'action, créatrice d'informations et d'organisation, que chaque individu peut exercer à son échelle.

Ce système (que l'on pourrait qualifier de « montant », par symétrie avec le précédent) est constitué par toutes les formes actuelles de représentation et de participation à la vie de la société : vote, députés, partis politiques, comités d'entreprise, syndicats, unions de consommateurs, instituts de sondages d'opinion, etc. C'est la « réponse » des individus aux politiques et aux programmes d'un gouvernement, à la direction d'une entreprise, ou à l'ensemble des produits et des services des entreprises.

1 INFORMATION DESCENDANTE   2 INFORMATION MONTANTE   3 INFORMATION HORIZONTALE

La lenteur de sa mise en place peut être expliquée par le « prix » très élevé qu'il faut payer en informations (sous forme de l'éducation nécessaire à tous les niveaux) pour que chaque individu puisse participer efficacement à l'organisation et au développement de la société. Toute création d'organisation nouvelle (qui est, je le rappelle, équivalente à une forme d'énergie potentielle appelée néguentropie) doit être en effet contrebalancée par une très importante dépense en informations.

A ces deux systèmes d'informations descendantes ou montantes se superpose tout le réseau des communications horizontales, de personne à personne, ou de personne à machine. Par l'intermédiaire du téléphone ou du courrier tout d'abord, puis par l'intermédiaire des systèmes interactifs électroniques qui se mettent en place peu à peu. C'est l'intégration de ces trois systèmes de communication qui constitue l'ébauche de l'infrastructure de la société en temps réel [1].

2. Les nouveaux réseaux interactifs

Les problèmes de mise en service

La technologie des communications est bien connue et disponible. Elle est parvenue, surtout aux États-Unis, à un stade de développement qui permet de parler de l'avènement prochain de « services publics d'information », embryons de la société en temps réel. Complémentaires des autres grands services publics d'énergie ou de transport, les nouveaux services d'information auront probablement un impact encore plus marqué sur l'organisation de la société.

Mais les vrais problèmes ne sont pas techniques, ils sont politiques et économiques. On n'a aucune idée des conséquences globales d'une démultiplication des contacts et des interactions en temps réel entre les habitants d'un pays, à partir de leur domicile ou de leur lieu de travail. Ni d'ailleurs des effets de leur accès *sélectif* à l'information, à la culture ou aux distractions. Qui a pu sérieusement mesurer l'impact social et économique du téléphone ? Comment pourrait-on prévoir l'impact des services électroniques d'informations sur les transports et les déplacements,

---

1. Les circuits de l'information montante et descendante n'existent qu'en raison de la centralisation des pouvoirs. Dans une société interactive et participative décentralisée, la richesse des interactions en temps réel se fonde sur la diversité des échanges entre les individus. La décentralisation du pouvoir passe obligatoirement par l'accroissement de la responsabilité individuelle et le pluralisme.

l'organisation des grandes villes, les habitudes de travail des citadins, l'éducation ? Une société « interactive » conduira-t-elle à
développer le sens de participation des citoyens ? Sans une
réponse rapide lui donnant, dans un délai raisonnable, les résultats de son action, un individu perd tout sentiment de participation au fonctionnement du système dans lequel il se trouve. Il
tend à rester passif et à se désintéresser de l'organisation dont
il dépend. Une des formes du « malaise social » pourrait ainsi
traduire, comme le fait remarquer Jacques Attali, le sentiment
d'*écart au pouvoir* ressenti par tout citoyen privé de moyens réels
de participation.

Il ne faut pas non plus se laisser entraîner par les perspectives
qu'ouvre la technologie des communications. Le terminal d'ordinateur à domicile ou les réseaux interactifs de télévision par câble
coûteront très cher. Il n'est d'ailleurs pas certain qu'ils soient
nécessaires ou désirés. Ce coût social est-il justifié ? Comment
distinguer, dans la masse des gadgets électroniques que nous
offrent les ingénieurs des télécommunications, ceux qui pourront conduire à des avantages réels pour la société et pour chaque individu ?

Une des grandes différences entre l'époque que nous vivons
et celle des grandes percées techniques de la première moitié du
XXᵉ siècle est qu'au lieu de subir les effets de technologies mal
planifiées et mal contrôlées, nous pouvons pour la première fois
peut-être, et en toute connaissance de cause, préparer leur implantation. Pour le bien de l'homme et de la société.

Autre différence importante, au lieu de servir à des opérations
de prestige entreprises à des fins politiques, la technologie des
communications pourra rendre directement service aux citoyens
sous une forme qu'ils pourront comprendre et apprécier. Déci-
dés à accepter le principe de la mise en service de tels réseaux,
seront-ils prêts à en supporter les coûts ?

Quand les moyens de communication sont en place, les services se développent. Plus les services se développent, moins le coût
d'utilisation du réseau est élevé. Mais aucun service ne se déve-
loppera à un coût trop élevé, donc tout au début de l'implantation du réseau. On est évidemment enfermé dans un cercle
vicieux : qui doit commencer, le réseau de télécommunications
ou le service qui l'utilise ? On peut répondre les deux à la fois.
De manière embryonnaire d'abord. Puis en se complexifiant par
suite d'une évolution très progressive. La volonté politique, la
pression populaire ou l'urgence d'une situation peuvent accélé-

rer un tel processus. Pour le moment, aucun de ces services ne
peut se justifier sur le plan économique seul, et pourtant nous
pressentons que leur avènement est inéluctable.

Il y a autant de promesses que de danger dans l'avènement
des services publics d'information. La promesse d'une société
plus humaine, moins centralisée, rapprochant les hommes et pro-
fitant de leurs interactions en les valorisant. Mais, en même
temps, danger de manipulation de la masse ; danger d'atteinte
à la vie privée ; danger d'une nouvelle forme d'inégalité sociale
fondée sur l'accès préférentiel à l'information. Pour mesurer
l'ampleur de la révolution qui se prépare et son impact possible
sur notre vie quotidienne, il faut maintenant considérer le support technique des nouveaux systèmes de communication, et surtout les services s'appuyant sur les réseaux d'information
« descendante » et interpersonnelle dont j'ai rapidement parlé.
J'envisagerai ensuite les problèmes posés par l'information
« montante », support de la participation en temps réel.

Les moyens techniques

Savoir, c'est pouvoir, nous rappelle le dicton bien connu.
Jusqu'à présent, le contrôle de l'information, et donc une partie du pouvoir, était entre les mains de petits groupes politiques
et d'entreprises privées. Mais les techniques modernes de
communication offrent, théoriquement, la possibilité de procéder à une complète redistribution des pouvoirs. Pour la première
fois, en effet, l'information circulant dans des voies de transmission peut être contrôlée *par le récepteur* plutôt que par la
source.

Pour comprendre cette mutation sans précédent et ses répercussions sociales, il faut comparer les techniques de communication actuelles à celles qui pourraient les remplacer dans la
société en temps réel.

Les principaux moyens de communication de masse (les media)
se divisent actuellement en deux grands groupes : les moyens de
mémorisation, pour les textes, les images et les sons (livres, journaux, films et enregistrements) et les moyens de *transmission*
(radio, télévision et téléphone).

Aux moyens de mémorisation, sont toujours associés des
moyens de *duplication* très puissants, permettant par exemple
la production d'un grand nombre de copies de livres ou de jour-

naux, et des réseaux de *distribution* (librairies, kiosques, ciné-mas, disquaires). L'information peut aussi être livrée à domicile aux abonnés par l'intermédiaire des moyens postaux classiques.

Les moyens de transmission (radio et télévision) agissent également comme des moyens de duplication en envoyant simultanément à un très grand nombre d'individus la même information. Ils permettent donc la transmission et la diffusion de media-mémoires audio-visuels : disques à la radio ou films à la télévision. Cependant la sélection des programmes et des horaires de diffusion reste sous le contrôle de la source.

Le seul moyen de transmission à grande échelle pouvant être contrôlé par les utilisateurs est évidemment le téléphone. Mais il n'est généralement pas relié à des moyens de mémorisation de masse. Et, comme les autres media interactifs (lettres, radios amateurs), il ne permet que des communications bilatérales. Enfin, une des seules possibilités de contrôle direct sur un media-mémoire que possède l'utilisateur est de se rendre dans une librairie ou dans un kiosque, afin de choisir un livre ou une revue.

La situation est complètement différente avec les nouveaux moyens électroniques de mémorisation et de transmission. Ces systèmes constituent un ensemble comprenant : une mémoire de masse électronique (ou contrôlée par l'électronique) ; un réseau de transmission ; des terminaux, placés chez les utilisateurs, des ordinateurs et leurs programmes d'accès sélectif aux informations. Les mémoires sont soit des disques pouvant renfermer jusqu'à 800 milliards de bits d'information (l'équivalent de 100 000 livres de 400 pages), soit des microphotographies stockées dans un système d'accès pouvant être contrôlé par ordinateur.

Les réseaux de transmission utilisent les lignes du téléphone ou de la télévision par câble. L'impact de ces réseaux est lié à leur capacité de transmission. Quelles en sont les limites ? A titre de comparaison, voici quelques ordres de grandeur.

Une page de ce livre renferme environ 3 000 caractères, soit 24 000 bits d'information. Un lecteur très rapide peut lire cette page en une minute, à la vitesse de 500 mots minute, ce qui représente environ 400 bits/seconde. A titre de comparaison, la capacité d'une ligne de transmission télégraphique n'atteint en moyenne que 75 bits/seconde. Le fil du téléphone permet de transmettre un flux de 1 200 bits (en moyenne) et jusqu'à 9 600 bits maximum par seconde. Si l'information est transmise sous forme digitale, on peut atteindre 60 000 bits/seconde. Les systèmes de communication les plus récents sont les réseaux de transmission par micro-onde, et le câble coaxial.

Utilisant des antennes relais, un réseau de transmission par micro-ondes peut transmettre jusqu'à 100 communications téléphoniques simultanées à la vitesse de 70 millions de bits par seconde. Des services utilisant ces réseaux permettent déjà de relier des banques, des hôtels, des agences de réservation de places d'avions, des services informatiques. Le câble coaxial, construit à partir d'un conducteur placé dans un tube creux, peut transmettre 10 000 communications téléphoniques et 700 millions de bits par seconde. Base de la télévision par câble, ce réseau permet la création de « villes câblées » reliant utilisateurs et stations relais et assurant l'aller-retour des informations, à la fois des utilisateurs vers les stations centrales et entre les utilisateurs eux-mêmes.

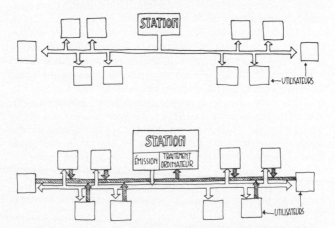

Mais la technologie des communications a encore d'autres systèmes en réserve, comme les satellites, les guides d'ondes, et surtout les guides optiques utilisant un faisceau laser. Le guide d'ondes est un tube creux dans lequel peuvent circuler 250 000 conversations téléphoniques simultanées, soit un flux d'informations de 15 millions de bits par seconde. La capacité théorique offerte par le laser atteint des dizaines de millions de communications simultanées : elle restera peut-être supérieure à tous les besoins présents et futurs de la société.

Les terminaux les plus communs que l'on trouve aujourd'hui

dans un très grand nombre de foyers sont le téléphone et le poste de télévision. Leur extension naturelle passe par le *téléphone à touches* permettant de communiquer avec des ordinateurs, le *vidéo-téléphone* et la *télévision par câble interactive*, deux systèmes concurrents.

Pour les utilisateurs, le terminal de communication à domicile ressemblera probablement à une combinaison entre un téléviseur, un téléphone et un téléscripteur. Il fonctionnera tout à la fois comme une bibliothèque, un magazine d'actualité, un catalogue de vente par correspondance, une poste, une classe, un théâtre, ou un service de renseignements téléphonés comme SVP ou les renseignements administratifs.

Les ordinateurs en temps partagé, reliés aux réseaux de transmission, assurent la sélection des informations, le contrôle des communications entre les utilisateurs, et le stockage des informations dans les banques de données.

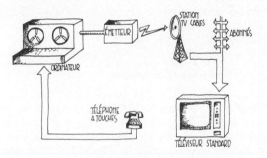

De tels systèmes de mémorisation et de transmission électroniques en temps réel n'existent pas encore à l'échelle d'un pays. Mais ils fonctionnent dans le cadre de sous-systèmes constitués par des universités, des centres de recherche, des grandes entreprises et des organismes administratifs ou financiers, des organismes gouvernementaux, des organisations scientifiques internationales. Il est probable que leur mise en place à grande échelle reposera sur la coopération entre des compagnies de télévision par câble et des compagnies de services informatiques en temps partagé.

Les services « temps réel »

La ville câblée devient une réalité. Aux USA, 10 millions de foyers reçoivent la télévision par câble. En 1980, ils seront 30 millions. En France, des villes nouvelles comme Créteil ou Cergy-Pontoise sont câblées. En fait, toutes les villes sont déjà « câblées » pour les réseaux d'électricité ou de téléphone. Mais le câble coaxial de la télévision, du fait de sa très grande capacité de transmission d'information dans les deux sens, ouvre la voie à une nouvelle ère de services. Il n'y a d'ailleurs pas que la télévision par câble. L'interaction entre utilisateurs d'un réseau et entre utilisateurs et stations centrales peut être également réalisée par l'extension du réseau téléphonique et l'utilisation du vidéo-téléphone.

Sans distinguer entre les différentes utilisations propres aux systèmes de télévision par câble ou de vidéo-téléphone, on peut cependant donner un aperçu du type de services que pourrait offrir la société en temps réel. En les décrivant au présent, comme s'ils existaient déjà.

L'accès sélectif aux informations

N'importe quel abonné d'un service de télévision par câble bénéficie d'un tel avantage : il lui suffit de tourner le bouton donnant le choix entre quarante chaînes. Un autre service lui permet de communiquer, grâce à un téléphone à touches, avec l'ordinateur d'une station centrale et d'appeler sur un poste de télévision les informations ou les programmes de son choix.

De chez eux, les utilisateurs interrogent ainsi des banques de données dont le contenu est présenté sous forme visuelle (graphiques, photos, films). Ils disposent d'un accès instantané à des informations juridiques, administratives, financières, techniques, sportives. Ils compulsent des archives ou des documents rares, visitent des musées ou des expositions.

Des médecins et des ingénieurs, abonnés à des services de dissémination sélective des informations, sont avertis de la sortie de publications spécialisées. Un « journal sur mesure » correspondant au profil d'intérêt de l'abonné est délivré à son domicile. L'information devient ainsi plus utile, plus variée et plus individualisée.

La communication visuelle

La communication visuelle par vidéo-téléphone dépasse évidemment le simple amusement consistant à voir son interlocuteur sur l'écran. Des conférences se déroulent entre plusieurs personnes situées à des centaines de kilomètres. Des parents « visitent » des malades dans les hôpitaux, ou des détenus dans les prisons. Des étudiants suivent des conférences ou des cours particuliers. Des médecins examinent leurs malades tout en consultant leur dossier médical (radiographies, électrocardiogrammes ou encéphalogrammes, examens de tissus). Des avocats, des conseillers juridiques, financiers ou techniques travaillent avec leurs clients sur les mêmes dossiers. Des conversations privées s'engagent avec des conseillers psychologiques, conjugaux, de planning familial. Des entreprises réalisent une première interview de candidats à une situation. Des rédacteurs et des journalistes, des éditeurs et des auteurs travaillent à la mise en page et à la modification de textes.

Couplée aux ordinateurs, la gamme de services offerts par le réseau de communication visuelle peut s'étendre. Enseignement assisté par ordinateurs, tests, problèmes et exercices sont les supports d'un enseignement plus individualisé. La gestion en temps réel des comptes en banque est rendue nécessaire par suite de la mise en place progressive et de la généralisation des systèmes de paiement sans chèques et sans monnaie. L'ordinateur de la banque répond aux questions en affichant la réponse sur l'écran du téléviseur ou en « parlant » au téléphone.

La communication interpersonnelle : un brassage sélectif

Les informations sur les domaines les plus divers, et pour lesquels existent une offre et une demande, sont stockées en mémoire. Cette mémoire est remise à jour au fur et à mesure des communications avec les abonnés. Comme dans une sorte de service électronique de petites annonces, l'ordinateur compare les caractéristiques de chaque offre et de chaque demande et met les personnes en rapport. C'est le *computer matching*. Le mariage des idées, des situations, ou des intérêts.

Au lieu des contacts de masse, dépersonnalisés et inefficaces, ce brassage sélectif modifie la qualité des rapports sociaux. Car il accroît la probabilité de fécondation mutuelle des idées, la comparaison entre initiatives originales, la mobilité des hommes

et des idées. Avec des applications directes dans l'orientation scolaire, universitaire et professionnelle, dans les banques de l'emploi
connectant.plusieurs villes ou dans le transfert de technologies.

La mise en contact des personnes grâce au brassage sélectif
peut conduire également à un meilleur taux d'utilisation de biens
à usage collectif. Des personnes travaillant dans un même secteur et habitant des maisons voisines sont mises en relation, afin
qu'elles puissent utiliser la même voiture pour se rendre à leur
travail. Ces expériences de circulation concertée (*car pooling*)
connaissent des succès très divers suivant les régions, tant aux
États-Unis qu'en Europe. Mais les avantages de ce principe simple
sont évidents. Il peut être étendu à bien d'autres domaines.

Dans un avenir plus lointain, les utilisateurs du réseau auront
la possibilité de communiquer par l'intermédiaire de mémoires
décentralisées, mais accessibles à tous. On pourra y stocker des
publications, des offres, des suggestions. Chacun, pouvant explorer sélectivement et quand il le désire le contenu des banques de
données, sera mis en contact avec ceux dont les idées, les recherches ou les activités se rapprochent le plus de ses goûts.

La régulation des fonctions de la ville

Avec les réseaux interactifs, la ville se rapproche encore plus
d'un organisme vivant.

La ville câblée assure la protection des locaux contre le vol
et l'incendie : des détecteurs et des alarmes sont directement reliés
par le câble coaxial aux services de secours. Les services de l'électricité et du gaz relèvent les compteurs par interrogation directe.
Les services de police examinent à distance photographies de sus-
pects, empreintes digitales, véhicules et objets volés. Des détecteurs et caméras de télévision placés sur les routes et aux
carrefours envoient à des ordinateurs les informations servant
au contrôle en temps réel de la circulation urbaine et routière.
L'automation des feux de croisement, les détournements d'iti-
néraires, en cas de bouchons ou de mauvaises conditions météorologiques, assurent ainsi un meilleur écoulement du trafic. La
reconnaissance automatique des véhicules en déplacement dans
certaines zones permet la réponse à des demandes d'orientation,
ou le déclenchement des feux de croisement pour ouvrir le passage aux véhicules prioritaires.

On peut aller jusqu'aux systèmes de communication miniaturisés chers aux auteurs de science-fiction et aux futurologues.

Déjà les voitures privées peuvent être équipées de radios-téléphones. Dans plusieurs pays on met en service des systèmes de localisation de personnes, analogues aux bip-bip utilisés pour joindre des chirurgiens en cas d'urgence. Ces systèmes fonctionnent désormais non seulement à l'échelle de grandes organisations, mais à l'échelle d'une nation (*Nation Wide Paging Systems*). La communication interpersonnelle instantanée à l'aide d'un émetteur-récepteur miniaturisé est techniquement possible, et sur de grandes distances.

Le dialogue entre ordinateurs

Les réseaux d'ordinateurs se connectent les uns aux autres. Le réseau ARPA relie les ordinateurs de trente universités américaines grâce à des petits ordinateurs de traduction en temps réel. Véritables « ganglions » placés aux nœuds d'un réseau nerveux, ils assurent la traduction des messages, du langage d'un ordinateur dans un autre. Ce réseau s'étend maintenant aux ordinateurs européens, leur donnant virtuellement un accès instantané à toutes les bibliothèques de programmes spécialisés fonctionnant sur le campus des trente universités américaines.

La pratique du télé-conferencing, déjà assez répandue puisqu'elle est offerte comme service supplémentaire par des compagnies de téléphone, bénéficie de cette interconnexion des ordinateurs. L'institut pour le futur, aux États-Unis, a développé un système appelé FORUM, permettant à des experts de communiquer en temps réel ou en temps différé avec d'autres experts sur un sujet précis. Tout en bénéficiant des capacités de traitement des ordinateurs ou d'informations spécialisées renfermées dans des banques de données.

L'impact social des services « temps réel »

La possibilité de substitution des communications aux déplacements est depuis une dizaine d'années un des thèmes favoris des futurologues. Faire circuler les informations dans des fils, au lieu de faire circuler les personnes sur les routes, possède l'attrait de l'efficacité, de l'économie d'énergie et temps.

Mais très peu d'études ont été faites sur les relations entre les transports et les communications. Avec la crise de l'énergie, la question revient au premier plan de l'actualité. La réduction de la fréquence des déplacements professionnels ou des grandes migrations quotidiennes des citadins aurait non seulement l'avantage de diminuer la consommation de pétrole, mais aussi de réduire la pollution, le bruit et la nervosité des grandes villes. Même si cette substitution ne touche en fait que 18 % des déplacements en ville, comme le montrent des études réalisées en 1972, elle aurait cependant une grande influence sur les conditions de vie dans les grandes agglomérations.

Cela ne signifie pas, évidemment, que nous nous dirigeons vers une société dans laquelle les gens ne se déplaceront que pour leur plaisir et leurs loisirs. Certains métiers exigeront toujours un déplacement. On ne voit pas très bien un cuisinier préparant ses plats ou un coiffeur faisant une coupe de cheveux par un circuit fermé de télévision. De même qu'on ne peut pratiquer un sport, se bronzer ou respirer l'air de la forêt en utilisant un vidéo-téléphone. Heureusement. Mais pratiquement tout ce qui se fait dans un bureau : écrire, lire, dicter des notes et du courrier, téléphoner, assister à des réunions pourrait être accompli à partir de son domicile. Et le contact personnel ? Rien ne le remplace. C'est vrai. Mais rien n'empêche non plus de se déplacer pour aller voir un client, signer un accord, visiter une usine, évaluer des hommes.

Le gros des communications qui conditionnent la vie des entreprises passera de plus en plus par l'intermédiaire des réseaux de vidéo-téléphone, de télévision par câble et de téléconférences. Des calculs effectués par l'Université Cornell en 1973 et cités par Edward N. Dickson dans un rapport sur l'impact du vidéo-téléphone tentent d'évaluer les coûts comparés des déplacements et des communications électroniques.

En période de crise de l'énergie, ces comparaisons sont très intéressantes. Huit heures de voyage transatlantique en Boeing 747, dans le but d'une rencontre en tête à tête, dépensent huit fois plus d'énergie qu'une conversation de la même durée par vidéo-téléphone. Sur de plus courtes distances, l'énergie contenue dans cinq litres d'essence peut propulser une voiture pendant 50 km ou permettre 66 heures de conversation ininterrompue par vidéo-téléphone. Pour le moment, la substitution du vidéo-téléphone aux déplacements n'offre pas d'intérêt sur le plan économique. Mais, à long terme, les spécialistes des télécommunications sont d'accord sur le fait que ce sont les déplacements qui apparaîtront comme la solution la moins efficace et peut-être la plus coûteuse. Ce remplacement progressif de certaines formes de déplacement par les communications aura très probablement un effet profond sur l'organisation de grandes villes. Par suite de la décentralisation, les métropoles éclateront en communautés ressemblant à des villages dont les habitants pourront travailler de chez eux. Cette évolution conduira à la naissance d'une « nouvelle société rurale ».

La société en temps réel verra l'explosion des moyens d'enseignement. Le brassage sélectif et la communication interpersonnelle faciliteront l'enseignement à tous les âges de la vie et à tous les niveaux de la société.

Les réseaux interactifs catalyseront un autre développement explosif : celui des activités de services. La civilisation industrielle s'est construite sur les principes de la production de masse. La civilisation informationnelle qui s'implante reposera au contraire sur la production sélective et la déstandardisation. Le succès des produits fabriqués par des artisans, ou le nombre de revues traitant de domaines spécialisés, ne touchant que des petits groupes de lecteurs, en sont les signes avant-coureurs. La mise en contact et le rapprochement des individus par les communications visuelles conduiront à la création d'une multitude de services nouveaux. Accélérant la « dématérialisation » de l'économie qui est déjà en cours [1].

3. La rétroaction sociale

Un des avantages les plus importants des nouveaux systèmes électroniques d'information est d'offrir une possibilité de *retour* des informations vers les centres de décision. Sans boucle de retour, il ne peut y avoir de participation efficace. Et à plus forte raison de société interactive.

1. Cette description, volontairement futuriste, des services « temps réel » a cherché à montrer vers quoi pourrait nous conduire le développement explosif des télécommunications et de l'informatique. Mais il faut également se situer par rapport à l'autre position extrême, partagée par des sociologues ou des architectes comme Yona Friedman : toute communication globale est impossible en raison de la taille critique des groupes. Nous allons vers un « monde pauvre », fragmenté en une multitude de petites communautés, entretenant des communications réduites à leur minimum.

Le retour des informations, à tous les niveaux de l'organisation sociale (entreprises, municipalités, régions, États), représente une boucle globale de contrôle cybernétique que j'appelle *la rétroaction sociale*.

Sans boucles de régulation, un système social à « commande directe » n'est rien d'autre qu'une dictature. C'est avec la mise en place de boucles de régulation que le système peut évoluer vers la démocratie. Mais, aujourd'hui, l'efficacité des systèmes de régulation ou de participation traditionnels, et surtout la longueur de leur temps de réponse, ne correspondent plus aux exigences d'une société en accélération.

Les moyens de la participation et le déséquilibre des pouvoirs

Les plus anciennes formes de rétroaction sociale sont probablement les applaudissements ou les huées d'une foule. Mais la plus largement utilisée est évidemment le vote. Chacun connaît cependant ses limites et ses faiblesses : participation discontinue, délais dans le dépouillement, simplification excessive des choix, incapacité à traduire les *intensités* des opinions individuelles. Malgré ces imperfections, le vote reste le fondement de la participation dans les sociétés démocratiques. Il existe pourtant d'autres formes de rétroaction sociale.

Le prix des biens et des services dans un marché est le support d'une sorte de vote permanent, représenté par les multitudes de transactions simultanées entre vendeur et acheteur. Par son achat, un consommateur traduit un choix, comme dans un vote. L'efficacité du boycott de certains produits ou les restrictions volontaires d'achats en périodes de crise illustrent l'effet « macroscopique » d'une foule d'actions individuelles.

La bourse des valeurs représente également un système de participation en temps réel. Tout ordre d'achat ou de vente est une sorte de vote permanent qui modifie la valeur des cours et détermine profondément le fonctionnement de nombreuses entreprises, d'organismes financiers et, par contrecoup, d'une multitude de travailleurs.

Depuis longtemps, dirigeants politiques, chefs syndicaux, chefs d'entreprise, directeurs de journaux, réalisateurs de programmes de télévision ou directeurs d'agences de publicité cherchent à savoir ce que pensent les gens, à prévoir les réactions de la « masse », à répondre aux besoins et aux désirs des citoyens. La

« boîte à idées » que des chefs d'entreprise placent dans les cantines de leur compagnie, les « lettres à l'éditeur » publiées par les journaux, les opérations « portes ouvertes » dans les grandes entreprises, ou la fonction de « médiateur » créée par le gouvernement, représentent des tentatives limitées mais significatives pour faire « remonter » les informations. Et traduire ainsi au plus haut niveau la réponse des citoyens, des consommateurs ou des employés aux mesures et aux programmes dont ils sont l'objet.

Mais ces canaux très rudimentaires de rétroaction sociale restent dérisoires devant la puissance des systèmes d'information descendante, et particulièrement de la télévision et de la publicité. Parler de communication dans ce cas, sous prétexte que le récepteur a « compris le message », est un abus de langage. Il ne peut y avoir de communication véritable sans *retour* des informations, et donc sans interaction avec la source.

Inondés sous des flots d'informations descendantes, les citoyens sont condamnés au rôle d'observateurs passifs. Le sentiment de frustration qu'ils ressentent résulte du déséquilibre entre l'efficacité éducative indiscutable des moyens de communication et la faible efficacité des canaux de retour permettant à chacun d'exprimer son opinion, ou de participer pleinement au fonctionnement de la société dans laquelle il vit.

Il se crée aussi un déséquilibre entre deux nouvelles classes sociales : les « riches en informations », et les « pauvres en informations ». Ce fossé risquant d'ailleurs de se creuser davantage avec le coût d'utilisation des réseaux interactifs en temps réel.

La prolifération explosive et incontrôlée des media a donc créé une situation anarchique. Une nouvelle forme de pollution par l'information et un malaise profond chez tous ceux qui subissent l'information sans avoir les moyens de la contrôler.

Le renversement des pouvoirs

On assiste aujourd'hui, en raison surtout de la contestation permanente et des pressions exercées par les jeunes générations, à un renversement de tendance. On perçoit, chez les étudiants de nombreux pays, la montée d'un puissant sentiment anti-bureaucratique et anti-élitiste. La dénonciation immédiate de toute forme de centralisation excessive des pouvoirs. Une guerre secrète contre l'influence de ce qu'Ivan Illich appelle les « monopoles radicaux » : systèmes éducatifs, de santé, d'information, de distraction, de transports, de loisirs organisés.

Mais ce sentiment ne s'exprime pas seulement dans des meetings ou dans la presse *underground*. Il se traduit dans une foule d'initiatives :

— On assiste à un accroissement des pressions exercées par les citoyens dans le but de faire passer des lois et des réglementations limitant les pouvoirs de certaines organisations tout en les rendant plus « transparentes » au public. La montée d'un quatrième pouvoir (après l'exécutif, le législatif et le judiciaire), représenté par la presse, dans l'affaire du Watergate aux États-Unis, est le signe d'une grande volonté de rééquilibrer les pouvoirs. Pour éviter que des informations cachées à la nation puissent être contrôlées et utilisées à des fins partisanes.

— La lutte pour la protection de la vie privée, contre toutes les formes d'écoutes téléphoniques ou tout fichier central sur ordinateur, témoigne elle aussi d'une volonté de réajustement des rapports de forces, entre ceux qui détiennent le pouvoir de centraliser et de stocker des informations, et les citoyens qui font l'objet de cette mise sur fichiers électroniques.

— Les enquêtes et les publications de Ralph Nader et de ses *raiders* ont montré la nécessité d'un contrôle rigoureux d'organismes publics et d'agences gouvernementales spécialisées, exerçant un pouvoir de monopole dans certains secteurs de la vie quotidienne des individus (tels que l'alimentation, la santé, l'éducation, les transports). Dans le cas de la Food and Drug Administration (FDA) et de la Federal Trade Commission (FTC), ces enquêtes ont fait ressortir les profondes implications des mesures prises dans la hâte ou sous les pressions de groupes industriels.

— La montée du *consumerism* et le renforcement du rôle des associations de consommateurs, de parents d'élèves, de comités de quartiers, ou des associations de défense de la nature, contribuent à faire entendre la voix, jusqu'ici négligée, de groupes sociaux jouant un rôle déterminant dans la vie du pays.

— Les grandes manifestations et rassemblements d'étudiants, les marches de protestation, les *sit-in* réalisés en face des caméras de télévision sont évidemment des formes directes de rétroaction sociale dont il ne faut pas sous-estimer les répercussions.

— Aux États-Unis, la création de centres communautaires d'échange d'information (*Community Information Exchange Centers*), disséminés dans les petites villes ou dans les quartiers de grandes agglomérations, servent à mettre en contact des personnes sur les thèmes les plus divers : éducation mutuelle, conseils familiaux ou professionnels, centres antidrogue, pratique de hobby, groupes philosophiques ou religieux, protection de la nature. De tels centres sont également utilisés comme centres de tri pour la séparation des ordures ménagères, le recyclage, la récupération.

— Enfin, on connaît la discipline avec laquelle les Américains se prêtent aux référendums locaux organisés au moment des grandes consultations nationales. Ils sont interrogés et amenés à se prononcer sur des sujets tels que la législation de la marijuana ou de l'avortement, la réforme de programmes éducatifs, la construction d'autoroutes, la rénovation de quartiers, ou des programmes de développement régionaux.

Ces types de pressions sociales, couplés aux possibilités offertes par les nouveaux réseaux de communication interactive, vont ouvrir des millions de voies et canaux d'expression. Ils permettront peu à peu de renverser et de rééquilibrer les flux d'information à tous niveaux de l'organisation sociale.

Le rôle des media : la participation électronique

Les media ont été prompts à percevoir la montée du malaise résultant de « l'écart au pouvoir » des citoyens. Par leurs initiatives, ils ont largement contribué à la mise en place de nouveaux systèmes de rétroaction sociale. Il semble que ce soient d'abord les chaînes de radio et de télévision, puis les compagnies de télévision par câble qui, les premières, ont réalisé le potentiel social (et commercial) de la forme toute neuve de participation de masse offerte par l'électronique.

Les toutes premières expériences permettant à une réponse collective de s'exprimer par la radio et la télévision ont aussi leur histoire. Il y a quelques années, le directeur d'une grande chaîne de télévision américaine racontait à la presse l'anecdote suivante : les ingénieurs de la ville de New York, chargés de la distribution de l'eau, étaient rendus très perplexes par des cycles réguliers dans la consommation se produisant tous les quarts d'heure et atteignant des amplitudes extrêmement fortes pendant de courts instants.

A l'issue de leur enquête, ils s'aperçurent que ces cycles correspondaient exactement à la période des messages publicitaires diffusés en même temps par toutes les principales chaînes de télévision. Résultat : les téléspectateurs profitaient de ces quelques instants de répit pour aller boire un verre d'eau ou faire un tour à la salle de bains.

Deux expériences de sondage en temps réel réalisées à la télévision française, il y a quelques années, méritent d'être signalées. Une équipe de professionnels de la télévision proposa d'interroger les habitants de Sarcelles, considérée comme un modèle de « cité-dortoir », sur les problèmes de la vie dans les grands ensembles. Pour obtenir une réponse collective instantanée, les réalisateurs placèrent leurs caméras la nuit sur des hauteurs entourant la ville, d'où les milliers de fenêtres illuminées étaient visibles. Ils demandèrent aux téléspectateurs regardant le programme (environ 70 % des habitants de la ville) d'éteindre les lumières de leur appartement au début de l'émission, mais de ne les rallumer que s'ils désiraient répondre affirmativement aux questions qui leur étaient posées. La vision de ces milliers de lumières s'allumant instantanément en réponse aux questions de l'animateur a passionné tous ceux qui eurent l'occasion de participer à cette expérience.

Cette idée a été reprise par la télévision à l'occasion d'une collecte publique organisée par la Fondation française pour la recherche médicale. Tout le monde s'en souvient. A la meilleure heure d'écoute, un présentateur, parlant au nom de la Fondation, demanda aux Français s'ils voulaient participer à un effort en faveur de la recherche biomédicale en achetant une « action de vie ». Pour estimer le nombre de téléspectateurs intéressés par cet appel, le présentateur demanda à chaque personne désireuse d'y participer d'éteindre son téléviseur pendant une minute. La baisse de tension enregistrée par l'Électricité de France et transmise aux ordinateurs permit de calculer le nombre de personnes qui avaient effectivement éteint leur poste pendant une minute, puis de donner le résultat sur l'antenne : 3 800 000 téléspectateurs. A l'appel des organisateurs, chacun se rendit alors dans les mairies, pour y acheter des « actions de vie ». Plus de vingt millions de francs furent ainsi collectés en quelques heures.

Ce type d'appel au public est très discutable et a été diversement accueilli dans l'opinion. Il ne s'agit pas de poursuivre ici la controverse, mais d'illustrer la possibilité d'une rétroaction sociale à grande échelle.

Des stations de radio dans de nombreux pays permettent aujourd'hui l'appel des auditeurs lors d'émissions débats. Aux États-Unis, des chaînes consacrent la quasi-totalité de leurs heures d'antenne à des conversations avec les auditeurs. C'est la *person-to-person* radio. En France, des émissions de radio et de télévision au cours desquelles les auditeurs ou les téléspectateurs peuvent donner en direct leur opinion, ou offrir leur assistance, connaissent un grand succès. Des chaînes de télévision américaine et allemande ont inauguré depuis plusieurs années des séries d'émissions « participatives ». Les téléspectateurs, en réponse à une question d'actualité pour laquelle il est possible de répondre par oui ou par non, appellent deux numéros de téléphone différents. Ces numéros correspondent, l'un aux réponses affirmatives, l'autre aux réponses négatives. Les appels sont comptabilisés et les résultats donnés rapidement à l'antenne.

Des systèmes plus perfectionnés de rétroaction sociale sont actuellement expérimentés aux États-Unis. Ils vont du terminal installé chez chaque individu et lui permettant de donner son avis en appuyant sur un bouton, aux formulaires de sondage permanent d'opinions, placés dans les quotidiens ou les hebdomadaires. Ces formulaires contiennent des cases correspondant aux questions posées. Les lecteurs cochent les cases suivant leurs réponses. Ces formulaires sont ensuite lus et dépouillés par ordinateur et les résultats publiés dès le numéro suivant. Des terminaux d'ordinateur ont été installés dans des lieux publics et des supermarchés, afin de renseigner des compagnies industrielles sur les réactions des consommateurs à tel nouveau produit.

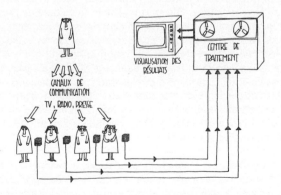

Des compagnies de télévision par câble expérimentent actuellement plusieurs types de systèmes interactifs. Certains appelés *suscriber response systems* (SRS) permettent à un seul ordinateur de collecter des informations provenant des terminaux de 10 000 abonnés en moins de deux secondes. Dans la ville de South Orange, dans le New Jersey, 4 000 abonnés à un système de télévision par câble participent à des sondages sur les programmes et sur leur qualité. La Mitre Corporation a conduit une expérience dans la ville de Reston en Virginie, dans laquelle les abonnés sélectionnent les programmes de leur choix et communiquent entre eux grâce à leur « adresse » individuelle stockée dans l'ordinateur.

La grande presse n'a pas encore participé à des opérations de rétroaction sociale de grande envergure sauf évidemment par la publication des sondages d'opinion. La publication par la presse des sondages est une pratique bien connue remontant à la fin de la guerre. Sorte de miroir social, elle renvoie à la population d'un pays l'image figée de ses prises de position et de ses choix sur les sujets les plus divers.

Les expériences de rétroaction sociale réalisées à ce jour soulignent toutes un point important, corroboré par d'autres enquêtes faites, notamment, sur des systèmes éducatifs utilisant des classes équipées pour une réponse collective des élèves : une rétroaction collective n'est valable pour chaque participant que si celui-ci reçoit en temps réel les *résultats de l'ensemble des autres participants*. Les élèves, par exemple, déclarent que cela fait une grande différence de se tromper avec 80 % de la classe ou tout seul. Et qu'en tous les cas, ils aimeraient bien le savoir. La rétroaction sociale semble ainsi renforcer la volonté de participation : on veut en savoir plus long et apprendre par les réponses des autres, puisqu'on se préoccupe de ce que les autres ont dit et de la manière dont ils ont répondu.

Ce qui est également frappant dans ce genre d'expérience, c'est le sentiment de complicité qui relie et intègre les éléments de la collectivité participant à une consultation à grande échelle : chacun a l'impression d'agir dans une dimension nouvelle, de participer efficacement à quelque chose de plus grand que lui et qui le rapproche de ses semblables.

L'intensité d'une rétroaction sociale en temps réel constituée par des milliers, voire des millions d'appels individuels, a quelque chose de fascinant et d'inquiétant à la fois, comme une force sauvage encore mal connue et mal utilisée, mais laissant présager un nouvel équilibre du pouvoir et du contrôle.

Les problèmes de la représentation

Quand on parle du rôle possible des télécommunications et de l'informatique dans ces formes diverses de réponses collectives et simultanées que j'appelle la rétroaction sociale, on évoque aussitôt dans beaucoup d'esprits deux images futuristes aussi caricaturales l'une que l'autre. La première est celle d'un « référendum électronique permanent », auquel seraient soumis les citoyens sur les sujets les plus divers. La seconde, celle d'un ordinateur géant relié à chaque électeur, et remplaçant ministres et députés dans leurs rôles de coordinateurs et de planificateurs de la vie économique et sociale du pays !

Ces deux éventualités sont évidemment aussi absurdes qu'irréalisables. De tels systèmes supposeraient, pour avoir la moindre efficacité, des citoyens à ce point informés des problèmes sur lesquels ils donnent leur opinion, que la majeure partie de leur temps se passerait à collecter, traiter et comparer les informations nécessaires à leurs décisions. Sans pouvoir aspirer à d'autres activités.

Heureusement, l'électronique n'est pas prête à faire de chaque salle de séjour un des centres du gouvernement. Par ailleurs, cette forme de vote en continu et à l'échelle de la nation, même si elle était réalisable, serait particulièrement dangereuse. La réponse immédiate de millions de citoyens aux questions que le chef de l'État pouvait leur poser en direct sur le petit écran fait penser à un « court-circuit ». Avec l'énorme déperdition d'énergie qui en résulte. L'information remontant en un instant du bas de la pyramide sociale à son sommet aurait le même effet paralysant qu'une sorte d'électrocution sociale.

Il faut en effet tenir compte plus que jamais des *délais de réponse* propres aux systèmes sociaux. De la hiérarchie des niveaux permettant aux corps intermédiaires et aux organismes représentatifs de jouer leur rôle de courroies de transmission. L'absence de frottements, de délais, de contraintes peut conduire à des oscillations extrêmement dangereuses, auto-amplifiées, comme le montrent les études réalisées sur les servomécanismes. Les filtrages, les effets tampons, le désordre même, introduits par les interactions entre les individus, protègent le système social et lui laissent le temps de s'adapter à des changements rapides et à des situations nouvelles. Ils ont aussi pour effet d'adoucir l'amplitude des réponses, d'éliminer le « bruit » et d'extraire ainsi, sur une durée plus longue, les informations et les tendances significatives.

Un système participatif efficace doit faire également entrer en ligne de compte non seulement les réponses des gens, mais l'*intensité* de cette réponse. Une réponse est vide sans la dimension que lui confère l'intensité. On réalise à quel point il est difficile de modérer l'effet des réactions affectives ou passionnées d'une masse d'individus peu informés des détails de la situation pour laquelle ils sont consultés. Et tout en valorisant l'intensité des réponses des minorités.

Au lieu de « référendums électroniques » nationaux, il faut au contraire des systèmes de participation décentralisés permettant le contrôle et la planification en continu, à un niveau local (quartier, entreprise, ville, département, région), des activités économiques et sociales. L'organisme humain et les systèmes biologiques en général nous offrent de nombreux modèles de régulation décentralisée des équilibres. Une telle décentralisation refait donc passer au premier plan la fonction de *représentation*.

Le représentant (élu local, député, syndicaliste, administrateur) n'a pas besoin de toute l'information disponible sur un sujet donné. Il ne peut être à la fois un institut de sondage, une banque de données et un émetteur-récepteur décodant et transmettant fidèlement les messages provenant de ceux qu'il représente. Le représentant peut sélectionner, déformer, amplifier, ou cacher des informations pour poursuivre des fins personnelles. Plus qu'un transmetteur parfait d'information, il est le créateur d'une forme nouvelle d'information, un acteur essentiel dans le système participatif pris dans son ensemble.

De ce jeu subtil de transactions, de filtrage, de négociations, naît la fonction de représentation, qui émerge à un niveau « macroscopique » comme toute propriété systémique. La question n'est donc pas de savoir s'il faut se débarrasser des représentants, considérés comme « dépassés » sur le plan technologique par la révolution des communications. Elle est de savoir comment utiliser au mieux les systèmes interactifs de participation (électronique ou non), à tous les niveaux d'organisation, pour *renforcer* la fonction de représentation et surtout pour rééquilibrer les pouvoirs entre représentants, représentés et dirigeants.

Malgré cela on ne voit pas bien quels moyens électroniques pourraient assister efficacement les corps constitués, les groupes de pressions, les lobbies, les syndicats, les associations de consommateurs, les comités d'entreprise ou les conseils municipaux. Mais on peut tenter de renforcer le rôle des représentants en leur donnant accès à une sorte de « service d'expertise » neutre et objectif, représenté par des systèmes électroniques de participation interactive reliés aux citoyens.

Ces systèmes participatifs conçus pour des environnements particuliers joueront des rôles de plus en plus importants dans les municipalités, les organisations internationales, les grands symposiums. Des installations de « référendum permanent » permettant de moduler ses réponses au lieu de répondre simplement par oui ou par non, sont expérimentées dans plusieurs pays[1].

De tels systèmes se mettront en place tout d'abord dans des organisations localisées. Ils s'étendront par interconnexions successives à l'ensemble des grands secteurs professionnels. Puis, géographiquement, à des régions entières. Leur premier impact se fera probablement sentir dans les entreprises.

A l'encontre de ce que préconisent les théories classiques de management, il faudra être de plus en plus attentif aux flux d'informations qui remontent de la base vers les centres de décision. Personne en effet ne peut mieux connaître un problème que celui qui en est le plus rapproché. Aux États-Unis et en Europe, le PDG se flatte de décider vite. Mais combien de temps faut-il pour faire appliquer des décisions qui viennent « d'en haut » ? Au Japon, au contraire, la prise de décision est lente, car chacun y participe, mais une fois la décision prise, sa mise en œuvre est immédiate.

Les avantages et les dangers de la société en temps réel

L'accès instantané aux informations et les systèmes électroniques de participation en temps réel offrent un grand espoir : celui d'une transition vers une société plus juste et plus humaine. Mais ils représentent en même temps une des plus graves menaces qui aient jamais pesé sur l'humanité. Jamais, en effet, les risques de concentration du pouvoir entre quelques mains n'auront été plus élevés. Jamais non plus les chances de rapprochement et de désaliénation des citoyens n'auront été plus grandes.

1. On en verra quelques exemples dans le chapitre consacré à l'éducation p. 306.

La redistribution du pouvoir que permet l'information autorise une participation plus consciente des individus au fonctionnement global de la société, à ses grandes options, à la régulation des équilibres. La boucle de rétroaction sociale, envisagée au niveau d'observation du macroscope, peut être, à très long terme, un des éléments prédominants de la régulation du métabolisme de la société : contrôle de la consommation d'énergie, contrôle du taux de croissance, ajustement de la production aux besoins, contrôle de la production de déchets, contrôle des cycles de récupération et de recyclage.

Au plus fort de la « crise de l'énergie », l'opinion publique a été frappée par l'ampleur des résultats obtenus en quelques semaines et à l'échelle de l'économie d'un pays, à la suite des restrictions de circulation ou du réglage des thermostats. Chacun découvre ainsi, par leurs effets en retour, la puissance des mouvements collectifs coordonnés et synchronisés en fonction d'un but précis. La grande différence avec d'autres mouvements analogues que l'histoire a bien connus (guerres, dictature fasciste ou totalitaire) est que, pour la première fois, de tels mouvements pourraient être coordonnés par les citoyens eux-mêmes et dans leur propre intérêt.

La rétroaction sociale permet de répondre à des besoins, à une demande. De s'adapter à un environnement en évolution rapide, de précéder et d'utiliser l'événement comme facteur d'évolution, au lieu de gouverner par crises successives. Les grands organismes de presse, les chaînes de télévision pourront mieux orienter leurs produits et leurs programmes. De manière à répondre aux aspirations du public. Tout en continuant, par un dialogue ouvert avec lui, à élever son niveau de connaissances.

Mais la démocratie « en temps réel » ne présente pas que des avantages ; elle peut, si elle est mal dirigée et contrôlée, conduire à la pire des dictatures. En effet, une société plus sensible, plus interactive, dépendant de systèmes de régulation très complexes, devient encore plus vulnérable à la destruction et aux distorsions de toutes sortes. Comme n'importe quel organisme vivant très différencié. Quelles garanties va-t-on offrir à la population pour lui assurer que les réseaux interactifs ne serviront pas les intérêts de petits groupes politiques ou industriels, mais bien ceux du public ? Il est très facile de fausser ou de remanier les données résultant d'un sondage en temps réel, par la sélection de critères modifiant le traitement sur ordinateurs et l'affichage des données.

Le coût d'installation des systèmes électroniques d'accès instantané aux informations pourrait être si élevé que seules quelques grandes entreprises auraient les moyens de les développer, de les utiliser ou de les contrôler dans leur seul intérêt. La rétroaction sociale, à quelque niveau qu'elle se manifeste, n'a évidemment de valeur et d'intérêt que si elle émane de *tous* les individus concernés. Pourrait-on imaginer, dans le cas où le coût des terminaux serait très élevé ou les délais d'installation trop longs, des citoyens privés de leur «droit de vote», alors que d'autres, plus aisés, seraient favorisés? Une fois de plus, la participation décentralisée à plusieurs niveaux hiérarchiques s'impose, et dans le cadre d'un service public dont pourraient bénéficier tous les citoyens.

Les dangers de manipulation des flux d'informations remontant vers les centres de décision, ou les dangers d'atteinte à la vie privée par la création de banques de données sur les citoyens, sont évidents. Un réseau d'information relié à des ordinateurs et interrogeant en permanence des terminaux placés chez les particuliers afin de connaître leurs questions ou leurs goûts, pourrait servir de base à un gigantesque fichier électronique sur les individus. Le fantôme du *big brother* décrit par Orwell dans *1984* se profile au fur et à mesure de la centralisation électronique des données.

Les problèmes politiques posés par la rétroaction sociale sont encore très peu étudiés. J'ai parlé du rôle des représentants. Mais, à un autre niveau, comment instaurer un contrôle permanent par les citoyens, des groupes ou des organismes chargés de la programmation des ordinateurs et du maintien des réseaux? Comment contrôler la manière dont les questions seront posées? Problème particulièrement délicat quand on connaît l'influence de la formulation des questions sur le choix des personnes interrogées. Comment se protéger contre des réactions affectives passagères? Comment respecter les temps de maturation nécessaires et les délais inhérents aux systèmes sociaux? On connaît mal les temps de réponse de ces systèmes. Les effets cumulés d'une série de stimuli en apparence insignifiants, repris par les media, sont capables de créer un climat de tension ou d'hystérie collective. Un système électronique de participation pourrait amplifier de telles réactions par rétroaction positive et conduire à des comportements collectifs catastrophiques.

Toute une science de la dynamique des systèmes sociaux complexes reste à établir. Parviendrons-nous, dans le respect des

libertés individuelles, à mettre en place les mécanismes cybernétiques de régulation en temps réel qui font si cruellement défaut
à nos systèmes sociaux alors qu'ils constituent le fondement des
systèmes biologiques ?

5

Le temps et l'évolution

Tout est lié au temps. Même le sens profond des mots. Une vision qui se veut globale de la nature et de la société ne saurait donc laisser de côté cet immense problème : il détermine jusqu'à notre manière de penser.

La notion de temps et surtout la notion d'irréversibilité sont aujourd'hui au centre d'un grand courant de pensée. Un courant scientifique et philosophique qui cherche à intégrer, en une représentation cohérente de la nature, l'acquis de la thermodynamique, de la théorie de l'information, de la cybernétique et de la biologie.

Le « chronocentrisme »

L'opposition entre un temps « physique », sorte de cadre de référence extérieur aux événements et aux phénomènes, et un temps « psychologique », riche de la densité du vécu, se révèle dans le langage quotidien comme dans celui des sciences de l'organisation ou de l'informatique. On parle de temps gagné ou perdu. De temps partagé et de temps réel. De temps libre et de pénurie de temps.

Mais, au-delà de l'opposition entre temps physique et temps psychologique, une question fondamentale se pose : une grande part de nos incompréhensions ou de nos points de vue irréconciliables ne proviendraient-ils pas de l'emploi de concepts fortement « polarisés » par une référence implicite à un sens privilégié de l'écoulement du temps ? Ces concepts sont chargés d'un contenu affectif tout à fait différent selon qu'on se réfère inconsciemment à une flèche du temps pointant vers l'entropie ou, au contraire, vers l'organisation. Selon qu'on s'appuie sur une explication causale (« poussée » par le passé) ou finale (« tirée » par le futur). Peut-être pourrait-on ainsi expliquer les conflits irréductibles qui naissent dès que le terrain de discussion est celui de l'évolution ? Entre déterministes et finalistes, par exemple, ou, plus généralement, entre matérialistes et spiritualistes ?

Pour tenter de dépasser de tels conflits, il nous faudra d'abord nous dégager de ce que j'appellerai notre « chronocentrisme ». Terme un peu étrange, j'en conviens, mais introduit ici par rapport à deux autres mieux connus : géocentrisme et anthropocentrisme. Que signifie-t-il ?

Grâce aux théories de Copernic et de Galilée, nous avons réussi à nous évader progressivement de notre géocentrisme. Notion étouffante : la terre, centre du monde. Mais tout aussi difficile fut l'évasion hors de l'anthropocentrisme sécurisant qui nous plaçait d'emblée au centre du règne vivant. Grâce à la théorie de l'évolution, l'homme redevient une espèce parmi des milliers d'autres.

Mais le seuil le plus délicat reste encore à franchir. Nous sommes enfermés dans la prison du temps et dans la prison des mots. Notre logique, nos raisonnements, nos modèles et nos représentations du monde restent désespérément teintés de « chronocentrisme ». Comme jadis d'anthropocentrisme et de géocentrisme. A cause de ce chronocentrisme naissent des conflits qui paralysent la pensée. Peut-on s'en libérer ?

Il est difficile et dangereux de s'attaquer à la notion de temps. Chacun sent au plus profond de lui-même qu'il faut lutter farouchement, pied à pied, pour conserver au moins cette notion-là. Pour continuer à se laisser guider par ce fil vital auquel on se raccroche comme s'il maintenait tout le reste de l'univers. Le casser serait risquer de défaire, maille par maille, le filet patiemment tissé par les générations qui nous ont précédés, la trame sur laquelle s'imprime le passé et se construit le futur.

Il faut pourtant tenter de tirer doucement sur ce fil pour voir où il mène, et s'il ne forme pas une boucle fermée. Regarder le monde *au macroscope*, c'est tenter de percevoir, au-delà des détails, les grands principes qui nous relient à l'univers. Sans cette tentative pour sortir du tunnel dans lequel la flèche du temps nous a forcés à entrer, il ne peut y avoir de dialogue constructif entre l'objectif et le subjectif, entre l'observation et l'action.

1. Connaissance du temps

Comment naît la notion de temps?

A partir de nos sensations, nous projetons sur l'univers la « réalité » de la terre ferme, de l'espace géométrique, du temps qui coule. La plupart des grandes lois de la physique dérivent de l'interprétation des informations communiquées (directement ou indirectement) par l'œil et le muscle, puis stockées dans la mémoire.

L'œil est un instrument particulièrement bien adapté à reconnaître les formes, à détecter les changements, à percevoir un *mouvement*. Le muscle permet d'évaluer et de comparer des poids, des efforts. Il conduit à traduire les relations avec le monde extérieur en termes de *forces*. La mémoire accumule et concentre le temps dont l'écoulement s'inscrit dans la trame de notre conscience.

Nous sommes habitués à décrire les événements en utilisant quatre coordonnées : les trois coordonnées d'espace (« où l'événement s'est-il produit ? »), et une coordonnée de temps (« quand s'est-il produit ? »). De même qu'il nous semble impossible de concevoir le monde extérieur sans faire appel à ses propriétés géométriques, nous ne pouvons le décrire sans nous référer à l'écoulement du temps. Mais d'où vient la notion d'*avant* et d'*après* ?

Mémorisation et prévision flèchent le temps du passé (avant) vers le futur (après). Ces deux modes de fonctionnement de la conscience sont perçus comme différents, dissymétriques. Nous savons que nous pouvons *agir* sur le futur mais pas sur le passé. Nous avons le sentiment de pouvoir *connaître* le passé (à la limite dans tous ses détails), tandis que le futur nous apparaît enveloppé de l'incertitude de l'aléatoire, du virtuel, du possible.

Lorsque la bande de papier de l'enregistreur sur lequel s'inscrit la trace du balancier d'une horloge est arrêtée, on ne voit

qu'un trait continu. Si l'on met la bande en route, le trait se transforme en une sinusoïde. Pour le balancier de l'horloge, il n'y a
pas de succession dans le temps. C'est notre conscience qui *déve-*
loppe la durée et enregistre les informations passées comme le
fait la bande de papier. Il apparaît ainsi une succession de crêtes
que l'on peut numéroter. En décidant que l'une est avant et l'autre
après, la conscience peut établir une *chronologie* des événements.

En même temps que les notions de force, de mouvement et
d'« avant-après », apparaissent également deux notions irréductibles l'une à l'autre : celle de *continu* et de *discontinu*.

Nous avons la sensation du mouvement en observant un mobile
qui décrit une trajectoire ; en regardant une route dont le ruban
défile sous les roues d'une voiture ; ou en contemplant un flux
de liquide qui s'écoule en un jet continu. Mais si nous voulons
fixer notre attention, ne serait-ce qu'un instant, sur la position
du mobile, une des pierres de la route ou l'une des gouttes du
jet, cette concentration sur le discontinu fait disparaître aussitôt la sensation de mouvement. On ne peut « mettre au point »
à la fois sur le continu et sur le discontinu. C'est pour cela que
le flux du temps est perçu tantôt comme une *durée* et tantôt
comme une succession d'*instants*.

L'intelligence s'est habituée à découper, dans la continuité,
des instants ou des objets aux formes déterminées. A la différence de l'intuition qui est le *sens du mouvement*, selon l'expression de Bergson, l'intelligence fige ce qu'elle isole du flux de la
durée. Sa démarche étant analytique, l'intelligence ne peut
comprendre les mouvements, ou les flux, autrement que comme
une succession de positions immobiles juxtaposées.

Cette limitation de notre perception de la nature a une très
grande portée. Elle se trouve par exemple à la racine des dis-
tinctions entre flux et états (illustrée p. 113 par les variables de
flux et les variables d'états), ou entre aspect ondulatoire ou cor-
pusculaire d'une particule fondamentale. C'est pour surmonter
de telles dichotomies que l'on a introduit la notion de *complé-*
mentarité : chaque entité de la nature doit être conçue *à la fois*
sous son aspect continu et sous son aspect discontinu.

L'évolution des idées sur le problème du temps

Un court historique retraçant les différentes conceptions
du temps dans la pensée scientifique et philosophique per-

mettra de dégager les voies ouvertes par les théories modernes.

La notion de temps est-elle une donnée objective, indépendante des consciences qui observent l'univers ? Ou bien prend-elle sa source dans l'adaptation rigoureuse des êtres vivants aux conditions de l'univers ?

Le temps selon Aristote. Pour mesurer l'écoulement du temps, on le rapporte, par le mouvement, à l'espace. Pour Aristote : « Le temps est le nombre du mouvement. » On divise donc l'espace en autant de graduations que l'on relie, soit par le mouvement de l'ombre d'un cadran solaire, soit plus tard par le mouvement des aiguilles d'une horloge. De la même manière, une route peut être divisée en sections de longueur égale (matérialisées par les bornes) et reliées par le mouvement d'un véhicule. Ce qui revient à mesurer le temps par la vitesse régulière d'un mobile.

Le temps selon Newton. Il s'identifie avec la recherche d'un temps « objectif » extérieur aux phénomènes. D'un flux de temps qui s'écoulerait dans l'univers de son mouvement propre. Mais en posant à la base de sa mécanique la notion de *temps universel*, Newton est conduit inévitablement au principe de l'*espace absolu*, d'après lequel chaque place, chaque position est identique à une autre en tout point de l'univers. Pour Newton, il doit exister des axes de référence privilégiés « absolument immobiles » permettant de décrire l'univers et les processus qui s'y déroulent [1].

Le temps irréversible de Carnot et de Clausius. La thermodynamique issue des travaux de Sadi Carnot (1824) et de Clausius (1865) ne fait plus un appel explicite à la notion d'espace, mais à la notion de temps. Elle parle de *transformation* et non plus de mouvement. L'irréversibilité n'existe pas au niveau microscopique, dans les systèmes simples et homogènes qu'étudie la physique classique. Les lois de la physique tiennent évidemment compte de l'écoulement du temps mais non de son signe. Un temps positif ou négatif semble jouer le même rôle. Si l'on changeait t en -t, le monde serait bien étrange mais il n'y aurait aucun conflit fondamental avec les lois de la physique. C'est seulement

1. L'illusion newtonienne d'un temps des choses, d'un temps absolu, fut âprement défendue par Samuel Clarke dans sa célèbre correspondance de 1715 avec Leibniz qui considérait le temps comme « ordre des événements ». Plus tard, avec Kant, le temps bascule du côté du sujet en devenant « forme *a priori* de la sensibilité » (*Esthétique transcendantale*, 1781).

quand on considère au niveau macroscopique les phénomènes de dissipation, de diffusion, de friction, de désorganisation, de transfert de l'énergie, et surtout les systèmes complexes, que l'irréversibilité du temps apparaît (voir p. 152).

Que doit-on en déduire ? Que tous les systèmes qui présentent un sens de l'écoulement du temps ont en commun la propriété de pouvoir passer d'un état de haute organisation à un état désorganisé, ou de probabilité plus élevée. C'est donc seulement dans les systèmes complexes que le temps semble s'écouler de manière irréversible et dans la direction de l'entropie croissante. La flèche du temps et la flèche de l'entropie pointent dans la même direction.

Aux horloges cinématiques d'Aristote et de Newton vient donc s'ajouter une horloge statistique donnant d'emblée le temps comme *irréversible*.

Le temps d'Einstein. La théorie de la relativité introduit un nouveau bouleversement. Il y a transformation de l'espace en temps, spatialisation du temps (le temps et l'espace étant *équivalents*). On ne peut désormais parler que d'un « continuum d'espace-temps ». Pour les relativistes, le temps ne « s'écoule » pas. La matière est déployée à la fois dans toute son « épaisseur temporelle et dans toute son étendue spatiale ». Ce qui revient à dire que le temps, au même titre que l'espace, est une étendue *actuelle*. On n'a plus le droit de se référer à un « temps universel » et à un « espace absolu ». Car les propriétés de l'espace-temps dépendent de la vitesse à laquelle se déplace un mobile. A des vitesses approchant celle de la lumière, l'espace-temps se « contracte » autour de ce mobile. Mais le temps de la relativité, comme celui de la physique classique, reste réversible.

Le temps de Bergson et de Teilhard. Bergson et Teilhard privilégient la direction de l'évolution sur celle de l'entropie. Pour Bergson, « toutes nos analyses nous montrent dans la vie un effort pour remonter la pente que la matière descend ». Teilhard mesure la durée de l'évolution par la succession des transformations qui conduisent la matière, la vie et la société vers des états de plus haute complexité. « Nous sommes déjà en mesure d'observer que la vie, prise globalement, se manifeste comme un courant opposé à l'entropie... La vie c'est, contrairement au jeu nivelant de l'entropie, la construction méthodique, sans cesse élargie, d'un édifice toujours plus improbable. » Pour Teilhard, l'espace-temps prend la forme d'un cône : la pointe de ce cône est l'aboutissement de la cosmogenèse, Dieu, « le point Oméga »...

Chez ces deux auteurs apparaît donc clairement la distinction entre les deux grands courants de l'évolution et de l'entropie. L'un « montant » vers la vie et l'esprit. L'autre « descendant » vers la matière et vers le multiple. « La montée » de la vie semble devoir être mesurée par une « horloge » thermodynamique dont les aiguilles tourneraient dans une direction opposée à celle de l'horloge de Carnot et de Clausius. Puisque, au lieu de l'entropie, c'est localement la complexité qui semble s'accroître.

Mais Bergson introduit une autre dissymétrie fondamentale : entre le temps de l'invention (la durée créatrice) et le temps — à la limite instantané — de la reproduction.

La durée de l'univers ne fait qu'un avec la « latitude de création qui peut y trouver place ». Alors que tout processus déterministe est prévisible, réversible, reproductible, la liberté de l'acte créateur rend cet acte imprévisible, irréversible, irreproductible. Dans le passage créateur du virtuel à l'actuel (de la « puissance » à « l'acte », dit Aristote de manière particulièrement éclairante), il y a un nombre illimité de possibilités. La réalisation d'une seule d'entre elles exclut immédiatement toutes les autres. C'est ce qui confère à l'œuvre d'art son caractère unique et sa valeur. L'instant de la création est un instant « historique », celui de la copie n'est que banal. C'est pour cela que le futur n'est pas donné à côté du présent : *la création exige de la durée*.

Le temps dans les théories modernes

Dans un livre très stimulant publié en 1963 et intitulé *le Second Principe de la science du temps*, un physicien français, O. Costa de Beauregard, fournit les premiers éléments permettant de concilier le temps réversible de la relativité et le temps irréversible de la conscience. Il suggère une hypothèse très féconde sur la manière dont la conscience « s'engrène » dans l'univers par le processus dialectique de l'observation et de l'action. Il intègre ainsi les données de la thermodynamique, de la théorie de l'information et de la physique relativiste.

Costa part des travaux de Szilard et de Brillouin conduisant à l'équivalence de l'entropie négative (la néguentropie) et de l'information. C'est-à-dire au principe de Carnot généralisé (voir p. 194) dont je rappelle les principales conclusions. L'information, qui est ordre, organisation, improbabilité, est le contraire de l'entropie, qui est désordre, désorganisation, probabilité.

L'entropie mesure le manque d'information sur un système. L'information est donc équivalente à de l'entropie négative. Toute expérience, toute mesure, toute acquisition d'information par un cerveau consomme de l'entropie négative. Il faut donc payer une taxe à l'univers : cette taxe, c'est l'accroissement irréversible de l'entropie.

Cependant le cerveau peut créer de l'entropie négative, et donc accroître l'organisation, l'ordre, la quantité d'information du système dans lequel il se trouve. Ce système global restant soumis à la loi de la dégradation universelle.

Mais le principe de Carnot généralisé ne répondait pas de manière satisfaisante aux trois questions suivantes : Pourquoi les consciences qui s'informent n'explorent-elles l'univers *que* dans la direction qui voit croître l'entropie, c'est-à-dire dans la direction que nous avons appelée le « temps » ? Quelle est la différence réelle entre néguentropie et information ? Enfin, pourquoi sommes-nous conscients d'une telle dissymétrie entre l'observation et l'action (la première « coûtant » moins que la seconde) ? Ou pourquoi est-il plus facile de détruire et de copier que de construire et de créer ?

Une crémaillère sur une voie sans retour

Pour Costa, la direction dans laquelle tout cerveau qui s'informe explore l'univers est adaptative. Dès que l'animal ou l'homme ouvre les yeux sur le monde qui l'entoure, les informations en provenance du milieu extérieur sont liées à un flux *entrant*. Elles se présentent sous la forme d'ondes émises par une source rayonnante : le « visible », le « chaud », le « sonore ». Les êtres vivants se seraient ainsi peu à peu adaptés à la direction des ondes émises par ces sources. Cette adaptation devenant une condition rigoureuse de survie, puisque les êtres vivants ne peuvent agir sur leur environnement que dans la mesure où ils reçoivent et interceptent les informations provenant de cet environnement.

Mais l'homme ne peut observer les phénomènes que dans le sens d'une désorganisation, puisque toute acquisition d'information se paie par l'accroissement de l'entropie. Chaque observateur descend ainsi le cours du temps en « accompagnant » les phénomènes qu'il observe. Le temps de la vie est donc fléché par le temps de la mort : sans cette condition impérative, nous ne pourrions observer les phénomènes. Et sans information toute création serait impossible.

On peut maintenant tenter de répondre à la première question. Ce n'est pas la matière qui avance en « évoluant » dans un cadre statique d'espace-temps. Si quelque chose avance dans le bloc spatio-temporel, *ce sont les consciences qui s'informent*. L'univers est déployé dans toute sa dimension temporelle. Le temps est donné, il ne s'écoule pas. Mais, par suite de leur adaptation aux conditions de cet univers, les consciences, pour acquérir de l'information, ne peuvent l'explorer que dans la direction de l'entropie croissante (la direction du « temps »). La conscience qui observe s'engrène dans l'univers comme une crémaillère sur une voie sans retour.

Par contre, en créant des informations nouvelles, la conscience accumule quelque chose dans une direction « inverse ». Dans une autre dimension : celle de la durée créative pointant vers des niveaux de complexité toujours plus élevés.

Réintroduire le sujet dans l'univers des objets

Deuxième question, la différence entre l'information et la néguentropie. Costa de Beauregard ne peut éviter de réintroduire le sujet dans l'univers des objets : tout cerveau qui s'informe ou qui crée a une influence sur l'accroissement de l'entropie de l'univers. Faut-il oser utiliser la passerelle ainsi jetée entre le monde subjectif et le monde objectif ? Si l'on franchit ce fossé, la néguentropie apparaît comme la contrepartie objective de l'information.

On a vu que toute information pouvait faire l'objet d'une mesure quantitative (en bits, par exemple). Et que, pour effectuer cette mesure, il fallait faire abstraction de la signification de l'information. La néguentropie, quant à elle, est parfaitement *neutre et objective*. Elle circule dans un câble téléphonique ou dans un ordinateur. Mais il ne faut pas oublier qu'elle entre et ressort sous la forme d'informations signifiantes. Pour une conscience, chaque information possède un sens, une signification, une *valeur subjective* différents. Le cerveau reconnaît sans grande difficulté une information de valeur élevée d'une information sans intérêt. Même si cette quantité d'information est mesurée par le même nombre de bits.

Information et néguentropie seraient-elles les deux aspects, subjectif et objectif, d'une même forme d'énergie potentielle ?

Costa de Beauregard ne va pas jusqu'à répondre de manière définitive à cette question. Pourtant le passage d'une forme dans une autre, par l'observation ou l'action, implique deux processus dissymétriques qui suggèrent très fortement le passage du subjectif à l'objectif.

Pourquoi est-il plus difficile de créer que de copier ?

Pour le déterminisme classique, l'action libre apparaît comme « impossible » sur le plan scientifique (théorie de la conscience épiphénomène). Alors que l'observation va de soi. C'est qu'il existe deux modes fondamentaux d'activité de la conscience [1]. L'un correspond à la transformation de la néguentropie en information. C'est le processus de l'observation, où information signifie « acquisition de connaissance ».

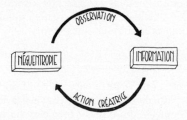

L'autre correspond à la transformation inverse d'information en néguentropie. C'est le processus de l'action et de la création, où information signifie « pouvoir d'organisation » (donner forme à). D'un côté, le cerveau s'informe, de l'autre il informe (organise, donne forme).

Le premier processus est celui de l'*actualisation de l'acquis*. De la diffusion, de la reproduction et du tirage des copies. Il ne coûte pas cher en néguentropie (en énergie potentielle préexistante). C'est probablement pour cette raison que la mesure, l'observation ont toujours semblé aller de soi.

Par contre, le processus inverse de l'action créatrice coûte très cher en informations. C'est pour cela que la *création d'un original* (à la différence du tirage d'une copie) paraît si difficile. C'est ce que traduisent aussi les expressions populaires comme « observer est plus facile que créer ou agir », ou « les paroles coûtent moins cher que les actes ».

1. On l'a vu brièvement p. 190 et p. 200.

Mais la *différence temporelle* entre ces deux modes d'activité de la conscience est également très importante. Le temps de l'actualisation est à la limite instantané, comme le pressentait Bergson. Il ne dépend que de l'efficacité des moyens de duplication et de diffusion de l'information descendante. Par contre, celui de l'action libre et organisatrice relève de la durée créatrice. Le temps de l'actualisation, c'est le temps « qui étale » : celui de l'ontogenèse et de notre vie physique. Mais à lui s'oppose le temps « qui ajoute », celui de la phylogenèse, de l'évolution et de la durée créatrice.

Comment sortir de notre chronocentrisme ?

Les théories modernes suggèrent donc que le sens conventionnel de l'écoulement du temps, mesuré par la succession des années (et fléché du passé vers le futur), résulte d'une adaptation des consciences aux conditions de l'univers.

Le temps dans lequel se déroule une observation est bien fléché dans la direction de l'entropie croissante ; en accord donc avec la flèche du temps conventionnel. Mais le temps de l'action créatrice ? Il semble, quant à lui, relever d'un temps qualitativement différent. En apparence « inversé » par la conscience et pointant dans une direction opposée à l'entropie : celle de la complexité croissante. Comment distinguer cette direction de celle du temps physique conventionnel ?

L'attitude « chronocentrique » est intransigeante. Elle refuse de considérer la complémentarité entre deux « qualités » du temps. Comme jadis les physiciens qui ne considéraient que des évolutions allant vers une entropie croissante et se refusaient à intégrer dans leurs théories la possibilité d'une évolution biologique.

Le chronocentrisme adopte une logique d'exclusion. Il n'accepte *que* les explications du type causal — et dans ce cas, il s'appuie sur le principe de raison suffisante et le postulat d'objectivité. Ou à l'opposé, il n'accepte *que* les explications du type final relevant de l'acte de foi et de la démarche subjective.

La différence importante entre ces deux attitudes extrêmes est que l'explication causale est fortement privilégiée dans notre éducation et dans notre culture. Car elle permet l'expérience, la démonstration et la preuve scientifique. Alors que l'explication par la finalité ne permet ni démonstration irréfutable, ni preuve scientifique.

On ne peut s'avancer dans un domaine aussi délicat qu'avec certaines précautions et en procédant par étapes successives. En montrant d'abord pourquoi notre logique est déroutée par la causalité circulaire. En illustrant ensuite les blocages résultant de l'adoption de la causalité ou de la finalité comme seule méthode d'explication des phénomènes. En proposant, enfin, une voie nouvelle permettant peut-être de surmonter ces conflits.

2. La prison du temps

La liaison entre chronologie et causalité

La boucle cybernétique de rétroaction possède des propriétés très intéressantes. Des propriétés liées au temps, et dont il n'a pas encore été question. C'est en les découvrant que les premiers cybernéticiens furent obligés d'introduire la finalité, « l'intention », dans le monde des machines. On va voir pourquoi.

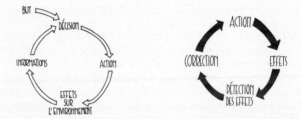

Dans une boucle information/décision/action, les informations sur les résultats des actions passées servent de base aux décisions qui permettent de corriger cette action. Les décisions étant prises en fonction d'un but, l'action qui en résulte est finalisée : une telle boucle illustre le déroulement d'un acte intelligent.

Mais il n'y a pas que les hommes qui accomplissent des actes « intelligents ». Il y a aussi, on l'a vu, les machines cybernétiques : les servomécanismes. Leur mécanisme « décisionnel » est également inscrit dans une boucle de rétroaction. Le caractère de cette boucle est très général et j'en ai donné de nombreux exemples.

Mais regardez bien le schéma général de n'importe quelle boucle de rétroaction et posez-vous la question : « Est-ce la cause
qui précède l'effet ou est-ce le contraire ? » C'est impossible à
dire. Cause et effet semblent confondus. Ils ne peuvent être dis-
sociés dans le temps. La causalité circule tout au long de la boucle. On pourrait en dire de même pour la finalité.

On est donc obligé de parler de causalité *circulaire* par opposition à une causalité *linéaire*, représentée par un vecteur super-
posé à l'axe du temps et où la cause coïncide avec l'avant, et
l'effet avec l'après.

causalité linéaire
———————————————▸
cause   effet
(avant)   (après)

La boucle de rétroaction ressemble donc à un serpent qui se
mord la queue. Mais une telle boucle de causalité circulaire ne
doit pas être confondue avec un cycle.

Un cycle reste toujours soumis à la flèche du temps unidirectionnel. Il y a répétition infinie d'une même séquence d'événements. Il n'y pas de *devenir* dans un cycle. Une succession
cyclique peut être mesurée par rapport à n'importe quelle horloge. Alors que, dans une boucle de causalité circulaire, *c'est
la flèche du temps qui semble se refermer sur elle-même*. On ne
peut plus vraiment dire que le temps « s'écoule ». Il est équilibré
par quelque chose d'autre. Il y a, en quelque sorte, conservation du temps.

Dès que l'on met en cause la chronologie des événements, notre
logique perd pied. Elle est mal à l'aise. Pourquoi ? Simplement
parce que seule la chronologie permet l'explication par les causes. Or, être forcé d'abandonner, ne fût-ce qu'un instant, le principe de causalité, choque profondément notre logique. Cela peut
faire sourire lorsque l'on regarde un film à l'envers. Mais notre
logique est complètement désarmée devant un « cercle vicieux ».

Du fait de la circulation de la causalité, on ne sait plus « par quel bout » prendre les choses. Il existe donc une étroite ressemblance entre les cercles vicieux et les boucles de rétroaction.

Comment se débarrasser d'un cercle vicieux ?

Il semble que l'on soit enfermé dans un cercle vicieux chaque fois que l'on se pose le problème des *origines* d'un système complexe. Comme pour le fameux problème de la poule et de l'œuf. Ou celui de l'origine de l'homme : tout homme ou femme descend d'un couple, lui-même engendré par un autre homme et une autre femme. Pour briser le cercle, il avait fallu imaginer à l'origine de l'humanité « un premier couple », créé par la volonté divine. De même pour l'origine de la vie : la vie repose sur un très petit nombre de composés organiques de base que l'on croyait fabriqués exclusivement par la vie. Comment a-t-elle pu commencer en l'absence de ces substances ? Réponse : la première cellule a été créée par Dieu. Ou, ce qui revient au même, elle est apparue brusquement, tout assemblée, par le seul fait du hasard.

Pour tenter de se débarrasser de l'irritant problème logique posé par un cercle vicieux, que fait la raison ? *Elle l'ouvre.* Elle le coupe arbitrairement en un point : ce qui lui permet de « l'étaler » à plat le long de la flèche conventionnelle du temps. Et de retrouver du même coup la relation familière d'avant/après entre la cause et son effet.

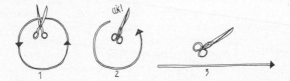

Mais cette coupure artificielle de la réalité va avoir des conséquences très importantes :

— La causalité apparaît comme la seule méthode d'explication. On est forcé de remonter de cause en cause vers une « cause première » située évidemment dans le *passé*.

— Le temps « s'écoule » à nouveau, puisque l'explication par les causes appartient au processus d'observation, obligatoirement fléché dans le sens de l'entropie croissante.

— On est conduit à adopter une approche réductionniste.

— Enfin, en ouvrant la boucle, et *dès la moindre coupure*, un aspect de la totalité s'échappe irréversiblement. La complémentarité fait désormais place à une certitude limitée à un seul aspect de la réalité.

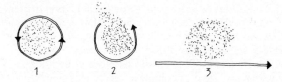

C'est ce qui se produit dans toute démarche analytique. Incapables d'envisager toutes les interdépendances des mécanismes fonctionnels de la cellule ou du cerveau, nous isolons quelques boucles qui paraissent fondamentales, et nous les ouvrons afin de retrouver les relations de cause à effet. On peut ainsi parfaitement expliquer certains aspects du fonctionnement cellulaire ou cérébral par des réactions moléculaires. Et on y parviendra d'ailleurs de mieux en mieux. Mais il est bien connu que quelque chose échappe à l'observation directe. La vie ? La conscience ? « L'âme » ? Loin de moi évidemment tout vitalisme posant l'existence au cœur de la matière d'un « principe » qui échapperait à jamais à la connaissance scientifique ! Je dis simplement que le principe de raison suffisante et l'explication causale ne révèlent qu'un aspect de la réalité, du fait de limitations très profondes liées à notre perception du temps.

Pourquoi de telles limitations dans notre lecture des phénomènes de l'univers ? Probablement en raison de la convention provenant du sens psychologique adaptatif de l'avant/après. Cette convention fait qu'une succession ne nous apparaît logique que dans la mesure où elle est *chronologique*. Et donc dans la mesure où la flèche du temps pointe vers l'entropie croissante. Nous avons ainsi associé, sans vraiment nous en rendre compte, *chronologie et causalité*. Il en résulte que « la convention qui définit le sens du temps par l'entropie croissante est inséparable de l'acceptation de la causalité comme méthode d'explication » (Grunbaum). Principe de raison suffisante ou explication causale dépendraient donc de notre sens adaptatif du temps. On comprend pourquoi la physique (et avec elle toute la science) « accepte les explications de type causal (où l'improbabilité est "donnée" au départ) et refuse les explications de type final (où l'improbabilité est "cueillie" au terme)».

Déterminisme et finalisme

Les limitations de notre pensée atteignent leurs extrêmes lorsque l'on considère le phénomène de l'évolution dans son ensemble : depuis la formation de la matière jusqu'à l'apparition sur la terre des systèmes vivants et des systèmes sociaux.

La découverte du grand passé de la vie et de l'homme s'est faite à l'envers. Du plus complexe vers le plus simple. Du sujet vers l'objet. Bien en accord avec la direction « entropique » de l'observation. A la recherche des causes, c'est-à-dire vers le « passé ».

L'homme brise un à un les cercles vicieux des origines qui emprisonnaient sa pensée. Ouvert le cercle dans lequel s'enfermait l'énigme de l'origine de l'homme : la théorie de l'évolution biologique montre qu'il descend d'organismes plus simples qui l'ont précédé. Ouvert le cercle de l'origine de la vie : la première cellule est le résultat de l'évolution prébiologique. Ouvert le cercle de l'apparition abiotique des substances organiques : elles se sont formées au cours de l'évolution géochimique de la planète.

Chacun de ces cercles mis « à plat », chacun de ces vecteurs fléché dans le sens conventionnel du temps et mis bout à bout, reconstituent le grand vecteur de l'évolution de la matière, de la vie et de la société dans cette partie de l'univers qu'est la planète terre.

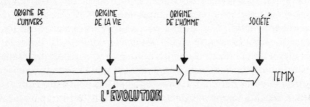

On retrouve ici une des thèses principales défendues dans ce chapitre : la direction conventionnelle attribuée à ce vecteur de l'évolution généralisée conduit à des prises de position et à des points de vue irréductibles.

La lutte entre matérialistes et spiritualistes peut se ramener à des modes de pensée et à l'emploi d'expressions liées à l'acceptation d'un sens conventionnel de l'écoulement du temps. Pour les matérialistes, en effet, la matière était présente avant l'esprit. Par contre, pour les spiritualistes, c'est l'esprit qui est préexistant à la matière. Il s'établit une sorte de hiérarchie de la *préexistence* avec valorisation immédiate de ce qui était là « *avant* ». Cette polarisation se retrouve sous les termes « d'impulsion » initiale ou « d'attraction » finale. La matière étant poussée dans l'explication par les causes ou tirée dans l'explication par les fins. Comment le futur pourrait-il se manifester dans le présent et le déterminer ? Il est évident que c'est au contraire le passé qui détermine le futur.

Même type de blocage entre darwinistes et lamarckistes. Ou plus généralement entre déterministes et finalistes. Entre les deux clans, la lutte est farouche et l'incompréhension souvent totale. Pour les premiers, admettre une influence de l'environnement sur le patrimoine génétique, une « hérédité des caractères acquis », laisse s'engouffrer, par la faille entrouverte, le fantôme d'un projet de la nature voulu par quelque entité supranaturelle.

A l'inverse, pour les seconds, penser que des réactions moléculaires se déroulant au hasard conditionnent l'hérédité, la perfection d'un œil, ou qu'elles déterminent la pensée et le comportement, revient à réduire ce qu'il y a de plus « noble » dans le vivant, à la matière, donc à l'inférieur.

Monod ou Teilhard ?

Ces deux types d'attitudes caricaturées ici à l'extrême sont partagés par un grand nombre de scientifiques et de philosophes à travers le monde. Elles illustrent un débat qu'il est utile de personnaliser, car il pose très clairement le problème qui nous intéresse ici. Pour cela, on peut se référer à deux auteurs français dont les principaux ouvrages ont suscité une controverse qui n'est pas encore apaisée. Il s'agit de Pierre Teilhard de Chardin (*le Phénomène humain*) et de Jacques Monod (*le Hasard et la Nécessité*). Je rapelle brièvement leurs positions respectives sur le phénomène de l'évolution.

Pour Teilhard, on ne peut séparer l'esprit et la matière. Il n'existe dans l'univers qu'un « esprit-matière », analogue à « l'espace-temps » des relativistes. Toute l'évolution, que Teil-

hard appelle la cosmogenèse, est l'histoire de la complexifica-
tion de la matière, depuis les particules élémentaires jusqu'aux
sociétés humaines. A chaque niveau de complexité, le « dedans
des choses » se manifeste par des propriétés que nous appelons
la vie, puis la conscience réfléchie. Chaque étape voit l'esprit se
libérer de la matière. Poussée jusqu'à ses limites logiques, la « loi
de complexité consciente » (plus un système est complexe, plus
il est « conscient ») conduit à l'intégration de toutes les consciences en un seul Dieu, point de convergence de toute l'évolution.

Pour Monod, il n'y a pas évolution d'ensemble de l'univers,
mais *des* évolutions que l'on étudie au niveau des systèmes biologiques ou au niveau des systèmes sociaux. Dans les systèmes
biologiques, l'évolution est le résultat de mutations aléatoires provoquant des modifications dans le patrimoine génétique. Ces
modifications sont conservées de génération en génération. C'est
la propriété d'*invariance reproductive*. L'environnement agit
comme un filtre en ne conservant que les espèces les mieux adaptées. La vie et la pensée sont des propriétés émergentes, explica-
bles par le jeu des interactions moléculaires. L'illusion du
« projet » de la nature tient aux propriétés téléonomiques [1] des
systèmes complexes, et en particulier des enzymes, dont le
comportement paraît tendre vers un but. L'évolution biologique traduit le jeu de l'invariance et de la téléonomie.

Monod et Teilhard ont, à mes yeux, tous les deux raison : raison de défendre le postulat d'objectivité (Monod) ; et raison de
rechercher un sens à l'évolution (Teilhard). Mais tous deux ont
probablement tort d'utiliser l'approche et le langage de l'autre
« camp ». Point important et qui mérite évidemment des éclair-
cissements. Il faut pour cela analyser l'explication causale à
laquelle Monod se réfère implicitement et l'explication finale qui
sert de base au système teilhardien. Puis comparer les deux approches afin de rechercher les voies permettant de dépasser cette
alternative.

L'explication causale : la divergence

Notre science et notre philosophie sont fondées sur l'observation. Elles s'appuient sur la raison (principe de raison suffisante), l'objectivité (postulat d'objectivité), la démonstration,

1. De *telos, teleos* : fin, but ; et *nomos* : la règle.

la preuve scientifique et la reproductibilité des résultats. Nous ne pouvons être rationnellement certains qu'après avoir expliqué par la causalité (les mêmes causes produisent les mêmes effets), vérifié et démontré la validité de nos théories. C'est la règle de toute bonne science.

Mais, comme le suggèrent les travaux de Grunbaum, de Reichenbach ou de Costa de Beauregard, le principe de raison suffisante comme celui de causalité dérivent en ligne directe de notre sens adaptatif du temps. Les phénomènes ne sont signifiants pour la science (et observables) que s'ils se produisent dans la direction vers laquelle « coule » la vie de ceux qui les observent. Nous en serions donc réduits à n'être absolument certains que de ce qui se défait, et à ne parfaitement démontrer que ce qui se détruit. Nous saurions beaucoup mieux comment les choses se désorganisent que comment elles se complexifient.

De ce fait, c'est vers le passé, vers les origines, que la science va spontanément chercher la « certitude ». Chaque cause peut être reliée à une cause plus générale et antécédente. Partis du faîte de l'arbre, nous descendons vers les grosses branches qui divergent à partir du tronc. Des milliards d'hommes de la terre, on arrive au « premier couple ». Du foisonnement des formes de vie, à la « première cellule ». De toute la matière présente dans l'univers, à « l'atome primitif ». En poussant à fond le raisonnement causal, on arrive obligatoirement à des explications cosmologiques de ce type, où toute la néguentropie, toute l'improbabilité est *donnée* à l'origine. A partir de cette boule d'énergie, l'univers entre en expansion, l'entropie croît et le temps « s'écoule ».

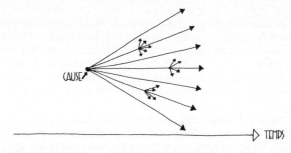

Retracée en sens inverse, à partir d'un point du passé, toute évolution fondée sur des explications de type causal ne peut être que *divergente*. On ne voit que des arborescences, comme l'arbre de l'évolution, ou tout arbre généalogique. Dans cette optique, il était légitime, comme l'a tenté la science mécaniste, de chercher à expliquer *toutes* les propriétés de la matière, de la vie et de la pensée par l'interaction des particules fondamentales et le jeu des lois de la physico-chimie. Il était courant d'entendre proclamer que « le plus ne pouvait sortir du moins » ; autrement dit que le temps ne pouvait rien apporter qui ne fût déjà donné. D'où la théorie de la conscience épiphénomène et l'impossibilité de l'action libre.

La pensée scientifique et philosophique a évidemment beaucoup évolué depuis ces positions extrêmes. On admet parfaitement aujourd'hui l'accroissement de la complexité qui se manifeste au cours de l'évolution et l'émergence de propriétés nouvelles. On a cependant encore beaucoup de mal à expliquer le passage « vertical » d'un niveau d'organisation à un autre niveau, de complexité plus élevée. D'un intégron (Jacob) à un autre intégron. Ou d'un holon (Koestler) à un autre holon. Ce qui ne veut pas dire qu'on n'y parviendra jamais, comme le prétendaient vitalistes ou spiritualistes. Mais, malgré la finesse du pouvoir de résolution de la pensée scientifique moderne, il semble difficile, en raison des limitations dont j'ai parlé, d'interpréter ce passage « vertical » autrement que par une juxtaposition de positions immobiles : comme la flèche de Zénon d'Élée sur sa trajectoire ou comme les arches du pont jetées en travers du fleuve et qui n'en suivent pas le cours (Bergson).

L'explication finale : la convergence

L'interprétation des faits accumulés par la science positive peut conférer à l'évolution une signification. L'imagination, l'intention, l'interprétation poétique de la réalité aident à révéler le sens profond des faits évolutifs. Et le goût et la volonté d'agir reposent, à leur tour, sur le *sens* que nous donnons aux événements.

Dans cette optique, chaque finalité tend à la limite vers une seule fin [1] située dans le futur et dans laquelle elle s'intègre. Chaque but, chaque intention peut être relié à un but ou une intention de niveau plus élevé et de caractère plus général. Les finalités n'apparaissent pas à l'extrémité où jouaient les déter-

---

1. Le mot fin doit donc être compris dans ses deux sens : but et terme.

minismes aveugles. Mais au stade humain de l'évolution elles se font de plus en plus évidentes : l'humanité peut prendre en main sa propre destinée, assurant ainsi le relais de l'évolution biologique. Tout porte à penser que l'évolution converge vers une seule fin. Ce que l'on peut représenter par un cône inverse du premier. On a reconnu dans cette interprétation le cône du temps de Teilhard de Chardin. La cosmogenèse, à l'issue de laquelle l'esprit libéré de la matière serait « cueilli » à la fin des temps, au point Oméga.

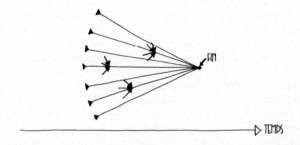

Une telle représentation revient, en réalité, à une inversion par la conscience du sens conventionnel du temps. Car le sens positif de la cosmogenèse est ici défini par la complexité croissante (la croissance de la néguentropie). On voit que cette nouvelle convention est inséparable de la finalité comme méthode d'explication. Mais c'est ici que les interprétations diffèrent profondément. La finalité n'est pas une *explication* (ce terme doit être réservé au sens rationnel d'exploration de l'univers). C'est plutôt une *implication*. Un engagement. « L'explication » finale relève plutôt de l'acte de foi. Elle n'est pas non plus une « cause à l'envers » forçant l'évolution à exécuter un programme établi d'avance, ou à suivre le « projet » de la nature ou de Dieu.

L'évolution généralisée apparaît dans l'optique finaliste comme un mouvement antidispersif, sélectif, concentrateur, créateur d'ordre. Analogue, donc, à tout acte intelligent. A l'opposé de l'évolution thermodynamique qui pointe vers des états qui nous sont toujours plus étrangers, l'évolution convergente se dirigeait vers ce qui nous ressemblerait le plus : elle se chargerait de nos valeurs, de nos désirs, de nos espoirs. Elle ressemblerait à une exploration et à une conquête d'un espace-temps intérieur, s'enfermant dans un dedans, plutôt qu'à une exploration et une conquête d'un espace-temps extérieur se dispersant dans un dehors.

Ce mouvement est par nature invisible à la raison qui lui tourne le dos. Il ne se démontre pas. Il ne peut qu'être perçu, déduit, interprété, par la conscience qui balaye, en sens inverse, les faits accumulés par l'observation et l'expérience.

Peut-on dépasser l'alternative ?

Divergence et convergence sont-elles deux représentations complémentaires ? Pour les faire figurer sur un même schéma, il suffit de superposer les deux cônes ; puisque évolution divergente et évolution convergente sont rapportées à une seule et même flèche positive du temps. Et ceci bien que les partisans de l'une ou de l'autre approche se réfèrent implicitement à deux directions en apparence opposées.

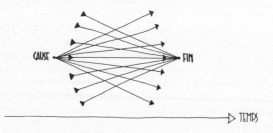

Y a-t-il dichotomie entre ces deux représentations ? Ou complémentarité ?

En « mettant au point » sur l'évolution divergente, on perd de vue sa direction, sa signification, sa finalité. Les valeurs humaines, le subjectif, l'affectif, le « sens de la vie » n'ont pas de place dans l'explication causale. De même que le devenir, la création, l'action libre. L'avantage indiscutable de l'explication causale est de pouvoir démontrer ce qu'elle avance par la preuve scientifique.

Par contre, quand on met au point exclusivement sur l'évolution convergente, c'est tout le détail des phénomènes sous-jacents qui devient flou. On a beau être convaincu de la direction ou de la signification de l'évolution, de l'interprétation qu'on donne aux faits, aux événements ou à la finalité de chaque acte, on n'a aucune preuve à offrir autre que « l'évidence ». Vouloir par ailleurs démontrer à tout prix « l'évidence » de l'évolution convergente fait manquer le but que l'on cherche à atteindre. En effet, toute démonstration est « fléchée » dans la direction conventionnelle admise par le principe de raison suffisante. En employant l'approche et le langage de la science, on transforme inévitablement un phénomène que l'on croyait convergent en un phénomène divergent.

En superposant le cône divergent au cône convergent dans le sens conventionnel du temps, on retrouve le statut de complémentarité de tous les phénomènes qui, subjectivement ou objectivement, sont liés au temps. Mais, ce faisant, on projette la direction de l'évolution créatrice dans la direction de notre futur individuel. Il y a inversion apparente du temps par la conscience créatrice.

En effet, dans l'observation, les situations précèdent toujours les représentations (les modèles subjectifs). Tandis que, dans l'action, la représentation de ce que l'on veut faire (le modèle que l'on a de son action future et de ses conséquences possibles) précède les situations déterminées par cette action.

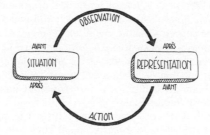

Si le futur de chaque vie et le futur de l'évolution coïncident et se superposent, c'est parce que nous nous représentons notre futur individuel (et celui de la société humaine) comme « à construire » et donc *avant* l'action. On est dans le temps convergent : sa flèche pointant vers l'accroissement de la complexité. La confusion naît peut-être de ce que nous utilisons la même échelle de temps pour mesurer la succession des étapes de notre vie (de la naissance à la mort) et celles de la vie de l'humanité. La flèche du temps de l'histoire, ou de l'évolution, devrait être en opposition avec celle du temps entropique.

La complémentarité : une troisième voie

Pour surmonter ces contradictions, il existe peut-être une troisième voie : celle d'une dialectique complémentariste s'inspirant de la forme de raisonnement introduite par la cybernétique. Comme l'approche systémique, cette approche considère la totalité des phénomènes. En réintroduisant délibérément le sujet dans le monde des objets, elle accepte un univers perçu et vécu sous ses deux aspects à la fois : subjectif et objectif. Enfin, pour tenter de résoudre les dualités et dépasser les alternatives, elle pose comme principe de départ le principe de la conservation du temps.

Compenser la fuite du temps ?

Maintenir l'organisation d'un système ouvert (cellule vivante ou société humaine) revient à *ralentir* la vitesse d'accroissement de l'entropie dans ce système. C'est-à-dire dans l'optique adoptée ici à ralentir l'écoulement du temps. « Incapable d'arrêter la marche des changements matériels [la vie] arrive cependant à les retarder » (Bergson). *A fortiori*, créer de l'information, de l'organisation, équilibrer l'usure des machines ; utiliser des moyens permettant de concentrer et de canaliser l'énergie. C'est retenir le temps, l'empêcher de se perdre. C'est contribuer de plus en plus efficacement à ralentir (et peut-être à arrêter dans l'intensité de l'instant et non dans la dilution de l'éternité ?) le temps qui passe en l'équilibrant par la création d'informations. Comme deux flux inverses et de vitesse égale.

Il y aurait donc conservation du temps par le maintien d'un équilibre entre vitesse d'organisation et vitesse de désorganisation du monde. Au début de l'évolution, la flèche de la dégradation entropique primait. Désormais, l'action des hommes contribue à lui opposer un flux de création d'information de plus en plus intense. On peut l'illustrer par une histoire. Des êtres vivants sont les passagers d'un train infini roulant à grande vitesse : « le train du deuxième principe de la thermodynamique ». Isolés dans d'étroits compartiments, ils mesurent le temps en comptant les panneaux qui se succèdent régulièrement devant les fenêtres. Intrigués par l'inscription qu'ils portent (illisible tant la vitesse est grande), ils communiquent avec leurs voisins et brisent les cloisons qui les séparent, créant ainsi au centre du train un couloir infini.

Ayant réussi à s'unir et à s'organiser pour construire des machines capables de les porter dans le couloir, à une vitesse croissante, mais *inverse* de celle du train, ils furent à même tout d'abord de ralentir la vitesse des panneaux. Au moment même où, par compensation, s'annulait la vitesse, un poteau portant sa mystérieuse inscription était arrêté en face d'eux. Alors, ils purent lire en toutes lettres le « secret de l'univers ».

Une réserve de temps

L'homme ressemble à un Janus à deux faces. Il est le lieu de croisement entre deux perceptions qualitatives différentes de la flèche du temps. Sa vie s'écoule dans le temps de la mort, mais son action organisatrice sur les systèmes physiques et conceptuels est dans le temps de la vie du monde.

Par son action, chaque homme fait passer une partie de lui-même dans l'univers. Il remplit un réservoir où quelque chose s'accumule. Les consciences sont (et seront probablement de plus en plus efficacement) interconnectées et synchronisées par les moyens de communication en temps réel et par la mémoire collective. Cette conscience collective s'informe, en acquérant des informations sur l'univers (par la recherche), et les communique (par l'éducation). Chaque action créatrice, à tous les niveaux de la société, contribue à sa manière à organiser le monde, à le faire avancer vers des états de complexité plus élevée.

Mais cet accroissement de complexité n'est ni inéluctable, ni irréversible. Toute organisation, quelle qu'elle soit, reste soumise à la dégradation, à l'usure, au vieillissement. Qu'il s'agisse d'êtres vivants, de machines, de constructions ou d'informations. La destruction de l'organisation de la société humaine pourrait même être instantanée par suite d'une catastrophe nucléaire.

Pourtant, c'est l'action créatrice individuelle qui permet de compenser l'écoulement du temps. Car toute œuvre originale est analogue à une réserve de temps : à du *temps potentiel*. A côté de la notion d'énergie potentielle, on pourrait donc proposer celle de temps potentiel. On devine ce que signifie une telle notion : le temps potentiel, *c'est de l'information*.

Deux exemples pour l'illustrer. L'un au niveau biologique, l'autre au niveau de la société.

L'information nécessaire à la reproduction et au maintien de la structure d'un être vivant est inscrite dans la molécule d'ADN. Cette molécule représente tout le temps potentiel accumulé par l'évolution passée de la vie. Ce message est d'une haute improbabilité. L'actualisation de ce potentiel dans le temps du tirage des copies constituera la courte durée allouée à l'existence. L'information qui était à l'origine de cette vie ne fera que se dégrader irréversiblement. Semblable au bruit qui couvre et estompe peu à peu la signification d'un message, le désordre s'installe et croît. L'entropie monte, les erreurs s'accumulent. De reproduction en reproduction, de synthèse en synthèse, l'organisme vieillit puis meurt. Il a épuisé « sa réserve de temps », son sursis est écoulé. Il a atteint son état le plus probable, la mort.

C'est l'inverse qu'on observe quand on considère la vie de l'humanité. La génération d'informations (de temps potentiel) dans la société humaine s'effectue à un taux accéléré par suite de l'efficacité sans cesse accrue des moyens de mémorisation et de traitement : l'humanité semble rajeunir, comme le faisait remarquer Gaston Berger.

On distingue donc ici la différence entre l'évolution d'une vie individuelle, qui relève du temps de l'ontogenèse (celui de l'actualisation des copies), et l'évolution de la vie qui culmine aujourd'hui dans la vie collective de l'humanité, et qui, elle, relève du temps de la phylogenèse, celui de la création d'originaux.

Le langage du savoir et le langage du sens

L'approche dialectique proposée ici fait place à deux langages complémentaires : celui de la raison, de la connaissance scientifique ; et celui de la « signification » ; c'est-à-dire de l'art, de la poésie ou de la religion. Le langage du savoir (mathématiques, physique) est riche en information et pauvre en contenu humain. Par contre, le langage de la signification (politique, religion) est pauvre en information, mais riche en contenu humain.

Utilisant ces deux langages, on peut tenter de répondre au « comment » sans jamais négliger le « pourquoi ». Sans séparer le monde objectif du monde subjectif. Car ils forment les deux faces complémentaires de la réalité et de la connaissance. Malgré les disproportions gigantesques entre l'univers physique, objectif, et l'univers subjectif des consciences individuelles, perdues dans l'immensité de l'espace-temps.

Dans une telle optique complémentariste, information et néguentropie ne sont plus *séparées* dans deux mondes distincts. Elles sont la *charnière* entre l'objectif et le subjectif. Bien que superposables et équivalentes, information et néguentropie possèdent une «polarisation temporelle» opposée. En effet, la néguentropie, mesure objective de l'information, est, de ce fait, obligatoirement fléchée (dès qu'on l'utilise) dans la direction du temps entropique. Au contraire, l'information, traduction subjective (signifiante) de la néguentropie, est obligatoirement fléchée (dès son acquisition) dans la direction de la durée créatrice.

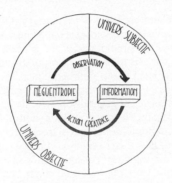

Par l'observation et dans la certitude du tangible, nous découvrons le monde dans une direction analogue à celle que suivraient les ondes divergeant à partir d'une source : la direction du temps conventionnel. L'univers nous apparaît ainsi sous son aspect énergétique, quantitatif, matériel, objectif. Par l'action créatrice et dans la richesse du vécu, nous découvrons son autre face. Dans la direction d'ondes qui convergeraient vers un centre. C'est l'aspect spirituel et subjectif par lequel l'univers devient de plus en plus *signifiant*.

Les deux entités fondamentales que l'on retrouve au terme de cette réflexion, comme les deux faces d'une unique réalité, sont l'énergie et l'esprit. Leurs aspects intermédiaires peuvent être la matière et la forme (ou l'information). Mais tout apparaît comme s'il n'existait dans l'univers que de l'*énergie informée* (la matière), substrat de la connaissance; et de l'*esprit matérialisé* (l'information), support de l'action créatrice.

S'il y a conservation du temps, la liberté serait totalement contenue *dans l'instant présent*. L'univers apparaît ainsi comme une conscience qui se crée en prenant conscience d'elle-même. La trace qu'elle laisse et que nous observons, ce serait le phénomène de l'évolution.

3. L'évolution : la genèse de l'improbable

Généraliser les mécanismes de l'évolution

L'évolution, c'est l'histoire de l'auto-organisation de la matière en systèmes de plus en plus complexes. Processus très général englobant l'évolution prébiologique, l'évolution biologique et l'évolution des sociétés humaines. C'est pourquoi les mécanismes les plus largement admis pour expliquer l'évolution biologique (mutations et sélection naturelle) ne suffisent plus. Ils doivent être complétés et généralisés. Afin de les rendre applicables, non seulement aux systèmes biologiques, mais aussi aux systèmes physico-chimiques et aux systèmes sociaux.

Ce point de vue global de l'évolution, fidèle à l'approche systémique, intègre nécessairement l'énergie, l'information et le temps. Son but : parvenir à envisager sous un même éclairage la genèse des organisations de la vie et de la société, leur maintien dans le temps et leur évolution.

L'explication darwinienne de l'évolution biologique tient en trois expressions : variation spontanée, lutte pour la vie, sélection naturelle.

Les variations spontanées, ce sont les mutations aléatoires se produisant au niveau des chromosomes, supports de l'hérédité. Ces variations sont génératrices de formes nouvelles. Il y a donc accroissement de la *variété* des formes en présence.

La lutte pour la vie résulte de la combinaison de deux effets : la formidable capacité de reproduction des organismes vivants et la limitation des ressources énergétiques de l'environnement ou ses dangers. Les organismes les mieux adaptés survivent et se reproduisent. Les moins bien adaptés meurent. Le résultat est simple dans sa rigueur : le *maintien* ou la *disparition*.

La sélection naturelle est la sanction ultime de l'environnement, qui agit dans ce cas comme un filtre. La reproduction permet la transmission de génération en génération d'une adaptation à certaines conditions de l'environnement. Il y a *renforcement* des espèces les mieux adaptées. Leur population s'accroît. Chaque individu, sujet à son tour à des mutations, pourra donc influencer la suite de l'évolution.

Afin d'étendre ce mécanisme désormais classique à l'évolution de tout système complexe, on doit remplacer les trois étapes précédentes par : *génération de variété*, *maintien* (ou *disparition*) et *exclusion compétitive*. En effet, tout mécanisme évolutif repose obligatoirement sur la combinaison de trois éléments : un générateur aléatoire de variété, un système de stabilisation (et donc d'autoconservation) et un sélecteur.

Je reprends ces trois étapes (genèse, maintien et exclusion) en donnant des exemples empruntés aux systèmes physiques, biologiques et sociaux.

La genèse des formes

L'équilibre thermodynamique, c'est la mort ; la monotonie, l'homogénéité, la tiédeur de l'entropie. La vie, au contraire, comme toute organisation ou toute information, est un écart à l'équilibre. Une évasion temporaire. Un sursis.

Le problème de l'apparition de formes nouvelles (de la morphogenèse) peut donc être illustré par ces ceux questions : comment l'ordre, l'information, la variété peuvent-ils naître du désordre et de l'homogène ? Comment peut-on passer d'un état d'équilibre à ce « déséquilibre contrôlé » qui caractérise la vie ?

Le traitement par la théorie de l'information des principes thermodynamiques classiques modifie radicalement la notion d'équilibre : un écart à l'équilibre thermodynamique *est équivalent à une information*. Autrement dit, les expresssions « hors de l'état d'équilibre » et « reconnaissable de l'environnement » ont exactement la même signification.

Deux exemples, un iceberg et un château de sable. Un iceberg flottant dans la mer se distingue de son environnement. Il représente une structure, une organisation, une information. Quand il fond, chaque goutte d'eau de l'iceberg se mélange à celles de la mer. L'entropie est maximum, l'équilibre est atteint.

Un château de sable est fait du même matériau que la plage. Lui aussi représente un écart à l'équilibre. Il possède une *forme* facilement reconnaissable dans l'environnement homogène de la plage. Mais, sous l'effet du vent et des mouvements des passants, il ne tarde pas à se confondre avec l'environnement. Il disparaît complètement quand chaque grain qui le constituait s'identifie avec un autre grain de la plage.

Toute organisation est comme cet iceberg ou ce château de sable. Le problème posé par la morphogenèse n'est pas très éloigné de celui que pose la transformation d'un coin de plage en un château de sable. Les deux questions précédentes ne font plus qu'une : *comment débute tout écart à l'équilibre, générateur de forme ?*

A la base de cet écart et de son maintien dans le temps, on retrouve l'effet des boucles de rétroaction positives et négatives. Tout écart à l'équilibre commence par une simple fluctuation. Cette fluctuation peut s'amplifier, grâce au jeu des rétroactions positives.

Mais, pour se maintenir dans le temps, cette fluctuation doit être stabilisée par des boucles de rétroaction négatives. Ce qui donne lieu à des oscillations entretenues, puis à des cycles. Processus caractéristiques des fonctions vitales d'autoconservation.

Une fluctuation aléatoire...

Le fait que tout commence par une simple fluctuation repose sur une propriété bien connue des physiciens : un système stable et homogène au niveau macroscopique ne l'est plus au niveau microscopique. Prenez l'exemple d'une foule. Vue de loin, elle a un aspect homogène. Son comportement global est prédictible. Mais les initiatives individuelles peuvent créer des fluctuations autour d'un état d'équilibre statistique. Ces fluctuations peuvent s'amplifier et conduire à un comportement global nouveau et imprévisible. Il en est de même pour les molécules, ce qui rend particulièrement intéressante leur étude dans l'optique de la genèse des formes vivantes, de l'origine de la vie.

Une population de molécules forme un système stable et homogène au niveau macroscopique. Mais, au niveau de chaque molécule individuelle, le système n'est plus homogène. Les collisions, les réactions, les combinaisons, qui se font et se défont, représentent des fluctuations hors de l'équilibre. *Chaque fluctuation aléatoire est une possibilité d'organisation nouvelle.* Une information en quelque sorte. Amplifiée par rétroaction positive, toute fluctuation constitue donc un *générateur aléatoire de variété*, à la base de toute évolution [1].

1. Voir la rétroaction positive p. 111 et 130.

… qui s'amplifie…

Une forme particulière de fluctuation jouant un rôle primordial dans la genèse d'une structure organisée est la réaction d'autocatalyse. Il y a autocatalyse quand les produits d'une réaction servent de catalyseurs dans cette même réaction. Une réaction autocatalytique peut conduire à l'émergence d'une structure ordonnée à partir d'un ensemble homogène. C'est le cas d'une chaîne de réaction produisant (à la suite de chocs moléculaires au hasard) une molécule plus complexe capable de catalyser *certaines étapes de sa propre formation*. La chaîne se referme sur elle-même pour donner une boucle de rétroaction positive. A partir de molécules simples présentes dans le milieu et jouant le rôle de blocs de construction, la molécule complexe s'assemble d'elle-même. Et d'autant plus vite que les produits à peine formés accélèrent le processus de fabrication.

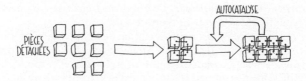

Au niveau moléculaire, ce processus est l'équivalent de la reproduction biologique : se refaire plus vite que l'original. L'espèce moléculaire douée de telles propriétés autocatalytiques envahit le milieu. On explique ainsi la prédominance du rôle de certaines molécules, comme les protéines, ou les acides nucléiques, dans l'apparition des organismes vivants.

La dissymétrie temporelle dont il a été question p. 238 se retrouve à ce niveau : il faut une durée très grande pour fabriquer la première molécule catalytique (l'original). Mais, une fois qu'elle existe, elle accélère les étapes conduisant à la fabrication de deux, puis quatre, puis huit molécules de la même espèce. Les copies sont donc fabriquées dans une durée très courte, à partir des pièces détachées présentes dans l'environnement. Ce type de mécanisme est également à la base de la reproduction animale. Il faut une durée très longue à la phylogenèse pour « fabriquer » une nouvelle espèce. Mais l'ontogenèse permet d'en tirer des copies dans un temps relativement court. L'explosion démographique, et son accélération, est la conséquence directe de l'efficacité de l'autocatalyse de l'espèce humaine.

... et qui se maintient

Des fluctuations qui se prolongent et s'amplifient peuvent prendre la forme d'oscillations périodiques dans le temps. Elles se produisent, par exemple, quand certaines substances chimiques sont mises en présence : la dégradation de l'une catalyse la régénération de l'autre. Et réciproquement. Les concentrations de ces deux substances oscillent pendant très longtemps en passant par des maxima et des minima. Des oscillations tout à fait analogues se retrouvent dans les relations entre deux populations de prédateurs et de proies. Si l'on cultive dans un même milieu des bactéries E. Coli et des paramécies, le nombre d'individus dans chaque colonie oscille en passant par un maximum et un minimum : la population d'E. Coli est faible quand il y a un grand nombre de paramécies. Mais celles-ci meurent car elles ne trouvent plus de nourriture. Ce qui permet aux bactéries de se reproduire rapidement. Et ainsi de suite.

De telles oscillations représentent un début de régulation par rétroaction négative et donc de stabilisation. Mais, lorsque des chaînes de réactions autocalytiques se prolongent en réseaux très ramifiés, il arrive qu'une de leurs branches se referme en un *cycle*. C'est alors toute la succession de réactions correspondantes qui se trouve stabilisée par rétroaction négative. Et donc automatiquement conservée. Il y a autosélection. C'est ce qui explique pourquoi on retrouve de tels cycles à la base de tous les processus de la vie (cycles du métabolisme cellulaire ou cycles écologiques).

Fluctuations autocalytiques, oscillations et cycles peuvent donc conduire à la naissance de *structures organisées* à partir du désordre[1].

Le « hasard » et la « nécessité »

A la racine de la genèse de toute forme nouvelle, on retrouve donc un générateur aléatoire de variété et un système de stabilisation.

Le générateur aléatoire de variété joue le rôle du « hasard ».

---

1. Ce processus est appelé par von Fœrster « *order from noise* » (ordre à partir du bruit). Pour I. Prigogine, c'est l'ordre par fluctuation. Les structures organisées transformant l'énergie sont des « structures dissipatives ».

Le moindre écart à l'équilibre pouvant être amplifié par rétroaction positive. En voici quelques exemples :

Le processus reproduction/mutation chez les êtres vivants combine la génération aléatoire des formes les plus variées avec leur développement autocatalytique (l'environnement joue, comme on le verra, le rôle du sélecteur).

Dans l'évolution sociale, des événements imprévus, des accidents, des agressions provenant de l'environnement constituent des germes de changement. Ces événements peuvent être captés, sélectionnés ou provoqués à des fins politiques.

Les idées, les nouvelles orientations résultant de la recherche ou de la réflexion sont, au départ, des fluctuations aléatoires. Elles seront sélectionnées, conservées ou abandonnées en fonction du jeu des boucles de récompenses et de renforcements, qui lient chaque personne au système qui la fait vivre.

Le système de stabilisation et de sélection représente la « *nécessité* ». Il fait intervenir l'environnement. Ce qui interdit de séparer un système ouvert en évolution de son écosystème. (Comparez avec le schéma de la p. 102.)

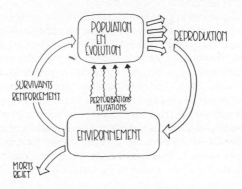

L'environnement agit comme un filtre, en ne conservant que les formes les mieux adaptées. La sanction, c'est l'élimination. La mort. En perturbant des systèmes ultra-stables (homéostatiques), l'environnement les force à s'adapter et à évoluer. C'est par l'intermédiaire de la boucle de renforcement (représentée par les survivants les mieux adaptés), que l'environnement exerce son pouvoir de sélection : seuls les survivants peuvent évidemment léguer à leurs descendants la mutation favorable.

Comment fonctionne le sélecteur ? A partir d'une organisation nouvelle, d'une espèce nouvelle, d'une idée nouvelle, comment se poursuit l'évolution ? Vers la croissance, l'équilibre ou le déclin ?

L'exclusion et la divergence

L'autocatalyse entraîne inévitablement croissance rapide et accélération. Mais aussi conflits avec l'environnement. Les systèmes en croissance drainent de l'énergie à leur profit. Lorsque les ressources de l'environnement sont limitées, ces systèmes entrent en compétition avec d'autres. Certains survivent, d'autres sont éliminés.

C'est dans cette optique qu'il faut relier autocatalyse et autosélection. La sélection naturelle ne peut plus être confondue avec un « choix » arbitraire effectué de « l'extérieur » par une entité supranaturelle. Ou même par un environnement doté d'on ne sait quel projet. La vieille notion de sélection naturelle doit donc faire place à une notion plus générale, intégrant la durée et l'accélération : *l'exclusion compétitive*.

L'exclusion compétitive se fonde sur la vitesse de croissance, l'accélération par autocatalyse et la puissance libérée (voir p. 154). Imaginez deux populations en compétition pour des ressources limitées et vivant dans la même niche écologique. Ces deux populations ne peuvent coexister dans un équilibre parfait qu'à la seule condition que leurs vitesses de reproduction soient identiques [1]. Dès que le taux de reproduction d'une population dépasse celui de l'autre, ne serait-ce que d'une infime fraction, cette population aura toutes les chances d'éliminer son concurrent. La situation réelle est évidemment beaucoup plus complexe, car elle fait intervenir les interdépendances entre plusieurs populations.

Poussée à l'extrême, l'exclusion compétitive ne devrait-elle pas aboutir à une seule espèce, mieux adaptée, sélectionnée aux dépens de toutes les autres ? L'homme par exemple ? En fait, cette sélection exclusive est impossible car elle détruirait l'écosystème. Ce que rappelle la loi de la variété requise (voir p. 130). La prédominance d'une seule espèce, ou une trop grande réduction du nombre des espèces en présence, entraînerait un désé-

---

1. Il en serait de même pour une population de molécules dotées de propriétés autocatalytiques. Ou pour une population de systèmes prébiologiques, ancêtres rudimentaires des organismes vivants.

quilibre fatal. L'écosystème ne résisterait pas à une telle simplification, et, *a fortiori*, les systèmes qui évoluent en son sein. L'autoconservation porte donc sur l'ensemble : systèmes ouverts en évolution, *plus* écosystème.

L'accélération est un des traits caractéristiques de l'évolution généralisée. La durée se contracte, depuis les premières formes vivantes jusqu'aux sociétés humaines. L'évolution intellectuelle ou technico-sociale de l'humanité est encore accélérée par rapport à celle de l'évolution biologique. Chaque invention est l'équivalent d'une mutation au sens biologique. L'homme peut inventer et se tromper, sans devoir attendre la naissance d'une nouvelle génération pour juger les résultats de ses créations. En biologie, pour éliminer une invention inutile, il faut toujours éliminer un individu. Par ailleurs, la transmission des « inventions biologiques » utiles est séquentielle. Elle ne se produit qu'au moment du passage d'une génération à l'autre. Dans l'évolution intellectuelle, au contraire, ce qui vient d'être inventé peut théoriquement profiter à tous. Les techniques de diffusion et de mémorisation accélèrent considérablement l'évolution technico-sociale.

Liée à l'accélération, l'exclusion compétitive introduit des divergences temporelles difficiles à combler, entre deux ou plusieurs types d'évolution. On comprend l'importance du taux relatif de croissance entre deux systèmes ou deux populations en compétition dans un environnement aux ressources limitées. Tout écart qui se creuse entre deux vitesses de métabolisme peut également conduire à l'élimination du plus lent. Et ceci est valable au niveau biologique comme au niveau des sociétés humaines.

C'est pourquoi la notion de *divergence temporelle* me paraît fondamentale pour comprendre les mécanismes les plus généraux de l'évolution et de la « sélection ». Elle a, de plus, l'avantage de permettre de relier étroitement l'évolution et le temps, ce que paradoxalement on cherchait à séparer.

Une notion aussi importante n'a pas manqué d'avoir une profonde influence dans la maturation des idées philosophiques, économiques et politiques sur lesquelles se sont construites les sociétés modernes. Il est particulièrement éclairant à cet égard de suivre la filiation des idées qui a conduit, de Malthus à Darwin, puis de Darwin à Engels et Marx, aux conceptions aujourd'hui familières de « lutte pour la vie », ou de « lutte des classes ». Une loi économique a donné naissance à une loi biologique qui, à son tour, a servi de base à une nouvelle loi économique.

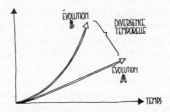

En septembre 1838, quelque temps après son retour du voyage sur le Beagle, Darwin lit le livre de Thomas Robert Malthus publié en 1788, *Essai sur le principe de population*. Il réalise brusquement l'importance fondamentale de la divergence temporelle entre le taux d'accroissement d'une population et le taux de production alimentaire, bases de la théorie malthusienne. « J'ai été immédiatement frappé par le fait que, dans de telles conditions (celles de la compétition pour la vie), les variations favorables tendraient à être conservées, et les défavorables à être détruites. Le résultat serait la formation de nouvelles espèces. Je disposais donc d'une théorie sur laquelle je pouvais travailler. »

Le véritable moteur de l'évolution, c'est l'extraordinaire pouvoir de reproduction des êtres vivants. Potentiellement, chaque espèce a les moyens d'envahir le monde avec sa descendance. Mais ce qui l'en empêche, c'est la compétition et la mort.

Engels est frappé par les idées de Darwin et réalise la grande généralité du mécanisme évolutif qu'il propose. Le 12 décembre 1859, il écrit à Marx : « Au demeurant, ce Darwin que je suis en train de lire est tout à fait sensationnel... on n'avait jamais fait une tentative d'une telle envergure pour démontrer qu'il y a un développement historique dans la nature, du moins avec un pareil bonheur... »

Marx, qui vit à Londres, a l'occasion de rencontrer Darwin. En juin 1862 il écrit à Engels : « Ce qui m'amuse chez Darwin, que j'ai revu, c'est qu'il déclare appliquer *aussi* la théorie de Malthus aux plantes et aux animaux... Il est remarquable de voir comment Darwin reconnaît chez les animaux et les plantes sa propre société anglaise, avec sa division du travail, sa concurrence, ses ouvertures de nouveaux marchés, ses "inventions" et sa malthusienne "lutte pour la vie". »

Au niveau des sociétés, la loi de l'exclusion compétitive se constate actuellement dans l'accroissement de l'écart entre les pays riches et les pays pauvres. La consommation énergétique effrénée des pays riches, liée à la vitesse des processus économiques, les conduit à drainer des flux toujours plus intenses dans un environnement qui s'appauvrit. De plus, la croissance et l'accélération liées à la mainmise sur les mécanismes régulateurs d'un système de complexité inférieure (et donc à son contrôle) conduisent obligatoirement à la domination du plus faible par le plus fort. Au-delà des intérêts égoïstes, ce sont des valeurs morales, éthiques et humanitaires qui doivent maintenant nous guider. Sans quoi nous risquons d'assister à un phénomène d'exclusion compétitive inexorable : l'autosélection des pays riches et l'élimination des pays pauvres. Avec, pour conséquence catastrophique, la perte d'une richesse plus importante encore pour l'humanité. Celle d'une variété culturelle et humaine indispensable à son évolution.

L'équilibre et la croissance zéro

Pour les biologistes, la croissance n'est qu'une marche vers l'équilibre. Cet équilibre, une fois atteint, n'est pas un équilibre statique mais un équilibre dynamique. L'équilibre statique, on le sait, c'est la mort.

Le fondement de la notion d'équilibre en chimie, c'est le principe de Le Chatelier. « Si l'on fait varier les conditions imposées à un système initialement à l'équilibre, ce dernier se déplace dans un sens qui tend à ramener le système dans les conditions initiales. » C'est un principe cybernétique avant Norbert Wiener. Une régulation par rétroaction négative. Ce principe a permis d'établir les grandes lois qui gouvernent les réactions chimiques. Mais il se rapporte à des systèmes fermés dont la direction d'évolution est donnée par l'accroissement de l'entropie. Dans un système ouvert, au contraire, la direction d'évolution est donnée par l'accroissement de l'information ou, ce qui revient au même, par la décroissance de l'entropie[1]. L'état stationnaire qui se maintient est comparable à un déséquilibre contrôlé. A

---

1. En effet, si la création d'information équilibre exactement la production d'entropie dans le système, celui-ci se maintient à l'état stationnaire. Il n'évolue pas. Si la croissance de l'entropie augmente, le système se désorganise et disparaît. La direction d'*évolution* (du changement) d'un système ouvert est donc donnée par l'accroissement de l'information ou de l'organisation.

une fuite en avant. On a tort de parler « d'équilibre du milieu intérieur », « d'équilibre des prix », « d'équilibre de la balance commerciale », ou « d'équilibre social ». Dans un système ouvert, il n'existe que des *déséquilibres contrôlés*. Ce type « d'équilibre » naît de la vitesse, comme celui du surfer penché en avant pour descendre une vague qui se reforme sans cesse sous sa planche.

Un des meilleurs exemples de « déséquilibre contrôlé » est fourni, une fois de plus, par la biologie. Dans la cellule, la fabrication du combustible cellulaire (l'ATP) est assurée par la chaîne de transporteurs d'électrons (voir p. 80). En tête de la chaîne arrivent les substances extraites des aliments et donc riches en énergie. Ces substances possèdent une forte « pression d'électrons ». Elles auront donc tendance à les céder. Chaque transporteur se situe à un niveau de « pression » inférieur au précédent. L'énergie des électrons « coule » donc de l'un à l'autre, comme une cascade. A la fin de la chaîne, ces substances ont été débarrassées de leurs électrons. Leur « pression » est tombée. Elles se combinent alors avec de l'oxygène et de l'eau. Mais, dans l'ensemble de la chaîne, il y a maintien d'un « équilibre ». C'est ce qu'illustre l'analogie hydraulique ci-dessous :

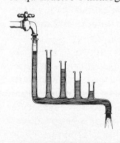
Dans chaque tube (ouvert au sommet), l'eau se maintient à un niveau stationnaire (à condition que les débits d'entrée et de sortie soient égaux). Ces niveaux ne sont pas à la même hauteur, car la pression est différente suivant les tubes (elle est plus faible près de la sortie). Il en est de même de la « pression » d'électrons de chaque transporteur. Elle est très faible en bout de chaîne.

L'ensemble des états stationnaires de la cellule confère à la vie une de ses propriétés les plus remarquables : se maintenir à *contre-courant* du flux d'entropie. Incapable de remonter ce flux, elle *l'équilibre* pendant un certain temps...

C'est dans une telle optique qu'il faut comprendre l'expression « économie stationnaire ». Il s'agit également du maintien d'un déséquilibre contrôlé. Cette expression est préférable à celle de « croissance zéro », qui introduit de nombreux malentendus sur les finalités de la croissance économique. On confond en effet la croissance zéro avec un arrêt du progrès technique et intellectuel de l'humanité. Ou avec un équilibre statique. Or natalité et production industrielle sont des flux. L'objet de l'économie stationnaire devait être le maintien de la richesse à un niveau désiré, grâce à la régulation de ces flux à leur débit minimum. S'efforcer de les accroître comme s'ils représentaient *en eux-mêmes* une richesse est absurde.

La conquête du temps

Au-delà des problèmes posés par la pollution ou l'épuisement des ressources naturelles, la croissance économique « à tout prix » introduit une autre contrainte : elle fait du temps un « produit consommable ». Le temps, comme le travail, est mis en « miettes ». Rationné. Car il devient un bien dont nous commençons à manquer.

« L'abondance de biens crée une pénurie de temps » (J.-P. Dupuy). Nous manquons constamment de temps pour jouir des objets que nous achetons. Car à chaque bien est attaché une « durée minimum de consommation » : il faut du temps pour lire un livre, écouter un disque, regarder la télévision, se servir de sa voiture ou d'une tondeuse à gazon. « Le temps devient un bien rare par rapport aux choses » (Dupuy). Sa valeur s'accroît avec le niveau de vie. D'où la recherche de moyens permettant de gagner du temps sur des activités « chronophagiques ». On rogne sur le sommeil, l'hygiène, la durée des repas, le temps de réflexion, les déplacements, la vie de famille ou les sports. Il faut allonger la durée de son travail pour pouvoir s'acheter des machines à gagner du temps ou pour se payer le temps des autres.

Mais gagner du temps sur quoi ? Sur quelle échéance ? Gagner du temps sans que soit fixée l'échéance (qui est la *dimension temporelle* du but à atteindre) conduit, on l'a vu, à gaspiller de l'énergie. La seule manière de « gagner du temps », à l'échelle de l'humanité, c'est de créer des structures nouvelles, d'organiser le monde.

Les moyens permettant de s'opposer à l'entropie ne sont pas à rechercher du côté de l'accélération de la machine économique. Cette accélération conduit à un accroissement de la consommation. Elle va dans le sens du désordre et de l'entropie. Il faudrait plutôt rechercher les moyens de lutter efficacement contre l'entropie par *l'accroissement de la capacité de création de notre société*.

Perdre son temps à gagner sa vie, ou risquer de perdre sa vie à gagner du temps ? Telle est l'alternative qui ronge aujourd'hui

tant d'hommes et de femmes des pays industrialisés. Au lieu de
rester enfermés dans ce cercle vicieux, peut-être pourrait-on
retrouver dans des activités créatrices les moyens de sauver réelle-
lement du temps ? La création d'un original exige de la durée.
La communication de cette réserve de temps par l'éducation fournit à chacun un « capital-temps » qu'il pourra utiliser dans sa vie.

Il faut réapprendre à « perdre du temps » pour mieux savoir
l'économiser collectivement. Dans notre civilisation de la hâte
et du gaspillage, la contemplation d'un paysage, la conversation
avec un enfant, la pratique d'un sport ou simplement la médita-
tion peuvent sembler une perte de temps ; mais combien d'idées
fécondes, de réflexions créatrices et d'hypothèses nouvelles sont
nées en de tels instants ?

Le conflit entre la vitesse effrénée de notre société et la pléni-
tude d'un instant vécu dans toute sa profondeur n'a jamais été
aussi aigu. Notre horloge biologique proteste : le stress est trop
fort. On atteint les limites de la résistance de l'organisme. Pas
plus que le temps biologique, le temps psychologique n'est pris
en considération. De nombreux biologistes et physiologistes l'ont
fait remarquer. Le temps fuit à des vitesses différentes aux divers
âges de la vie. Le jeune enfant, qui actualise une grande énergie
en relation avec l'intensité de son métabolisme, vieillit très vite.
On pourrait dire que plus l'organisme est jeune plus il vieillit
vite. Psychologiquement, cela se traduit pour lui par la lenteur
d'écoulement du temps extérieur de référence, car il le charge
de plus de « valeurs » de son temps biologique. Les années passent lentement quand on est jeune et de plus en plus rapidement
tandis que l'on vieillit. Chacun fait cette expérience au cours de
sa vie : le vieillard voit l'enfant changer constamment, mais, pour
celui-ci, les vieux restent toujours les mêmes.

Pourtant, en dépit de cette observation, confirmée par les données biologiques, la journée de travail scolaire d'un enfant est
presque égale à celle d'un adulte. Les heures pèsent plus lourd
pour un enfant. S'il est correctement motivé, il apprend plus vite
que l'adulte. Or il passe des heures enfermé dans un univers qui
lui paraît appauvri par rapport à celui du monde extérieur.

Avide de gagner du temps, notre époque se caractérise autant
par la conquête du temps que par la conquête de l'espace. Des
moyens de communication et de transport aux ordinateurs, nous
continuons d'inventer des machines à conquérir le temps. Mais
ces machines sont peut-être un piège. Les ordinateurs travaillent à la nanoseconde (qui est à la seconde ce qu'une seconde

est à trente ans) ; la quantité d'informations qui circulent déjà dans l'organisme social est telle que les vies de tous les individus vivant aujourd'hui sur la terre, mises bout à bout, ne constitueraient pas une durée totale suffisante pour recevoir, traiter et assimiler ces informations. La conclusion est simple : la quantité d'informations nécessaires au fonctionnement de la société dépasse déjà très largement notre capacité de traitement. Même avec l'aide des ordinateurs. Car il faut contrôler ce qui s'échange d'un ordinateur à l'autre. Faire des « prélèvements » de manière à prendre des décisions. Or c'est justement cette fraction, infime par rapport à tout ce qui s'échange dans le monde des bits et des impulsions électroniques, qui sature déjà la capacité de traitement de notre cerveau.

Que faire ? S'en remettre aux ordinateurs ? Même dans le programme Apollo, toute la hiérarchie des ordinateurs vérifiant en temps réel les paramètres du décollage pendant le compte à rebours était construite de telle manière que l'ultime décision du lancement soit prise par un cerveau humain, celui du directeur du programme. L'organisation et le succès du programme Apollo ont tenu au fait que c'était une opération finalisée. Ce qui a permis à ses responsables de faire des choix, d'allouer temps et ressources, d'organiser le temps.

A l'encontre, nos sociétés n'ont pas encore su choisir leurs finalités. Pour libérer le temps, redonner à chacun son temps libre, ni la croissance, ni même l'économie stationnaire n'y suffiront. Il faudra parvenir à fixer clairement les finalités et les échéances. Peut-être alors parviendrons-nous à lutter efficacement contre une forme de gaspillage bien pire encore que le gaspillage de l'énergie ou des matières premières : *le gaspillage de l'énergie humaine*. Mais peut-être aussi faudra-t-il aller pour cela jusqu'au bouleversement de notre échelle des valeurs. Finalités et échéances impliquent des choix entre plusieurs types de contraintes. Or, tout choix, au niveau le plus élevé, se fonde obligatoirement sur une hiérarchie des valeurs. La nôtre est périmée. L'échec de nos sociétés industrielles en témoigne. Peut-on discerner dans la nouvelle génération, plus ouverte à l'approche globale, l'émergence de nouvelles valeurs ?

6

Valeurs et éducation

Notre éducation reste désespérément analytique, centrée sur quelques disciplines, comme un puzzle dont les pièces ne s'imbriquent pas les unes dans les autres. Elle ne nous prépare ni à l'approche globale des problèmes, ni au jeu de leurs interdépendances.

Pourtant la génération des 18-25 ans pose, elle, les problèmes globalement. Il semble que par mille canaux parallèles, allant des media traditionnels à ceux de la contre-culture, par une sorte d'osmose avec la nature et la société, les jeunes ont appris à découvrir d'eux-mêmes une certaine forme d'approche systémique. A leur manière, ils l'appliquent à la résolution de problèmes qui défiaient jusqu'alors l'analyse et la logique de leurs aînés. Tout naturellement, ils ont fait du macroscope une arme de commando.

Mais cette pensée émergente, cette nouvelle façon de voir le monde et de le juger n'est pas le monopole d'une seule génération. D'autres hommes et femmes, de tous les âges et à tous les niveaux de la société, la partagent aujourd'hui. C'est pourquoi je m'y référerai en l'appelant simplement : la « nouvelle pensée ».

1. Naissance d'une vision globale

La nouvelle vision du monde n'est pas l'effet d'une seule cause, mais résulte de la convergence, de l'intégration et de l'interdépendance d'un grand nombre de facteurs.

Certains observateurs mettent en avant l'effet catalytique des communications. D'autres, la découverte soudaine du caractère limité de la planète, provoquée par la crise de l'environnement. D'autres encore, la lucidité de la critique politique de la société industrielle et l'analyse de ses multiples prolongements écologiques, économiques et humains. D'autres enfin font ressortir l'impact, dans les pays industrialisés, de l'explosion démographique de l'après-guerre, qui a globalement conféré une « conscience de classe » à toute une génération.

Il est impossible de dissocier ces éléments les uns des autres. Mais l'on peut cependant tenter de distinguer, au niveau de la naissance de cette vision globale, l'influence de facteurs culturels ou psychosociologiques, de celle des facteurs externes, propres au phénomène de l'évolution, considéré dans toute sa généralité.

Au miroir de l'objectivité

Certaines grandes découvertes scientifiques ont contribué, peut-être plus que d'autres, à étendre notre vision du monde et à ouvrir les esprits à l'approche globale. Il faut citer, en premier lieu, les deux plus grandes idées que nous ait peut-être léguées le XIXe siècle : l'évolution en biologie et l'entropie en thermodynamique. On a vu comment elles permettaient d'intégrer « verticalement » les différents niveaux de complexité de la nature. Mais il faut citer également les disciplines nouvelles nées dans le bouleversement des années 40 : cybernétique, théorie de l'information, théorie des systèmes et informatique. Elles s'insèrent comme un coin dans les fissures existant entre des représentations du monde cloisonnées mais disjointes, et font éclater notre vision étriquée et fragmentaire de la nature et de la société.

La plongée dans le grand passé de l'homme, de la vie et de la terre, que représente l'étude de l'évolution généralisée, conduit à un autre bouleversement. D'ordre philosophique cette fois. Elle prend les observateurs que nous sommes au piège de leur propre objectivité.

Grâce à ce que la science lui a appris sur les mécanismes de sa propre évolution, le sujet peut se « mettre à la place de la nature », s'interroger sur la « logique du vivant » et se regarder ainsi au *miroir de l'objectivité*. L'observateur a jeté son filet sur la nature, croyant rester en dehors des phénomènes qu'il étudie. Spectateur neutre, impartial et incorruptible. Or voici qu'il retrouve dans ce filet l'autre face de lui-même. Raccordée par toutes ses fibres à celles de la vie et de la matière qui l'ont précédée sur la terre.

C'est dans ce contexte que nous sommes amenés à reposer les questions éternelles de notre origine, de la signification de la vie, des conséquences de notre action, de notre destinée. C'est dans ce contexte global que ces questions s'éclairent d'une lumière tout autre. La vision nouvelle ne veut plus — et ne peut plus — séparer l'objet du sujet. Séparer la certitude des faits expérimentaux accumulés patiemment par la science, de la signification et de la finalité de l'action consciente et créatrice qui transforme le monde.

Ces bouleversements scientifiques et philosophiques, joints aux grandes idéologies politiques du XIXe siècle (inspirées tant du matérialisme que du spiritualisme) ont contribué à préparer l'émergence de la nouvelle pensée. Ils ont mis sur nos lèvres les questions fondamentales que nous nous posons sur les raisons, les motifs, la finalité de notre action et de notre éducation.

Le visage du monde

Jusqu'à une époque récente, nous étions aveugles et sourds aux transformations et aux pulsations de ce grand organisme social dont nous sommes les cellules. Nous manquions du recul nécessaire pour en discerner les traits structurels, la morphologie. Nous manquions du temps nécessaire pour en suivre les lentes transformations ou pour en démontrer les mécanismes fonctionnels, englués dans la durée. Nous manquions d'instruments et de méthodes pour aborder la complexité de son organisation et de ses processus.

Or aujourd'hui, brusquement, tout change. L'explosion des moyens de communication, l'accélération de l'évolution et le jeu des interdépendances énergétiques et économiques, déchirent d'un coup le voile qui masquait à nos yeux la totalité planétaire. Du même coup, apparaît de manière dramatique l'aspect dérisoire et limité du « vaisseau spatial Terre ».

Nous voyons de nos propres yeux, avec toute la force de persuasion du direct, l'image de notre terre renvoyée de la lune par les caméras de télévision des astronautes. Étrange miroir : au moment même où elle s'y regarde, l'humanité pourrait presque se faire un « clin d'œil » en éteignant toutes les lumières d'une grande ville.

Cette vision narcissique se prolonge et se renforce dans le temps. La presse publie quotidiennement des photos, prises par les satellites météorologiques, de la couche de nuages couvrant les océans et les continents. Les satellites géographiques et géologiques détectent la moindre pollution des mers — ce lac dont nous sommes tous les riverains — et renvoient des clichés dont la précision dépasse celle de toutes les cartes que nous avons pu réaliser au ras du sol.

Les grandes organisations internationales, les organisations de voyages, les compagnies aériennes, les chaînes d'hôtels, les foires mondiales ou les grandes manifestations sportives maintiennent autour de la terre un réseau permanent, assurant la mobilité des hommes et des idées. Ces multiples miroirs, en nous renvoyant des facettes de notre propre image, nous forcent à prendre globalement conscience de notre diversité, mais aussi de notre profonde unité.

Il existe une relation étroite entre la vitesse de propagation des idées et la perception collective d'un « présent » du monde. Les modes, la révolution des mœurs, les percées techniques se propagent à la vitesse d'épidémies. Les idées ont la « force infectieuse des virus », comme se plaît à le dire Jacques Monod. Lorsque le terrain est propice, il est totalement envahi. La pression exercée par les jeunes porte au même moment à travers le monde. Et sur les mêmes grands problèmes : respect de la personne humaine, rôle de la femme dans la société, protection de la nature, critique de la croissance économique, place de l'art, de la religion et du subjectif dans la société industrielle.

La rencontre des civilisations et des cultures provoque une intégration des valeurs de civilisation et une différenciation complémentaire des valeurs culturelles. A travers « l'opinion publique mondiale », la « conscience collective » — et même « l'inconscient collectif » —, on voit se dessiner peu à peu les grandes lignes d'une « psychologie » émergente de la noosphère.

La vie de la terre

On ne réalise vraiment l'importance d'une des fonctions vitales de la société qu'au moment où elle se ralentit et, *a fortiori*, au moment où l'on en est privé.

Un des meilleurs exemples de cette simple constatation est offert par la crise de l'énergie. En même temps que le rôle global de l'énergie dans la société moderne, on découvre d'un seul coup la complexité du réseau de distribution et d'utilisation de l'énergie. Vers les grandes industries, mais aussi jusqu'à ses derniers capillaires. C'est-à-dire jusqu'à chacun d'entre nous. Par contrecoup, apparaît au grand jour l'interdépendance mondiale des industries de transformation et l'interdépendance des économies.

Mais il y a plus important : nous avons soudain pris conscience de notre pouvoir, en tant qu'individus, d'agir collectivement par l'intermédiaire de grandes régulations sur lesquelles nous ne pensions avoir aucune influence. Ce fut probablement une découverte pour beaucoup d'entre nous de constater les effets globaux, au plan de l'économie d'un pays, des restrictions apportées à la circulation des voitures, ou de l'efficacité potentielle de systèmes de récupération des rejets, reposant sur la capacité de sélection de chaque individu.

Mais la perception globale du fonctionnement (ou du mauvais fonctionnement) de l'organisme social repose sur bien d'autres facteurs positifs ou négatifs. Parmi ces facteurs, on peut mentionner les grandes pannes, comme le *black out* que connut la côte est des États-Unis en 1965. Les grèves à impact international, comme celle du courrier, des transports aériens, des « aiguilleurs du ciel », ou de l'informatique dans les banques. Ces grèves affectent des régions entières, des pays entiers et renforcent à l'échelle mondiale le sentiment d'interdépendance des fonctions sociales.

Les grandes catastrophes, sécheresses, inondations, tornades, tremblements de terre, épidémies, famines, sont autant d'événements, d'agressions qui forcent à envisager, malgré nous, les problèmes des autres et nous en rapprochent, quoi qu'on en dise.

La violence sous toutes ses formes, répression, guérillas, actions de commandos terroristes, détournements d'avions, prises d'otages, mobilise l'attention de millions de personnes, simultanément sur toute la planète. Les expériences nucléaires dans l'atmosphère regroupent contre elles des pays aux coutumes et aux idéologies souvent très différentes, et polarisent l'opinion mondiale.

L'économie, par sa dimension planétaire, contribue peut-être plus encore à cette perception globale des fonctions. Fluctuations des cours sur les grandes places boursières. Flambées ou baisses des matières premières. Ruées vers l'or. Variations de la parité des monnaies. Relations entre pays producteurs et pays consommateurs de pétrole. Interdépendance des problèmes posés par la crise de l'alimentation, la crise de l'énergie et l'inflation.

Tous ces facteurs contribuent à renforcer le sentiment de participation aux fonctions vitales d'un organisme qui nous englobe
et que l'on ne voit pas, mais dont on sent pulser la vie.

L'accélération : de l'impatience à l'évidence

L'accélération de l'évolution culmine aujourd'hui, dans la
suraccélération de l'évolution du système social des pays industrialisés. La perception de cette accélération contribue à développer chez les plus jeunes un sentiment d'impatience et un
sentiment d'évidence.

Un sentiment d'impatience d'abord. Plus que jamais les jeunes mesurent l'écart entre leurs attentes et l'inertie des institutions ; le décalage entre ce qu'ils ont appris à l'école, le monde
tel qu'ils le voient et ce qu'il pourrait être. Cette impatience est
propre à toute « nouvelle génération » (quelle que soit l'époque),
mais elle est renforcée aujourd'hui par l'accélération des événements. Jamais l'avenir n'a paru, collectivement, plus risqué et
plus incertain. Tout est possible : effondrement du système économique, guerres, dictatures. Pourquoi, dès lors, chercher à accumuler patiemment des connaissances qui seront périmées quand
on aura à les utiliser ? Pourquoi cette longue préparation à des
carrières qui n'existeront peut-être plus dans dix ou vingt ans ?
Pourquoi, comme le montrent tant d'exemples de la vie des adultes, aller s'ennuyer au bureau ou à l'usine ? A ces questions on
répond parfois par des attitudes extrêmes : au lieu de chercher
à s'intégrer à un système social qui vit peut-être ses dernières
années, il faut au contraire s'approprier, le plus vite possible,
les choses auxquelles on attache du prix, car rien n'est garanti.
On voit naître également une classe et des métiers marginaux,
préfigurant peut-être certains des traits de la société post-
industrielle.

Un sentiment d'évidence aussi. Car l'accélération de l'histoire
joue le rôle d'un extraordinaire « révélateur ». Elle fait apparaître, comme le film accéléré d'une très lente transformation, l'évidence d'une direction ou d'une intention. Mieux informés par
leurs multiples canaux parallèles de communication, d'observation et d'éducation mutuelle, plus ouverts aussi, les jeunes dis-
cernent beaucoup mieux que leurs aînés des événements, des
évolutions, des situations qui échappent souvent aux experts et
aux spécialistes. Chacun de ces faits bruts est replacé dans un

contexte plus large qui l'éclaire et lui confère sa vraie signification. Le sens de la hiérarchie des urgences renforce l'impatience devant l'inaction, l'impuissance ou la résignation.

Serait-ce un tel couplage entre une vision plus globale de l'organisme social et une perception plus aiguë des effets de l'accélération qui confère à la nouvelle pensée une sorte de don de « double vue » ? Au pouvoir d'analyse semble se substituer une nouvelle faculté de « reconnaissance des formes », de *pattern recognition*, comme le disent les Anglo-Saxons. Expression fondamentale dans le cadre de ce livre, mais presque intraduisible en français. Un *pattern* est plus qu'une forme, c'est un motif. Comme celui que l'artiste évoque à partir des couleurs et des surfaces d'une tapisserie. Ou comme les motifs que l'on découvre dans l'agencement des facettes d'un kaléidoscope. Ou encore dans le regroupement fugitif des nuages lors d'un coucher de soleil. Mais un *pattern* intègre une autre dimension : la durée. On pourrait donc traduire le mot *pattern* par l'expression « motif spatio-temporel ».

La nouvelle pensée semble avoir spontanément appris à regarder le monde au macroscope. A détecter et à reconnaître ses grands *patterns*. Cette vision globale l'a conduite à substituer le systémique à l'analytique. Le subjectif partagé à l'objectif difficilement communicable.

Les profondes modifications de notre représentation du monde se produisent avec une telle rapidité et conduisent à des mouvements collectifs d'une telle ampleur, qu'on les confond la plupart du temps avec les *modes*. La plupart des spécialistes en sciences sociales négligent de les étudier et de les analyser par les méthodes traditionnelles. Seuls quelques sociologues, ou journalistes éclairés, ont su intégrer, grâce à une approche plus globale des problèmes, les dimensions nouvelles d'un monde en accélération. Ce qui les a mis en mesure de mieux interpréter ces transformations et de les resituer dans le contexte de l'évolution générale des mœurs, des valeurs et de la culture [1].

L'apport de ces sociologues ou journalistes est très souvent critiqué par leurs collègues plus traditionalistes. Car leur approche est très différente. Ils utilisent, comme la génération qu'ils observent, les mêmes facultés de *pattern recognition*. Ils regardent les

---

1. Je pense en particulier aux travaux de Jacques Ellul, de Marshall McLuhan, de Herbert Marcuse, de Margaret Mead, d'Edgar Morin, de Charles A. Reich, de Jean-François Revel ou d'Alvin Tofler.

choses « au macroscope », utilisent une approche systémique, grâce à laquelle ils intègrent les faits en de multiples facettes qui éclairent leur propos et en révèlent le sens. Certaines de leurs interprétations contiennent inévitablement des faiblesses, des lacunes, voire des erreurs, mais leur contribution est complémentaire de celle des sociologues classiques.

Aujourd'hui, les sociologues « marginaux » exercent une profonde influence sur une génération qui se reconnaît dans le miroir qu'ils lui présentent. Leur vision catalyse et renforce un mouvement universel dont l'ampleur dépasse les modes pour poser avec lucidité les vrais problèmes de civilisation.

2. L'émergence des nouvelles valeurs

Une critique très profonde de la société et de la nature des rapports humains s'élabore dans le bouillonnement de la société moderne. Elle est principalement le fait d'une génération parfois aussi étrangère aux habitudes et aux valeurs traditionnelles que le seraient les habitants d'un autre monde, brusquement débarqués sur la terre. Il est difficile de regrouper les principales critiques et de dégager les valeurs fondamentales sur lesquelles s'appuie la nouvelle pensée. Je voudrais pourtant tenter de le faire, mais en prenant quelques précautions.

Les nouvelles valeurs dont il sera question ne sont pas destinées à se substituer brusquement aux anciennes. Il n'y a pas en ce domaine d'évolution linéaire ou séquentielle. Mais juxtaposition, coexistence et parfois complémentarité. Et ceci suivant le degré ou la vitesse d'évolution des milieux, des groupes et des types de sociétés auxquels ces valeurs se rapportent.

Pour tenter de répondre à la question, si souvent posée par la génération actuellement au pouvoir, sur « ce que propose la jeunesse à la place de ce qu'elle cherche à détruire », je vais donc considérer les principales critiques que porte la nouvelle pensée sur la société actuelle. Je les rassemblerai, p. 289, dans un tableau résumé faisant ressortir les points principaux de la transition entre les valeurs traditionnelles et les valeurs émergentes. Je suis conscient du caractère schématique de cette présentation. Mais elle a pour but principal de permettre de réexaminer les relations entre les aspirations d'une génération et l'éducation qu'on lui propose.

Critique de l'autorité

La critique de l'autorité est liée à celle de la légitimité du pouvoir, tel qu'il est perçu. De manière concrète et presque caricaturale, ce pouvoir est symbolisé par les «neuf piliers» qui maintiennent, depuis les débuts des civilisations, les sociétés humaines dans la loi, l'ordre social et moral, et la sécurité : l'État, l'Église, la Famille, l'École, la Justice, l'Armée, la Police et, plus récemment, l'Entreprise et le Corps médical. L'autorité se matérialise par les ordres (ou les conseils, revêtus de l'autorité de celui qui détient la science ou la grâce divine) provenant du «chef». Le chef de l'État, le prêtre, le père, le professeur, le juge, le général (ou l'adjudant), le «flic», le patron ou le médecin de famille.

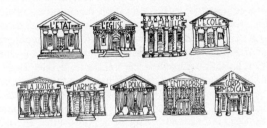

Ces garde-fous de l'ordre moral et de l'ordre social étaient acceptés par les anciennes générations au même titre que les institutions qu'ils représentaient. Ni les uns ni les autres n'étaient discutés : on en acceptait les impératifs et on s'en remettait à leur autorité. Mais aujourd'hui on remet en cause la légitimité du pouvoir et les conditions de son application. On oppose l'action par l'influence et par la motivation, à l'exercice direct du pouvoir. Car l'influence implique la liberté des choix plutôt que la contrainte physique. Il y a en effet — très shématiquement — deux façons de «faire bouger» les choses et les gens : l'exercice direct du pouvoir et l'influence.

L'exercice direct du pouvoir peut s'appuyer sur la force physique, ou sur la contrainte psychologique et morale. Sa légitimité repose sur la puissance que confère la possession ou le contrôle d'un capital énergétique ou monétaire. L'influence s'appuie sur la force des idées et de l'exemple. Elle a souvent recours à l'accès à un capital-savoir. La première approche conduit généralement à agir sur les structures pour modifier les personnes. Son délai d'application et de résultats est relativement court. La seconde cherche à modifier les esprits pour changer les structures. Son délai est évidemment beaucoup plus long.

Les grands leaders sont peut-être ceux qui savent doser ces deux approches en fonction des époques et des circonstances. La dictature totalitaire apparaîtrait ainsi comme la caricature politique de l'exercice direct du pouvoir. Tandis que la caricature de l'action indirecte par l'influence prendrait la forme de la dictature intellectuelle qu'exercent certaines élites enseignantes ou religieuses.

La nouvelle pensée s'élève contre toute forme d'abus de pouvoir. Pour tenter de l'éviter, elle cherche à opposer, au respect de la hiérarchie institutionnelle et à la centralisation des pouvoirs, l'évaluation permanente d'une hiérarchie fondée sur les compétences et sur la décentralisation des responsabilités. La pyramide traditionnelle de l'autorité, de la hiérarchie, de la discipline et de la domination, se transforme en une organisation plus « horizontale » ressemblant à une cellule vivante. Dans ce type d'organisation, la puissance, l'élitisme, le sens du devoir, les relations de force, sont remplacés par le rayonnement, la participation, la motivation intérieure, les relations d'association. C'est le renversement des pouvoirs et de l'autorité traditionnelle ; la gestion par la base, au niveau de communautés interdépendantes. Ce renversement est préfiguré par la prolifération de mots précédés de « auto » ou de « co » dont le pouvoir d'attraction traduit la force d'évocation : autodétermination, autogestion, autodiscipline ; ou copropriété, coresponsabilité, codépendance, et codécision.

Critique du travail

La critique fondamentale du travail dépasse la simple désacralisation de la valeur travail et la remise en question de son éthique. Elle aborde les conditions, l'environnement et les « règles du jeu » du travail. Non pour faire l'éloge de la paresse, comme on le croit trop souvent en se référant à des attitudes extrêmes, mais pour libérer le temps de travail, pour que chacun redevienne propriétaire de son temps, pour que chacun puisse travailler à ses conditions, à son rythme, suivant des périodes discontinues. Pour que l'on puisse aussi personnaliser son travail.

Pourquoi tant produire alors que l'on ne dispose plus du temps nécessaire pour consommer ce que l'on a produit et que l'on dégrade irréversiblement la nature? Pourquoi tant travailler pour acquérir des biens matériels si l'on n'a plus le temps de s'accomplir soi-même en relations avec les autres?

Cette critique se répercute sur tout un ensemble de conformismes, d'habitudes et de règles du jeu, jusqu'alors acceptés : les diplômes, la carrière, la compétition, la réussite. Elle fait ressortir l'hyprocrisie du «travail alibi».

Les diplômes ne sont plus considérés comme les clefs de la réussite sociale, mais comme les moyens de définir, en fonction des échéances qu'on se fixe et de ses propres possibilités, les règles d'un jeu personnel par lequel on apprend à s'organiser, à enrichir son esprit et à aller jusqu'au bout de soi-même. Après la contestation de la fin des années 60, les étudiants des campus américains des années 70 semblent se concentrer plus que jamais sur leurs études et leurs diplômes. Ils sont devenus *self-centered*, ils travaillent *pour eux*.

La carrière. Il apparaît illusoire de se préparer toute une partie de sa vie à des fonctions qui ne seront plus les mêmes au moment où l'on y parviendra. A la carrière unique et linéaire, on préfère une succession de trajectoires multiples. Et même l'abandon de la filière professionnelle. Pendant un temps. Celui de la réflexion et de l'engagement.

La vie est une suite de *choix* et d'*objectifs*. L'adaptation est la règle. Les lois de la cybernétique font ressortir, dans un environnement qui se modifie, l'efficacité des servomécanismes, capables de s'adapter, et l'échec des mécanismes programmés. Du fait de l'accélération, aucune carrière ne peut être programmée. Le choix d'un métier ne doit plus être une décision capitale qui engage la vie.

La compétition. La compétition professionnelle apparaissait jusqu'à présent comme une motivation saine vers la réussite. La nouvelle pensée rejette toute compétition héritée de la traditionnelle «lutte pour la vie». Elle repousse toute idée de comparaison simpliste fondée sur «l'excellence» et «le mérite». Car de telles comparaisons conduisent généralement à un classement arbitraire entre les individus, à des jugements de valeur qui limitent et appauvrissent les relations humaines.

C'est le refus de la course d'obstacles (du *rat race*, la course de rats, comme l'appellent les étudiants américains). Au cours de cette course, pour arriver ou pour simplement se maintenir, il faut effacer l'obstacle humain qui se dresse devant soi. Beaucoup lui préfèrent aujourd'hui des métiers dits « marginaux », où l'on retrouve, parfois, la chaleur des relations humaines et, en tout cas, le temps de la réflexion.

De manière un peu naïve parfois, la société, débarrassée de l'idée de compétition, n'apparaît plus comme une jungle, mais comme une communauté d'intérêts dont l'évolution repose sur l'entraide, la coopération, l'éducation mutuelle, le *partnership*.

La réussite. La réussite sociale, elle aussi, a été pendant longtemps considérée comme la motivation principale de la vie professionnelle et comme l'un des facteurs indirects du progrès économique et social. Avec la réussite viennent les honneurs, la considération, le respect, la situation, la sécurité, l'aisance matérielle, le pouvoir aussi. Valeurs essentiellement égoïstes d'une civilisation fondée sur la conquête et la domination de la nature ; l'asservissement de l'homme par l'homme.

La réussite, pour la nouvelle pensée, passe par *l'accomplissement personnel*. C'est l'enrichissement de son expérience dans le contact et l'interaction avec les autres hommes et avec les autres cultures ; le plaisir que procure le travail bien fait ; le sentiment — pourtant si difficile à saisir dans le contexte actuel de nos sociétés — de l'utilité et de l'efficacité de son action. On recherche un « rôle », un engagement, une cause, plutôt que le « boulot » spécialisé et dénué de signification globale qu'offre trop souvent la société moderne.

L'hypocrisie du « travail-alibi ». Peut-être plus encore que le diplôme, la carrière, la compétition ou la réussite, la nouvelle pensée critique l'hypocrisie qui découle des règles du jeu d'un travail devenu à lui-même sa propre fin. D'un travail qui sécrète ses règles immatérielles et une logique déconnectée de la vraie vie [1].

On taxe, à juste titre, les signes extérieurs de richesse, mais

---

1. Il va de soi que cette critique et l'analyse sommaire que j'en fais s'adressent davantage au travail des salariés symbolisé par le « bureau ».

on valorise les « signes extérieurs de travail ». Dans bien des organisations (et surtout en Europe), on est encore jugé — et l'on progresse — à l'épaisseur des rapports, à la quantité de notes, de mémos ou de lettres que l'on produit quotidiennement, au nombre de rendez-vous, ou de communications téléphoniques, à la longueur de ses horaires de travail. Qui n'a connu, dans sa vie professionnelle, tel patron incompétent, incapable de prendre une décision ou de motiver ceux qui travaillent avec lui, mais qui reste cependant solidement en place car il suscite dans un certain milieu, dont il dépend et qui se réfère aux mêmes valeurs et à la même éthique que lui, l'admiration pour son « rythme de travail » et son « dévouement à la tâche » ?

C'est que l'on confond fébrilité et efficacité. Les méthodes de contrôle du travail qui sont encore les nôtres relèvent plus du quantitatif que du qualitatif, plus difficile à évaluer.

Déjà l'image de l'homme d'affaires ou du cadre surmené n'est plus une source de considération mais plutôt de pitié. Leur activité débordante et les pressions dont ils sont l'objet sont dans bien des cas justifiées et rendues obligatoires par les responsabilités ou les conditions particulières dans lesquelles ils se trouvent. Mais cette activité ne cache-t-elle pas, plus souvent qu'on ne le croit, des soucis conjugaux ou familiaux que l'on cherche à oublier et à fuir ? « La valorisation du travail peut cacher une fuite devant l'être », souligne Denis Vasse dans *le Temps du désir*. Ou encore, « le travail peut être l'alibi le plus mensonger de l'homme », « l'obligation de travailler se prête à toutes les justifications inconscientes ». Les clichés habituels : « Je ne prends pas de vacances. Je suis débordé », « Je ne vois pas mes enfants car je ne rentre jamais avant 9 h du soir », « C'est un bourreau de travail, il faut l'excuser : il est surchargé », etc., ne constitueront plus des excuses acceptables, mais dénoteront le refus d'assumer toutes les dimensions de sa responsabilité humaine. Ce que refusent beaucoup de jeunes, c'est de gaspiller leurs forces dans une joute stérile et vide où le « paraître » prend l'avantage sur « l'être ». Où l'image que l'on présente à l'extérieur compte plus que le résultat des actes.

Critique de la raison

C'est au nom de la raison et de la logique que les responsables politiques et industriels, influencés par les progrès des sciences et des techniques, ont construit la civilisation du progrès, de la croissance économique et de la domination de la nature.

La nouvelle pensée se méfie de la raison et de la logique. Certes, la méthode analytique, la logique cartésienne, et le principe de raison suffisante, ont été des outils indispensables à l'accession des hommes à un certain niveau de développement. Tout le monde le reconnaît. Mais ces méthodes, principes et postulats ne constituent plus les seuls fondements de la connaissance. A la connaissance objective, on peut opposer l'expérience subjective ; à la propriété « vie » définie scientifiquement, la vie vécue et sa qualité.

Pour faire ressortir la nécessité d'un tel dépassement, je ne prendrai qu'un seul exemple, celui du remplacement de la logique d'exclusion (à laquelle notre éducation nous a habitués) par une nouvelle logique d'association. La logique d'exclusion, c'est celle qui conduit à raisonner en termes opposés et mutuellement exclusifs. Comme vrai ou faux, bien ou mal, noir et blanc. Elle conduit aux dichotomies bien connues de la pensée et dans lesquelles s'enferment certaines idéologies héritées du XIXe siècle.

La lutte des classes ou la concurrence capitaliste par exemple, si opposées soient-elles, sont en fait comme les deux faces d'une même médaille, car elles dérivent toutes deux (voir p. 263) de la conception darwinienne de la lutte pour la vie. Or cette lutte, c'est le tout ou rien. La vie ou la mort. On construit sur des conceptions de ce type une échelle de valeurs qui détermine l'action ou le jugement que l'on porte sur les autres : si j'ai raison, vous avez tort. Si je gagne, vous êtes le perdant. C'est la *zero sum* en théorie des jeux. Ce qui conduit, comme on s'en aperçoit quotidiennement, à des attitudes sectaires et intransigeantes.

Or, la biologie et l'écologie nous montrent qu'il n'existe pas d'oppositions aussi tranchées dans la nature. Toute relation ou équilibre sont fondés sur le pluralisme, la diversité, la causalité mutuelle. Il n'y a pas de logique d'exclusion ou de l'opposition, mais une logique de l'association ou de la complémentarité. La pensée biologique ou écologique conduit ainsi à l'émergence de valeurs associatives qui débouchent sur la tolérance, le respect des idées et des cultures.

La logique d'exclusion , associée à une conception causaliste, analytique, parfois réductionniste de la société et de son évolution, a conduit de nombreux responsables politiques et industriels à ne s'occuper que des objets, des « choses » ou des « gens », et à négliger les sujets, les personnes, la vie. On formait des hommes pour produire des objets matériels ou pour administrer des gens conçus comme des objets placés dans de grandes organisations.

Cette critique fondamentale se porte aujourd'hui, de manière diffuse, sur le progrès technique. Sur les finalités de la recherche ou de la croissance. D'où cette attitude extrême, antiscience, antitechnologie, antirationnelle, que l'on rencontre sur tant de campus universitaires.

On recherche, pour la science, un rôle social. De grandes universités traditionnellement dévouées à l'enseignement et à la recherche ajoutent « les services » à leur mission. En aidant, par exemple, les municipalités ou les agences gouvernementales à aborder certains problèmes sociaux d'une complexité telle que leur résolution implique une coopération multidisciplinaire.

Une telle critique de la raison conduit souvent à des attitudes parfois extrêmes ou naïves. Mais ces attitudes dénotent une volonté d'ouverture vers le subjectif. C'est ce que les observateurs traduisent parfois par une « fuite » dans l'irrationnel ou dans le mysticisme. L'engouement pour les religions orientales, l'astrologie et la magie, la redécouverte de Jésus, et même une sorte de panthéisme écologique débouchant sur un « écoculte », une dévotion aux grands cycles naturels.

Critique des rapports humains

Il apparaît intolérable à la nouvelle pensée que ceux qui se réfèrent à l'autorité toute-puissante, à la valeur travail, à la raison et à la logique, puissent, au nom de la loi et de l'ordre, couvrir des crimes contre un pays, laisser se propager et utiliser la répression, l'hypocrisie, le mensonge, la manipulation des consciences. L'histoire la plus récente nous a montré comment ceux-là mêmes qui déploraient l'érosion des valeurs traditionnelles, le manque d'idéal de la jeunesse, la dégradation des mœurs et de la morale, ont été les premiers à fausser les rapports humains dans les grandes organisations de l'État ou dans l'entreprise, par leurs contre-vérités et leur attitude égoïste et partisane.

Vue dans un tel contexte, la pression exercée par la jeunesse américaine sur les media et sur le Congrès pour que la justice soit rendue dans l'affaire du Watergate, pourrait être la transposition, au niveau de la morale politique, de la lutte qu'elle a menée contre les grandes industries à la fin des années 60 pour inculquer une nouvelle morale de l'environnement [1].

Les rapports humains, à tous les niveaux d'organisation de la société, doivent être fondés non seulement sur une morale des individus, mais sur une nouvelle morale des groupes entre eux, compatible avec celle des individus. C'est cette morale des groupes, intermédiaire essentiel entre la morale de l'espèce et celle des personnes, qui est à créer.

Un des moyens est de repartir de soi. Pour mieux comprendre les autres. Comme le rappelle A. Reich, le seul vrai moyen de communiquer avec les autres est d'abord d'être vrai avec soi-même. Il faut parvenir à définir ses propres valeurs, ses propres buts, son style de vie et, en même temps, accepter et respecter ceux des autres.

Ce point de départ fait ressortir de manière dramatique la pauvreté des rapports humains dans la société actuelle, les injustices, les privilèges, le conformisme intellectuel et matériel, le ghetto de la vieillesse ou la déconnexion de l'éducation avec la vraie vie.

Critique du projet de société

Il faut évidemment tenter de dépasser ici le stade de la critique politique traditionnelle de la société pour faire ressortir les voies sur lesquelles paraît s'engager la nouvelle pensée. Encore une fois, les attitudes extrêmes et les caricatures risquent de cacher des mouvements de fond.

Il est devenu presque banal de constater l'échec de deux projets de sociétés : celui qui est offert par le capitalisme sauvage et celui qui est offert par le communisme bureaucratique. Mais il est plus difficile de définir la « troisième voie » vers laquelle elle s'engage. Au-delà du modèle chinois, au-delà de la convivialité, au-delà de l'écologisme ou du nadérisme, comment intégrer dans la société postindustrielle ce que chacune de ces voies apporte, tout en évitant d'être récupéré par les idéologies que l'on combat ?

Conscient des difficultés d'une telle tâche, j'essaierai, dans la conclusion, de peindre à grands traits les structures et les fonc-

---

1. La « morale » traditionnelle (en politique, par exemple) se fonde encore trop souvent sur les « principes » suivants : « La loi du plus fort », « La fin justifie les moyens », « Pas vu, pas pris » et « N'avouez jamais ».

tions possibles d'une telle société, en utilisant une méthode indirecte : la «méthode des scénarios». Mais, au niveau de la critique, il faut remettre en avant les points fondamentaux sur lesquels elle porte : centralisation du pouvoir, bureaucratie, unidirectionnalité du flux d'informations, croissance et consommation, pauvreté des rapports humains, dogmatisme de la science, anarchie du progrès technique, inadaptation des institutions, carences de l'éducation.

C'est un constat de faillite : celle de l'utilisation de la science et de la technologie pour nous rendre maîtres de la nature. La «faillite du rêve de Descartes et de Faust», comme le dit très justement Roger Garaudy.

Pour construire un nouveau projet de société, il faut partir de nouveaux rapports de l'homme avec l'homme, de l'homme avec la nature, et de l'homme avec son avenir. Faire appel à la créativité de chacun, respecter son indépendance, la quête du bonheur individuel, la recherche du plaisir, le désir d'accomplissement personnel ; ce qui implique nécessairement, à côté du traditionnel «liberté, égalité, fraternité», pluralisme, personnalisation, responsabilité et participation.

Afin de dégager les valeurs sur lesquelles pourrait se fonder un nouveau projet de société, je les regroupe dans les tableaux suivants, opposant le traditionnel à l'émergent. Il ne s'agit pas, bien sûr, d'une exclusion mutuelle, mais plutôt d'un éclairage complémentaire.

Attitude traditionnelle	**Attitude émergente**
Critique de l'autorité	
Autorité fondée sur le pouvoir, la puissance, le savoir non partagé (secret).	Autorité fondée sur le rayonnement, l'influence, la transparence des motifs, la compétence.
Respect de la hiérarchie institutionnelle, dévotion aux institutions établies, sens du devoir et des obligations.	Évaluation permanente d'une hiérarchie fondée sur les compétences, importance de l'innovation institutionnelle, nécessité d'une motivation intérieure.
Élitisme et dogmatisme, centralisation des pouvoirs. Rapports de forces.	Participation, ouverture et critiques. Décentralisation des responsabilités, rapports de compétence.

Attitude traditionnelle	**Attitude émergente**

Critique du travail

Importance des diplômes, responsabilité fondée sur l'âge, l'acquis théorique, le rang social.	Importance de l'expérience vécue, responsabilité fondée sur l'aptitude à résoudre des problèmes et à motiver les hommes.
Carrière linéaire, trajectoire programmée, compétition, honneurs, réussite.	Carrières multiples, succession de choix et d'objectifs. Coopération, joies personnelles, accomplissement personnel.
Valorisation de la contribution et de l'effort personnel, travail dur, dévotion à une organisation. Valorisation des « signes extérieurs de travail ».	Valorisation de la création et du mérite collectif. Travail créatif à son rythme, engagement pour une cause, valorisation de l'efficacité pour atteindre un objectif donné.
Sécurité matérielle de la situation, nécessité de la domination hiérarchique et de la discipline. « Boulot » spécialisé.	Liberté procurée par l'acceptation d'un risque et par la diversité des fonctions. Nécessité de la coopération et de la communication. « Rôle » à responsabilité sociale et humaine.

Critique de la raison

Logique d'exclusion (manichéisme). Unidirectionnelle, causaliste, séquentielle.	Logique d'association (écosystémique). Mutualiste, globale.
Principe de raison suffisante. Postulat d'objectivité. Méthode analytique.	Contribution de la subjectivité partagée. Complémentarité des faits objectifs et de l'expérience vécue. Méthode systémique.
Connaissance pure.	Pensée inventive.
Non-remise en cause de la finalité de la science et de la technique.	Critique des finalités de la science et de la technique.
Acceptation du progrès technique, de la croissance et de la puissance économique, de la domination de la nature.	Acceptation du progrès technique en fonction des besoins sociaux. Équilibre et répartition. *Partnership* avec la nature.

Critique des rapports humains et du projet de société

Sectarisme, intransigeance. Agressivité, cynisme, scepticisme.	Tolérance. Ouverture, naïveté, enthousiasme, sentiment d'utilité.

Attitude traditionnelle	Attitude émergente
Critique des rapports humains et du projet de société	
Utilisation des autres à des fins personnelles. Donner une image de force, de dureté.	Respect des autres. Être vrai avec soi-même.
Domination. Intérêts privés.	Coopération, communauté d'intérêts. Recherche d'une morale des groupes.
Uniformité. Homogénéité.	Pluralisme.
Quantitatif.	Qualitatif.
Puissance nationale. Bien-être des individus. Croissance économique.	Rayonnement national. Plus-être des individus. Équilibre et répartition.
Patriotisme. Chauvinisme. Nationalisme. Impérialisme.	Internationalisme. Interdépendance des nations et des cultures. Contribution des religions et des croyances.
Capitalisme sauvage. Communisme bureaucratique.	Convivialité, gauchisme, maoïsme, écologisme.

Une collection de nouvelles valeurs ne fait pas une politique. Certes les valeurs émergentes pourraient être regroupées. Par exemple, au niveau individuel (morale, éthique, religion). Au niveau culturel (philosophie, sciences, techniques, art). Ou au niveau politique, économique et social. Ce qui permettrait de les hiérarchiser et de faire apparaître les valeurs dominantes. Mais un tel regroupement conduirait à des répétitions, et nécessiterait une approche trop normative.

Il ne faut pas non plus sombrer dans un idéalisme béat et voir dans la nouvelle génération les remèdes de tous nos maux. L'important est de discerner, en l'absence de tout manifeste, de toute politique ou de toute praxis clairement reconnaissables, la manière dont ses idées et ses valeurs modifient la société moderne. Plus que par une politique cohérente et même partagée, c'est par l'exemple, l'influence, l'action individuelle, les mouvements collectifs, les styles de vie et les conduites de vie que la nouvelle pensée transforme lentement, mais profondément, la société industrielle.

Ce qui apparaît comme des actions ponctuelles ou des modes

s'inscrit au contraire dans le contexte global et cohérent, que j'ai essayé de décrire et d'interpréter.

On voit aussi naître une nouvelle religion fondée, non plus sur la « vérité révélée », mais sur une vérité compatible avec la connaissance objective du monde. Une religion émergente résultant d'une création collective et acceptant l'immergence de l'esprit dans la matière.

Ce que dénotent, dans leur diversité, le mouvement écologique, la recherche d'une spiritualité puisée aux sources des religions orientales, le mouvement de Taizé, les mouvements de *human potential* ou d'*awareness* qui fleurissent encore sur les côtes californiennes, c'est la recherche d'une vision globale de l'univers compatible avec une éthique personnelle et une action individuelle et collective.

C'est au niveau des styles de vie et des conduites de vie que l'on découvre les oppositions les plus caricaturales. Pour les personnaliser on peut s'amuser à comparer — dans une opposition un peu simpliste et facile, je le reconnais — le style « technocrate » au style « hippie ». Quoi de plus révélateur que l'observation de ces deux attitudes extrêmes ? Pour les premiers, ce qui compte, c'est l'action. Faire et faire faire. Les moyens : la raison et la technique. Pour les seconds, ce qui compte, c'est le sentiment, le *feeling*, les relations avec les autres. On peut opposer ces deux attitudes en se référant aux critiques et aux tableaux de la p. 289. On retrouvera, à divers degrés, et avec plus de nuances, cette opposition caractéristique de deux styles de vie.

Allons-nous vers un monde schizophrénique, partagé entre ceux qui se sentent investis de la mission de faire avancer le monde et ceux qui préfèrent en profiter ? Entre des acteurs robotisés et des spectateurs jouisseurs ? Pour éviter un tel clivage, il faut être, plus que jamais, attentifs aux tâtonnements de la nouvelle pensée. Parvenir à définir avec les jeunes, au-delà de toute démagogie ou de tout paternalisme, les grands axes de l'éducation qui leur est nécessaire pour affronter le XXIe siècle.

3. L'éducation systémique

L'émergence des nouvelles valeurs change chaque personnalité en même temps qu'elle modifie ses relations avec les autres et avec le monde. Mais, devant les exigences de toute une génération, que lui propose l'éducation moderne ? Loin de l'aider à s'adapter à un nouvel environnement, constituerait-elle une agression culturelle ? Ou pour parler comme Marshall McLuhan, une « retribalisation » ?

Des efforts sont accomplis depuis plusieurs années par l'enseignement traditionnel pour rapprocher les disciplines et accroître la motivation et la participation des étudiants. Cependant, méthodes et techniques nouvelles n'offrent pas encore d'approche globale s'appuyant sur l'approche systémique. C'est pourquoi je voudrais tenter de dégager, dans leurs grandes lignes, les principes de base d'une éducation systémique, et suggérer quelques approches nouvelles pouvant être intégrées à l'enseignement traditionnel [1].

« Moderniser » l'enseignement traditionnel ?

Un des moyens d'évaluer ce que pourrait apporter une éducation systémique par rapport à l'enseignement traditionnel est de partir d'une position extrême, presque caricaturale. L'enseignement traditionnel se fonde en partie sur des méthodes et des principes inspirés de ceux que l'on utilise pour accroître la productivité dans les ateliers ou dans les usines. La division du travail est ici remplacée par la division du savoir. On voit ainsi apparaître les limites de l'enseignement traditionnel, de son approche, de ses moyens et de ses méthodes. Cet enseignement s'appuie, schématiquement, sur sept principes que je me permets de définir, très irrévérencieusement, de la manière suivante :

— Les bases : connaissances qu'il faut maîtriser avant de savoir à quoi elles vont nous servir.

— Les matières : ce qu'il faut que chacun de nous assimile en petite quantité pour acquérir son « savoir minimum ».

— Le programme : organisation des matières dans le temps afin d'accroître l'efficacité du processus d'acquisition des connaissances. (Ce qui n'est pas au « programme » n'a évidemment aucune valeur éducative.)

— La durée des cours : durée minimum théorique permettant d'assimiler une quantité donnée d'informations.

— L'égalité : principe selon lequel chacun doit recevoir la

1. Les principes de cette approche se rapportent aux différents niveaux de l'enseignement : primaire, secondaire, supérieur, enseignement permanent ou du troisième âge.

même quantité d'informations dans un temps donné (tant pis pour les plus lents, tant pis pour les plus rapides).

— Les filières : processus de « distillation fractionnée » où chaque plateau représente une année scolaire, et grâce auquel un individu se spécialise pour la vie entière.

— L'examen : rite initiatique inventé par les adultes au cours duquel l'élève restitue (pour vite l'oublier) ce qu'il a temporairement retenu, afin d'obtenir en échange un passeport d'entrée dans la vie active appelé *diplôme*.

On se préoccupe évidemment, et dans tous les pays, d'assouplir ce cadre rigide de l'enseignement. De nombreuses initiatives bouleversent déjà les méthodes traditionnelles. Mais, sans approche globale, les différentes tentatives de « modernisation de l'enseignement » restent peut-être vouées à l'échec. Quelques exemples parmi les plus marquants : l'introduction de l'audiovisuel, la pluridisciplinarité, les machines à enseigner, les livres programmés et l'enseignement assisté par ordinateur. Chacun de ces moyens est souvent considéré *en lui-même* comme un bouleversement pédagogique, propre à accélérer le processus d'acquisition des connaissances, *donc* l'efficacité de l'enseignement. Pourtant, si l'on évalue l'impact systémique (c'est-à-dire en relation avec toutes les autres formes d'enseignement) de chacune de ces méthodes, on s'aperçoit que leur insertion dans un processus éducatif, qui reste fondamentalement le même, ne conduit pas à la « révolution pédagogique » à laquelle on s'attendait.

Les illusions de la technologie pédagogique

L'audio-visuel n'a d'utilité pédagogique directe que dans la mesure où l'élève refait lui-même le geste ou l'action correspondant à ce qu'il vient de voir sur l'écran. Piaget l'a fait remarquer depuis longtemps. C'est ainsi que l'élève enregistre les faits nouveaux. La connaissance n'est pas une « copie figurative de la réalité ». Elle constitue un « processus opératif » aboutissant à transformer le réel en action ou en pensée, à agir sur les objets pour les transformer. On doit donc retrouver, au niveau pédagogique, la boucle de rétroaction entre l'observation et l'action, dont j'ai parlé à plusieurs reprises. Sans quoi, l'audio-visuel isolé risque de n'être qu'un « nouveau verbalisme de l'image ». Pour l'éviter, il faut compléter l'audio-visuel par l'action individuelle, le travail en groupe et la simulation de la réalité.

Le but de l'approche pluridisciplinaire est théoriquement de permettre la résolution de problèmes complexes, en tirant profit de l'éclairage de plusieurs disciplines et de la complémentarité de leurs méthodes et de leurs techniques. Or, sans une approche systémique permettant de doser et d'intégrer les contributions respectives de chaque discipline, la pluridisciplinarité ne dépasse pas le stade de la « juxta-disciplinarité ». Une véritable pluridisciplinarité ne peut naître de la juxtaposition *a priori* de certaines disciplines sur un même campus ou dans un même bâtiment universitaire. Elle doit résulter d'une organisation finalisée, rendue nécessaire par la résolution de problèmes. L'expérience montre que la coopération pluridisciplinaire est plus efficace dans la conception (convergence de disciplines) que dans l'analyse (divergence de disciplines). Lorsque l'on néglige ces données, on ne fait que « mélanger » des chercheurs de disciplines différentes en pensant les faire collaborer. On crée une organisation disparate et non un système fonctionnel judicieusement intégré.

Il y a une dizaine d'années, des éducateurs (et des compagnies privées) plaçaient de très grands espoirs dans « la technologie pédagogique » : livres programmés, machines à enseigner et enseignement assisté par ordinateur. Grâce aux travaux de Skinner et de Crowder sur l'instruction programmée, les techniques de programmes linéaires et de programmes branchés permirent aux professeurs de disséquer leur cours, et de donner ainsi à leurs élèves une instruction « prédigérée » d'un genre tout à fait nouveau.

Mais l'utilisation de ces nouvelles techniques ne fut jamais aussi importante que ce qu'avaient prédit leurs promoteurs. Les livres programmés ne présentaient, en général, que peu d'attrait. Tant pour ceux qui avaient à les préparer que pour leurs utilisateurs. Quant à la machine à enseigner, elle était trop coûteuse pour être utilisée sur une grande échelle et s'adaptait mal aux habitudes de travail des étudiants [1].

L'ordinateur représente, en principe, le prolongement idéal du livre programmé et de la machine à enseigner. On peut écrire des programmes simulant un dialogue entre professeurs et élèves. Ce qui amplifie la portée des cours programmés et leur donne

---

1. Livres programmés et machines à enseigner sont cependant toujours utilisés à l'heure actuelle, et quelques éditeurs ont réussi à diffuser d'excellents manuels pour des applications spécifiques.

plus de souplesse. Des expériences d'enseignement assisté par ordinateur (*Computer Assisted Instruction*) ont été réalisées depuis 1960 dans plusieurs universités américaines et européennes. Elles ont montré qu'il était possible d'utiliser l'ordinateur pour individualiser l'instruction, contrôler un environnement multimedia, communiquer avec des centaines d'étudiants à la fois, tester l'acquisition des connaissances, noter les élèves et leur suggérer éventuellement des textes et des articles susceptibles de compléter leurs connaissances.

Malheureusement, le coût de l'enseignement assisté par ordinateur se révèle, jusqu'à présent, beaucoup trop élevé. On s'aperçoit que les systèmes en fonctionnement coûtent trop cher pour seulement « tourner les pages d'un bon livre programmé ». Et que les résultats obtenus (intérêt des étudiants, efficacité pédagogique) sont plus que modestes. Aujourd'hui, à part quelques résultats significatifs, on ne peut pas dire que l'enseignement assisté par ordinateur représente, pour le moment, une voie aussi prometteuse qu'on le pensait à la fin des années 60.

L'échec relatif de ces nouvelles méthodes pédagogiques fait ressortir la nécessité d'une décentralisation des moyens techniques et d'une participation accrue des élèves. Il est clair que les nouveaux moyens pédagogiques s'inscrivent, en fait, dans la lignée directe du cours *ex cathedra*, dont ils ne sont, le plus souvent, que la transposition technologique.

Sur quoi doit reposer l'éducation systémique ?

L'approche systémique en éducation ne saurait se substituer à l'approche traditionnelle. Ni en résoudre, comme par magie, les principaux problèmes. Elle en est le complément indispensable. Mais la mise en œuvre effective de cette complémentarité passe, à la fois, par la simplification et par l'enrichissement de l'enseignement actuel.

Par la simplification de notre enseignement, parce que, si l'on continue dans la voie analytique, il y aura (il y a déjà) *beaucoup trop à apprendre*. Et par son enrichissement, car l'approche systémique, en reliant les faits dans un ensemble cohérent, crée un cadre conceptuel de référence, susceptible de faciliter l'acquisition des connaissances par les méthodes classiques.

L'éducation systémique doit aussi définir ses principes et ses méthodes en cherchant à repartir de données biologiques et psychosociologiques fondamentales. Non pour imposer un certain type d'éducation qui serait le même pour tous. Mais, au contraire, pour aider les personnes, quel que soit leur âge ou leur niveau de connaissances, à acquérir les informations nouvelles et à s'en servir plus efficacement dans leur action. Il me semble, en particulier, que l'éducation systémique devrait chercher à bénéficier, beaucoup plus qu'on ne le fait aujourd'hui, des connaissances actuelles sur l'organisation fonctionnelle du cerveau et sur les composantes fondamentales de la nature humaine.

Nos deux cerveaux

Les recherches les plus récentes sur l'organisation du cerveau font apparaître une différence fonctionnelle marquée entre les deux hémisphères cérébraux. On sait que pour un droitier, du fait de l'inversion des fibres nerveuses se produisant au niveau du *corps calleux*, c'est l'hémisphère *gauche* qui contrôle la partie droite du corps et réciproquement. Mais la différenciation fonctionnelle est encore plus marquée : c'est l'hémisphère gauche qui contrôle les activités verbales comme la lecture et l'élocution. Tandis que l'hémisphère droit permet la perception des relations spatiales et la reconnaissance des formes (*pattern recognition*).

La résolution de problèmes fait donc intervenir deux catégories de fonctions cérébrales. L'une est analytique : elle traite les informations de manière séquentielle, l'autre est intuitive : les informations sont traitées simultanément.

Autrement dit, le cerveau gauche, siège des processus permettant la lecture, la parole et le calcul, est un outil d'analyse et de précision. Il est l'organe de la logique et du rationnel. De manière complémentaire, le cerveau droit est celui de l'intégration et de la synthèse. Il permet de reconnaître une forme, une mélodie, de contrôler un ensemble de mouvements coordonnés comme l'exigent le sport ou la danse. Il confère le sens du *timing* et domine la création artistique. Par la manipulation de symboles, d'analogies, de représentations imagées et de modèles, il est le support de l'intuition.

On ne peut encore expliquer pourquoi l'évolution a conduit le cerveau à une telle différenciation. Mais, ce que l'on constate, c'est que notre éducation semble favoriser de manière tout à fait disproportionnée le cerveau gauche sur le cerveau droit. C'est-à-dire la pensée analytique sur la pensée systémique ; la pensée

rationnelle sur la pensée intuitive. Il ne fait aucun doute qu'à
une époque de l'évolution de l'homme et de l'humanité l'approche analytique, logique, rationnelle était une des conditions de
survie de l'espèce et de domination de la nature. Il n'en est peut-
être plus de même aujourd'hui.

L'homme multidimensionnel

Les grandes constantes de la nature humaine se traduisent par
des besoins ; au niveau biologique, intellectuel, social et symbolique. Mais je préfère parler ici de *composantes* (qui introduisent la notion d'invariants) plutôt que des besoins traditionnels
qui me semblent trop liés à un contexte socio-économique donné.
On peut considérer les quatre composantes fondamentales suivantes : biologique (dont l'unité est l'organisme) ; intellectuelle
et comportementale (dont l'unité est la personne) ; sociale et rela-
tionnelle (dont l'unité est le citoyen) et symbolique (dont l'unité
est l'être). Ces quatre composantes s'intègrent dans la totalité
que représente l'homme multidimensionnel. C'est cette multiplicité des dimensions humaines dont doit aussi tenir compte
l'éducation systémique.

Les principes de l'éducation systémique

Sur le plan pratique, comment dégager, puis appliquer les
règles de base d'une éducation systémique ?

Un modèle

Une expérience m'a servi de modèle pour dégager de tels
principes. Cette expérience, intitulée *Unified Science Study
Program* (USSP), a été réalisée au MIT entre 1967 et 1972
et reprise ensuite dans de nombreuses universités américaines. Nous y avons participé parmi les enseignants. Ses
« cobayes » : une centaine de volontaires ; des étudiants de
dix-huit ans, entrant en première année d'université. Ses points
originaux : les étudiants apprennent les matières fondamentales (mathématiques, physique, chimie, biologie, humani-
tés) à partir d'un projet pluridisciplinaire choisi sur une liste
composée par l'équipe des enseignants (quinze personnes).
L'étudiant s'organise à sa manière pour effectuer ses recherches bibliographiques et éventuellement ses recherches de laboratoire. Les cours sont préparés en collaboration avec les

enseignants. Certains élèves enseignent à d'autres élèves. Il n'y a pas d'examens formels. L'étudiant pouvant choisir de faire contrôler ses connaissances par les quatre moyens suivants : préparation d'un rapport (mini-thèse) ; interrogation écrite ou orale ; exposé effectué devant les enseignants et les élèves ; « proposition d'étude » (*proposal*) avec justification du matériel nécessaire et des subventions demandées pour la continuation des recherches.

Le programme est divisé en cinq niveaux interdépendants : systèmes atomiques, moléculaires, biologiques, sociaux et écologiques. La dynamique de ces systèmes est enseignée par la simulation et les jeux. Les faits, par des techniques d'auto-instruction (*Quiz, self-teaching guides*). Un laboratoire « sec » (pour la physique) et un laboratoire « humide » (pour chimie et biologie) sont mis à la disposition des étudiants. Enfin, toutes les semaines, une journée est consacrée à la réévaluation du programme en présence de l'ensemble des enseignants et des étudiants.

Les cinq principes de base

L'approche générale de la nouvelle éducation est évidemment celle de l'approche physique discutée dans la seconde partie. Je désire simplement lui ajouter quelques éléments d'ordre pratique, appliqués notamment, dans les premiers chapitres à vocation plus pédagogique.

1. Éviter l'approche linéaire ou séquentielle. L'approche traditionnelle consiste à détailler A de manière à faire comprendre B, étudié à son tour en détail pour qu'on puisse aborder C. On ne sait où le professeur veut en venir. On espère seulement que ce sera utile plus tard.

L'approche systémique en éducation consiste au contraire à revenir plusieurs fois. *mais à des niveaux différents*, sur ce qui doit être compris et assimilé. Elle aborde la matière à enseigner par touches successives. En suivant un trajet en forme de spirale : on fait un premier tour de l'ensemble du sujet afin de le délimiter, d'évaluer les difficultés et les territoires inconnus. Puis on y revient plus en détail au risque de se répéter.

2. Se garder des définitions trop précises qui risquent de polariser et de scléroser l'imagination. Un concept ou une loi nouvelle doivent être étudiés sous des angles différents et replacés dans d'autres contextes. Ce qui conduit à l'enrichissement mutuel des concepts grâce à ces éclairages indirects, plutôt qu'à l'utilisation mécanique d'une définition.

3. Faire ressortir l'importance de la causalité mutuelle, de

l'interdépendance et de la dynamique propre des systèmes complexes, en s'appuyant sur des disciplines intégrant la durée et l'irréversibilité, comme la *biologie*, l'*écologie*, ou l'*économie*. Même au niveau élémentaire, les bases de l'éducation systémique pourraient être représentées par des modèles descriptifs ou des modèles de raisonnement utilisés dans ces disciplines. En complémentarité avec les mathématiques, la physique et la chimie de l'enseignement traditionnel.

4. Utiliser des thèmes d'intégration verticale. Il s'agit de thèmes généraux permettant d'intégrer plusieurs disciplines et plusieurs niveaux de complexité autour d'un axe central. C'est ce que j'ai cherché à faire dans les chapitres consacrés à l'énergie, à l'information et au temps. Mais, selon les niveaux de connaissances, on peut utiliser des thèmes plus concrets.

En voici quelques exemples empruntés au domaine des sciences naturelles. Autour de la notion de *dérive des continents*, il est possible d'enseigner les aspects complémentaires de disciplines telles que la géographie, la géologie, la biologie ou l'écologie. A un niveau plus élevé, la géophysique, la paléontologie, la génétique ou la climatologie.

En utilisant *le sang et l'hémoglobine* comme thème central, on peut mettre en évidence de nombreuses lois et principes fondamentaux dans les disciplines suivantes : physique, chimie organique, biochimie, biologie moléculaire, physiologie, cybernétique et génétique.

Le thème de *l'origine de la vie* se prête au rapprochement des disciplines telles que l'astrophysique, la physico-chimie, la géologie, la biologie moléculaire, la biochimie, les théories de l'évolution et l'écologie.

A l'aide d'un thème comme les *produits de la ferme* (aliments ou animaux), l'on peut intégrer des éléments de microbiologie, d'alimentation et de diététique, d'hygiène, ou se rapportant aux processus de fermentation et à la prévention des maladies.

5. Enfin l'acquisition des faits ne peut être séparée de la compréhension des relations qui existent entre eux. Ce principe est valable à tous les niveaux de l'enseignement. Seuls les moyens changent et s'adaptent au degré des connaissances.

Les méthodes de base : auto-instruction et simulation

La première règle d'or est de laisser l'élève acquérir les faits à *son rythme propre*. C'est l'auto-instruction. Les moyens utili-

sés varient suivant les niveaux d'enseignement. On peut se servir de « modules d'auto-instruction » (comportant questions et
réponses, mais différents des livres programmés car ils permettent de suivre un itinéraire plus souple) et jusqu'à des programmes d'enseignement assisté par ordinateur, spécialisés dans une
pratique déterminée.

L'acquisition des éléments du cours est complétée par des
« kits » permettant de réaliser des expériences très simples ; des
diapositives ou des films courts en 8 mm, synchronisés avec un
texte enregistré sur cassettes ; des jeux et des modèles. L'ensemble composant des « packages » multimedia. L'audio-visuel a
donc bien sa place dans ces packages mais intégré à un système
pédagogique complet.

La seconde règle d'or est l'*interaction*. Le moyen le plus utilisé, la simulation. Il s'agit de reconstituer un modèle de la réalité et de le faire fonctionner comme s'il représentait un des
aspects de cette même réalité (voir p. 122). En éducation, la simulation peut prendre plusieurs formes.

La simulation non interactive[1]. Elle est représentée par les
films et surtout par des *films d'animation* permettant de
communiquer les éléments dynamiques d'un processus complexe
(réactions chimiques, lois physiques, lois de la mécanique, fonctionnement d'une machine, processus biologique ou social, croissance d'une entreprise, etc.). Un ordinateur équipé de
périphériques spécialisés permet de réaliser de tels films d'animation. On fait la *synthèse* des images au lieu d'avoir à filmer
la réalité. Ces films d'animation par ordinateur auront probablement un impact pédagogique considérable dans les prochai-
nes années.

Les jeux de simulation. Les jeux pédagogiques, avec ou sans
l'aide de l'ordinateur, constituent une des méthodes de base de
l'éducation systémique. D'une manière très générale, un jeu peut
être défini comme une activité se déroulant entre deux ou plusieurs responsables de décisions, cherchant à atteindre leurs objectifs (gagner la partie), en tenant compte de contraintes et de
limitations (les règles du jeu). Le jeu est donc un modèle de processus et de règles qui correspondent à des événements, des situations et des objectifs réels.

Le jeu pédagogique de simulation peut prendre des formes

---

1. La réalisation de films pédagogiques par les étudiants peut être
considérée comme une certaine forme de simulation interactive.

diverses depuis les jeux en carton jusqu'aux jeux d'entreprises mettant en œuvre un ordinateur. Dans ces derniers, chaque joueur tient un rôle correspondant à une fonction réelle : chef d'entreprise, directeur financier ou commercial, contremaître, etc. Il formule des stratégies, négocie avec d'autres, s'associe, prend des décisions et évalue « en temps réel » les conséquences de son action grâce aux informations qui lui reviennent de son environnement.

Alors que l'enseignement classique se concentre sur les éléments eux-mêmes, le jeu de simulation représente un moyen idéal pour faciliter la perception des relations dynamiques qui existent entre les éléments d'un système complexe. Il est très difficile, sinon impossible, de décrire des interactions simultanées et interdépendantes par des mots, parlés ou écrits. Il est beaucoup plus facile, on le sait, de comprendre les règles d'un jeu (comme le rugby ou le bridge) si l'on a vu des personnes y jouer ou si l'on a essayé d'y jouer soi-même.

Les jeux de simulation entraînent à la résolution intuitive de problèmes complexes, à la perception des antagonismes, des conflits, des rapports de forces, des blocages. Le fait de concevoir et de réaliser un jeu présente également de grands avantages pédagogiques. On est conduit à effectuer au préalable une analyse de système, puis un modèle. Et par conséquent, à relier des variables entre elles, à se poser des questions sur leurs limites et les effets de leurs inter-relations.

Aujourd'hui, les jeux commenceront à être utilisés en de nombreuses occasions. Notamment dans les écoles de management, les industries, les universités, les écoles élémentaires. La « méthode des cas », très utilisée dans les cours de formation à la gestion des entreprises, est une autre forme de jeu. Mais elle ne dispose pas de la complexité des interactions en temps réel.

Il est probable que la miniaturisation des ordinateurs, sous forme de microprocesseurs, aidera à mettre au point des jeux pédagogiques interactifs sous une forme à la fois décentralisée et plus facilement utilisable.

Enfin, *la simulation sur ordinateur*. Lorsqu'elle est possible, c'est le complément indispensable de l'acquisition des faits. Ses principaux avantages ont été regroupés p. 123. L'expérience montre que les étudiants ayant à réaliser le modèle d'un système qu'ils étudient sont amenés, comme pour un jeu, à se poser les « bonnes questions » : limites de variabilité des paramètres du système ; précision des données de base à introduire dans le modèle. Ils vont alors chercher ces données dans des livres spécialisés, alors qu'ils ne se sentaient pas « motivés » par la démarche traditionnelle consistant à apprendre une collection de règles et de faits séparés, sans avoir *d'abord* à s'en servir. La réalisation d'un modèle et la mise au point d'un programme de simulation sont donc particulièrement pédagogiques, surtout si le langage de programmation et la symbolique utilisée sont simples.

L'ouverture sur le monde

L'apprentissage de la création

Il s'agit d'abord d'apprendre aux jeunes à créer, plutôt que de leur apprendre à recopier fidèlement ce qui a été créé par d'autres. Il s'agit aussi de les amener à comprendre le rôle de la durée qui s'intègre à l'œuvre nouvelle et lui confère son caractère unique et sa valeur. L'éducation traditionnelle néglige trop souvent ce point fondamental : il n'y a pas de vraie création d'original sans intégration du temps.

Les matières artistiques se prêtent évidemment mieux à l'activité créatrice que les sciences ou les techniques, dans lesquelles il est plus difficile de créer du tout nouveau. Les arts traditionnels, tels que la peinture, la musique, la poésie, font maintenant partie des programmes, mais l'accent est surtout mis sur la fidélité de la *copie* plutôt que sur le processus de la *création* artistique.

D'autres formes plus modernes de l'art, telles que la photographie, le cinéma, le montage de bandes magnétiques synchronisées à des diapositives ou à des films, peuvent également offrir aux élèves les moyens de créer des spectacles ou des programmes originaux. Enfin, la danse, la chorégraphie, la mise en scène et toutes les formes de créations artisanales développent le sens de l'harmonie des mouvements et des formes, le sens du *timing*, la précision et la sûreté des gestes. Ces activités rééquilibrent le rôle du « cerveau droit » vis-à-vis de celui du « cerveau gauche ».

La liaison avec la vie

L'éducation doit aussi donner des moyens de resituer ce qui vient d'être appris. Dans l'environnement immédiat, dans la société et dans le monde. Le fait de replacer des éléments nouvellement acquis dans leur contexte humain, social ou économique tend à renforcer le sens de la responsabilité et de l'utilité sociale. On recrée ainsi le lien entre le fait brut et le milieu qui le rend signifiant et, comme le dirait Piaget, « opératif ».

Intégré aux programmes, ce souci de liaison entre théorie et pratique commence à se traduire dans plusieurs universités et dans un nombre croissant de pays, par ce qu'on appelle « *l'enseignement alterné* ». Au cours des années d'études nécessaires à l'obtention de leur diplôme, les étudiants effectuent des stages rémunérés dans l'industrie et retournent à l'université perfectionner leurs connaissances.

Certaines villes cherchent à intéresser les élèves des établissements scolaires aux activités de la municipalité afin d'accroître leur sens de la responsabilité sociale. Le tri des déchets ménagers, les activités de recyclage, la rénovation de sites naturels menacés par les industries, leur permettent de participer à une activité sociale utile, tout en situant leur action dans l'ensemble des cycles écologiques.

D'autres expériences sont tentées, notamment au Canada et en France, pour permettre à des élèves des lycées de réaliser des documentaires et des reportages d'actualité à l'aide d'un matériel léger de télévision, pour des stations locales ou de télévision par câble.

Enseigner pour mieux apprendre

Un des moyens les plus sûrs de faire comprendre une matière nouvelle consiste à laisser les élèves se placer d'eux-mêmes *dans la position d'enseignants*. Ils enseignent ainsi des éléments de cours à d'autres élèves plus jeunes et quelquefois plus âgés. L'enseignement peut ainsi faire « boule de neige ».

Cet enseignement mutuel peut être remplacé ou complété par un enseignement d'un type assez particulier : celui qui est destiné à une machine. En effet, lorsqu'un élève écrit un programme (même très simple) pour un ordinateur (machine particulièrement absurde à qui il faut tout expliquer), il doit simplifier et spécifier ; mais, en même temps, généraliser les données, les règles et les contraintes qu'il prépare et introduit dans la machine.

Des notions abstraites, souvent difficiles à assimiler comme les notions de variable, d'équation, de dérivée, d'asymptote, prennent toute leur signification à partir du moment où l'élève a été amené à les « enseigner » à un ordinateur, en le programmant.

La nouvelle approche cherche donc à inverser la direction du flux des connaissances, allant traditionnellement du professeur vers la classe. C'est aux élèves d'organiser leurs connaissances à partir d'éléments fournis par le professeur. Alors qu'aujourd'hui, c'est paradoxalement le professeur qui accomplit la part la plus créatrice du travail : quand il rassemble et organise les éléments de son cours. Ses élèves se trouvant, eux, dans la position inconfortable d'avoir à en restituer des bribes. Et le plus fidèlement possible.

Des structures possibles d'éducation parallèle

La structure de l'éducation d'aujourd'hui est à l'image d'un arbre : on acquiert les bases indispensables en suivant un « tronc commun », puis on se spécialise pour trouver un métier. Tout retour en arrière est impossible ou très difficile.

La structure de l'éducation systémique serait, elle, à l'image d'une pyramide. On entrerait par son sommet. Par ce qui est le plus général, le plus commun à la formation élémentaire de chacun, le plus intuitif même. On définirait ainsi, dans ses grandes lignes, la finalité de son propre enseignement, et l'on progresserait vers la base de la pyramide pour acquérir les connaissances essentielles. Enfin, le savoir acquis serait réintégré dans l'action (ou dans la simulation de l'action).

Les structures centralisées de l'enseignement actuel se prêtent-elles à un pareil bouleversement ? Et de quels moyens pourrait-on disposer à côté des moyens traditionnels ?

L'enseignement mutuel. On peut considérer chaque individu comme le nœud d'un réseau de communication et donc une source potentielle de savoir ou de savoir-faire. Un enseignement mutuel, sur les sujets les plus divers, ne pourra être développé et appliqué qu'au niveau de petites communautés gérées par les utilisateurs eux-mêmes : dans les clubs culturels et de loisirs, des groupes d'entreprises ou des associations du troisième âge. A beaucoup plus long terme, son efficacité sera probablement accrue par le « brassage sélectif » mettant en œuvre ordinateurs et réseaux de communication « horizontaux » dont il a été question.

« L'université sans murs ». C'est déjà une réalité pour de nombreuses personnes cherchant à se former ou à se recycler. La voie

a été ouverte par l'*Open University* en Angleterre. Le développement de la télévision par câble et des vidéo-cassettes ne fera sans doute qu'amplifier un processus éducatif qui porte déjà ses fruits et se généralise dans plusieurs pays. Des media autres que la radio et la télévision commencent à apporter leur concours à l'enseignement à distance. Dans des villes californiennes, des journaux locaux publient des sections entières consacrées à des cours pour lesquels les étudiants peuvent obtenir des « crédits » à l'université la plus proche, ou passer des examens.

Le libre accès aux connaissances. On peut étendre le concept de « libre-service » à tout le matériel éducatif. Il n'est pas nécessaire pour cela d'attendre la mise en service (peut-être hypothétique) des banques de données sur ordinateur à l'usage du public et des systèmes d'accès sélectif aux informations, décrits au chap. 4. Les bibliothèques traditionnelles fonctionnent évidemment comme des libres-services. Mais certaines bibliothèques d'université, notamment aux États-Unis, sont complétées par un centre de documentation audio-visuel où l'on peut trouver, suivant les programmes et les cours : diapositives, films courts à boucle, modèles et jeux. Un tel centre se transforme en un *learning center* quand l'étudiant dispose sur place des moyens de projeter les films ou les diapositives de son choix. Exceptionnellement, de « dialoguer » avec un ordinateur contrôlant un environnement multimedia.

Autre forme de libre accès. Le centre informatique de plusieurs universités ou collèges techniques aux États-Unis, et depuis quelque temps en Europe, tend à se transformer en *open house* (centre permanent). Les ordinateurs du département d'informatique sont à la disposition des étudiants, la nuit et les week-ends, en plus des heures habituelles de cours. Les étudiants se forment ainsi « sur le tas », aussi bien à l'informatique qu'aux disciplines qui l'utilisent. Ils peuvent donc très rapidement appliquer leurs connaissances et en vérifier l'étendue. Le rôle des étudiants plus expérimentés à qui les « novices » posent des questions est très important. Cette formation est empirique : la théorie vient après, l'ordinateur agissant comme un catalyseur accélère l'acquisition (et surtout l'intégration) des connaissances dans un ensemble plus vaste.

Pourquoi n'irait-on pas jusqu'à proposer de véritables libres-services commerciaux exclusivement consacrés à des produits éducatifs ? On y remplirait son panier, comme dans un supermarché, mais les aliments ou les poudres à laver seraient remplacés par des « packages » éducatifs composés à partir de livres, de magazines, de jeux, de modèles et de matériel audio-visuel.

La réponse instantanée. L'interaction en temps réel permet d'apprendre par essais et erreurs, grâce à la rétroaction. Cette nécessité à conduit à l'étude et à la mise en service de systèmes d'interrogation, de communication et de participation, adaptés à différents environnements. Il existe depuis plusieurs années des classes équipées de systèmes de réponses. Ces systèmes fonctionnent à partir de claviers disposés sur les tables des élèves et comportant plusieurs touches. Chaque touche correspond à la réponse à une question à choix multiple posée par le professeur. Toutes les réponses (et dans certains appareils, les délais de réponse) s'affichent sur une console placée sur le bureau du professeur. De telles techniques ne se développent qu'assez lentement car elles limitent le choix des élèves et reposent trop sur la manière dont sont posées les questions.

Mais, déjà, des sociétés commerciales proposent des systèmes interactifs de participation destinés à l'environnement universitaire (cours, séminaires, tables rondes), à l'entreprise (conseils d'administration, réunions de direction, groupes de travail) ou aux symposiums internationaux (questions, commentaires, travail en commun). Ces mini-réseaux utilisent des terminaux de votes miniaturisés placés à portée de la main de chaque participant. Un micro-ordinateur et un écran géant permettant la préparation et l'affichage des résultats. On dispose donc d'un système de sondage permanent d'opinion, rendu nécessaire pour accroître l'efficacité du travail en groupe ou de la création collective.

Les parcs éducatifs. Ils pourraient être créés par des municipalités en association avec des sociétés privées. A l'image des parcs d'attraction et des parcs naturels où les animaux vivent en liberté, ces parcs seraient l'extension des « musées de la science » ou des « palais de la découverte ». Les jeunes pourraient s'y distraire tout en observant la nature et en participant à des expériences. De tels parcs éducatifs chercheraient à éviter l'approche disciplinaire et à rapprocher les sciences exactes des sciences humaines et des techniques. Afin de faire ressortir non seulement leur complémentarité, mais l'importance de la mise en commun de méthodes et de techniques permettant la résolution de problèmes.

Le rôle de l'entreprise. Centre privilégié de formation professionnelle et d'éducation continue, c'est probablement au niveau de l'entreprise que l'éducation systémique occupera, et plus rapidement qu'ailleurs, une place de choix. Le modèle global que représente l'entreprise elle-même se prête particulièrement bien à la description et à l'assimilation des données systémiques de base (voir p. 60). Il ne s'agit pas de rajouter une discipline nouvelle (comme l'informatique ou le marketing), mais d'apprendre à réunir, à intégrer et à hiérarchiser les multiples informations qui parviennent en permanence de l'environnement où l'on vit. Il s'agit donc d'un entraînement à la synthèse plutôt que de l'absorption de « recettes » pratiques, souvent mal appliquées faute d'un cadre général de référence.

De nombreux séminaires de formation sollicitent déjà le personnel des entreprises. Peut-être devrait-on chercher à tirer profit des possibilités offertes par l'extension des horaires flexibles ? Une carte spéciale, analogue à celle que l'on introduit dans les terminaux électroniques de comptabilisation du temps de travail, permettrait aux membres de l'entreprise de se constituer un « crédit-formation ». Pour cela ils assisteraient, aux horaires de leur choix (pendant le déjeuner, ou à des heures creuses de la journée de travail), à des cours permanents se déroulant dans les locaux mêmes de l'entreprise. Cette « cantine » de l'éducation est aujourd'hui possible grâce à des modèles de classes audiovisuelles permettant de prendre le cours « en marche » ; de répondre aux questions du programme et d'accumuler ainsi des points pouvant être comptabilisés d'une semaine à l'autre.

Les universités du troisième âge. Dans une société de croissance et de consommation, il y a peu de place pour les personnes âgées. La valeur « jeunesse » prime sur l'expérience des anciens. La négation et l'évacuation de la mort entraînent la négation de la vieillesse. Mais tout peut être modifié dans une société à la démographie et à l'économie stationnaires. La réduction du taux de natalité que l'on constate dans les pays développés modifie déjà la pyramide des âges et conduit à un accroissement de la population du troisième âge. Du fait de l'émergence des nouvelles valeurs introduites par une société à l'économie stationnaire (telles que le respect de l'expérience, de ce qui dure et qui se perpétue), on peut s'attendre à ce que le troisième âge renforce sa position dans le monde de demain, retrouvant peut-être le rayonnement dont bénéficiaient les personnes âgées au sein de la société antique, ou le prestige des anciens dans les sociétés dites «primitives».

Au lieu du conflit ouvert entre les générations, qui est de règle aujourd'hui (accompagné du mépris ou de l'égoïsme des jeunes et des barrières érigées par les plus âgés pour défendre leurs privilèges), c'est peut-être à une coopération sans précédent entre les jeunes et les anciens qu'il faudrait s'attendre, et donc se préparer. Disposant du temps de la réflexion et de la synthèse, l'esprit s'ouvre plus facilement aux notions générales et aux approches englobantes. C'est dire le rôle que pourraient jouer, dès aujourd'hui, les universités du troisième âge : conduire à une meilleure répartition des pouvoirs dans une société plus équilibrée.

Scénario pour un monde

Pourquoi un scénario ?

J'aimerais que cette dernière partie soit une ouverture vers l'avenir, pas une conclusion. Toute critique, toute remise en cause fondamentale d'un type de société et de l'échelle de valeurs qui s'y rattache doit déboucher sur un nouveau projet. Comment discerner les grands traits de cette société à travers les tâtonnements de l'innovation sociale, les expériences, les succès, les rejets dont nous sommes témoins ? Et surtout, sous quel aspect formuler et représenter un tel projet ?

Je vous propose de rassembler, sous une forme condensée, les principaux thèmes qui font la substance des chapitres précédents. Il y a plusieurs façons de procéder : on peut appliquer certaines méthodes classiques de prévision et tenter de décrire en détail un des aspects de la société future. En extrapolant, par exemple, un petit nombre de tendances parmi les plus marquées. Ou en adoptant l'attitude prospective : en regardant le présent à partir d'un futur souhaitable, afin de sélectionner — dès aujourd'hui — les « faits porteurs d'avenir ».

On peut aussi tenter de confronter les principaux thèmes que j'ai soutenus aux grands courants de la pensée actuelle, en adoptant une attitude descriptive, la plus objective possible. Ou, au contraire, choisir une attitude normative et orienter la proposition en fonction d'une position personnelle ou d'une idéologie.

Au-delà du normatif et de l'objectif, existent également les artifices de la science-fiction, de la politique-fiction ou de l'utopie. Toutes ces méthodes sont bien connues des planificateurs et des futurologues et largement utilisées.

Mais, en fonction du but que je cherche à atteindre, il en est une qui me paraît les combiner très avantageusement, c'est la méthode des « scénarios ».

Principe de cette méthode : le futur n'est jamais donné dans sa totalité ; il ne peut être déterminé que par les choix des hommes appliqués à construire leur avenir. Il existe donc une infinité de « futurs » possibles. Un scénario n'est rien d'autre que la description, plus ou moins détaillée, de quelques-uns de ces futurs possibles. Il sert à clarifier les décisions et à faciliter les choix.

Mais un scénario ne décrit pas ce qui est probable. Ni même ce qui est possible. Car, entre le probable et le possible, se situent aussi bien la volonté politique que l'aléatoire, la catastrophe, la crise globale ou la révolution. Il décrit des situations telles qu'elles pourraient être. Des situations plausibles dans un contexte donné et en fonction de ce que l'on sait des tendances évolutives des principaux éléments du système que l'on étudie. En cela, le scénario s'apparente au jeu : on fait « comme si » cette description était possible et l'on se situe par rapport à elle.

Tout scénario est un peu tendancieux. C'est le cas de celui-ci. D'abord parce qu'il est unique ; alors que la règle voudrait que vous puissiez en comparer plusieurs (par exemple, poursuite de la croissance sauvage ; coup de frein, mais poursuite sur notre lancée actuelle ; catastrophes ; crise globale des économies ; conflits, etc.). Mais une telle comparaison eût été trop longue. Ensuite, parce qu'on y retrouve plusieurs des idées, suggestions ou thèses que je propose, que je défends dans ce livre. (Il vous sera d'ailleurs facile de les débusquer, de les reconnaître, de les critiquer.) Mon but, je le rappelle, est de stimuler la réflexion, non de chercher à imposer des opinions personnelles. Et, pour que votre imagination reste libre, ce scénario prend volontairement la forme un peu sèche d'une ossature : je l'ai imaginé sous la forme de notes envoyées par un journaliste à un grand magazine d'actualité. Libre à vous d'en inventer les détails.

A quelle époque se situe ce scénario ? Se rapporte-t-il à un pays particulier ou à un ensemble de pays ? Je ne crois pas qu'il soit possible ni même nécessaire de le dire avec précision. Certaines des situations qu'il décrit pourraient exister avant la fin des années 70 ; d'autres pas avant la fin de ce siècle. Et dans un ensemble de pays dits industrialisés.

« *Notes de voyage en écosocialisme* »
(12 août-15 octobre 8 A. C.)*

— *Écosocialisme, écosociété, écocitoyen, écommunications, écosanté, écoparlement... Il ne s'agit pas d'un nouvel « écoculte »!... Le préfixe « éco » symbolise ici la relation étroite entre l'économie et l'écologie; et met l'accent sur les relations entre les hommes, et sur les relations entre les hommes et ce qu'ils appellent leur « maison », l'écosphère.*

— *Lors du premier référendum « électronique » organisé sur terminaux individuels, les écocitoyens ont préféré à tout hymne national une citation de Dennis Meadows (universitaire américain qui, en 1971, avait attiré l'attention sur la nécessité des limites de la croissance).*

« Après deux siècles de croissance, nous nous retrouvons avec des sciences naturelles et sociales grevées de partis pris et de taches aveugles. Il n'y a pas actuellement de théorie économique d'une société fondée sur la technologie où les taux d'intérêt se ramènent à zéro, où le capital productif ne tende pas à l'accumulation, et où le principal souci soit celui de l'égalité, plutôt que de la croissance. Il n'y a pas de sociologie de l'équilibre qui s'intéresse aux problèmes sociaux d'une population stabilisée, où les hommes et les femmes d'un certain âge soient en majorité. Il n'y a pas de science politique de l'équilibre capable de nous éclairer sur les moyens de pratiquer le choix démocratique, dans une société où le gain matériel à court terme cesserait d'être le critère de la réussite politique. Il n'y a pas de technologie de l'équilibre qui donne la priorité absolue au recyclage de la matière sous toutes ses formes, à l'utilisation de l'énergie solaire qui n'est pas polluante, à la minimisation des flux tant de matière que d'énergie. Il n'y a pas de psychologie de l'état de stabilité qui permette à l'homme de trouver une nouvelle image de lui-même et d'autres motivations, dans un système où la pro-

---

* 8 A.C. : « après la crise », c'est-à-dire après la grande crise mondiale des économies.

duction matérielle serait constante et équilibrée en fonction des ressources limitées de la terre.

Tel serait donc le grand défi pour chacune de nos disciplines traditionnelles : élaborer le projet d'une société qui trouve ses ressorts matériels et son attrait dans l'état d'équilibre. La tâche serait lourde de difficultés techniques et conceptuelles : les solutions n'en seraient que plus satisfaisantes pour l'esprit, et d'un immense avantage pour la société. »

— *L'avènement de l'écosociété s'est déroulé en trois grandes étapes, fondées chacune sur un type d'économie correspondant à un environnement donné : l'économie de* survie *(société primitive), l'économie de* croissance *(société industrielle) et l'économie d'*équilibre *(société postindustrielle ou écosociété).*

L'économie d'équilibre (ou économie stationnaire), qui caractérise actuellement l'écosociété, n'implique pas, comme certains le pensaient vers la fin des années 70, une « croissance zéro ». La limitation du choix entre « la croissance à tout prix » et « l'arrêt de la croissance » était probablement due à l'emploi prépondérant d'une logique d'exclusion propre à l'époque et qui éliminait toute nuance ou toute complémentarité. On s'est aperçu que la vraie question n'était pas « croître ou ne pas croître ? » mais plutôt, « comment réorienter l'économie de manière à mieux servir, à la fois, les besoins humains, le maintien et l'évolution du système social et la poursuite d'une véritable coopération avec la nature ».

— *L'économie d'équilibre qui caractérise l'écosociété est donc une économie « régulée », au sens cybernétique du terme. Certains secteurs peuvent passer par des phases de croissance; d'autres sont maintenus à l'équilibre dynamique; et d'autres encore à un taux de croissance « négative ». Mais « l'équilibre » de l'économie résulte de l'harmonie de l'ensemble. Comme pour la vie, cet état stationnaire est un* déséquilibre contrôlé.

Un modèle de société proposé dans le courant des années 70 se rapprochait de l'écosociété : la société conviviale d'Ivan Illich. Mais ce modèle s'en éloigne aussi dès que l'on considère certains aspects que je décrirai dans un instant. Il faut d'abord rappeler, selon Ivan Illich, ce que signifient les deux notions fondamentales de convivialité *et de* monopole radical.

« J'appelle convivialité une société où l'outil moderne est au service de la personne intégrée à la collectivité et non au service d'un corps de spécialistes. Conviviale est la société où l'homme contrôle l'outil. »

« L'homme qui trouve sa joie et son équilibre dans l'emploi de l'outil convivial, je l'appelle *austère*... L'austérité n'a pas vertu d'isolation ou de clôture sur soi. Pour Aristote, comme pour saint Thomas d'Aquin, elle est ce qui fonde l'amitié. »

« Un *monopole radical* s'établit quand les gens abandonnent leur capacité innée de faire ce qu'ils peuvent pour eux-mêmes et pour les autres, en échange de quelque chose de "mieux" que peut seulement produire pour eux un outil dominant... Cette domination de l'outil assure la consommation obligatoire et dès lors restreint l'autonomie de la personne. C'est là un type particulier de contrôle social renforcé par la consommation obligatoire d'une production de masse que seules les grosses industries peuvent assurer. »

Mais Illich semble avoir sous-estimé dans son modèle certaines techniques dont le développement ne fut ralenti ni par les crises ni par les changements de régime : l'explosion des télécommunications, la miniaturisation et la décentralisation de l'informatique, et la maîtrise par l'homme de certains processus naturels, particulièrement en biologie et en écologie. *Les télécommunications et la micro-informatique ont ainsi permis la création de réseaux décentralisés « d'intelligence répartie », contrôlés par les utilisateurs eux-mêmes. Ces progrès ont été rendus possibles par une plus étroite association entre le cerveau humain et l'ordinateur ; cette association, fondée sur la reconnaissance de la voix, de l'écriture ou des formes et sur un dialogue oral a peu à peu transformé l'ordinateur en un véritable assistant intellectuel.*

— La maîtrise et l'imitation de certains processus naturels se sont effectuées au niveau industriel par l'utilisation de micro-organismes et d'enzymes dans la production d'aliments, de médicaments ou de substances chimiques utiles à la société. Et, au niveau écologique, par le contrôle et la régulation de cycles naturels, dans le but d'accroître les rendements agricoles ou pour éliminer plus efficacement les déchets du métabolisme social. Ces techniques de bio-engineering et d'éco-engineering ont ouvert la voie à de nouveaux processus industriels moins polluants, peu consommateurs d'énergie, et plus faciles à contrôler et à décentraliser que les anciens procédés de production de masse.

— Lénine disait : « Le communisme, c'est les Soviets, plus l'électricité. » Eh bien, l'écosociété, c'est la convivialité, plus les télécommunications !

Car les grandes crises économiques et les percées technologiques ont transformé la société industrielle classique, par suite d'un double mouvement : une décentralisation (ou différenciation) conduisant à la maîtrise et au contrôle des outils modernes; et une recentration (ou intégration) résultant principalement des progrès des télécommunications et de la micro-informatique.

Ce double mouvement a permis un accroissement de l'efficacité de la gestion communautaire par la base (et donc la disparition progressive de certains « monopoles radicaux ») et un accroissement de la participation de chacun à tous les niveaux de la vie du système social.

La décentralisation se fonde sur les responsabilités individuelles. Tandis que la participation permet une régulation (depuis le niveau décentralisé jusqu'à celui des grandes régulations macroscopiques) du métabolisme de la société. Cette rééquilibration des pouvoirs s'est évidemment accompagnée de profondes modifications dans les structures politiques, économiques et sociales.

— A la différence des sociétés industrielles de type classique structurées « du haut vers le bas », l'écosociété s'est construite du « bas vers le haut ». A partir de la personne et de sa sphère de responsabilités; par la mise en place de communautés d'utilisateurs, assurant la gestion décentralisée des principaux organes de la vie de la société. Notamment les moyens de transformation de l'énergie; les systèmes d'éducation, les moyens électroniques de communication, de participation et de traitement des informations; et, dans certains secteurs industriels, des moyens de production.

L'écosociété admet la coexistence de la propriété privée des moyens de production et de la propriété par l'État. Dans le prolongement du régime libéral, elle favorise le don novateur et la capacité d'adaptation de la libre entreprise et de la libre concurrence. Mais elle soumet les entreprises au contrôle strict des communautés de consommateurs et d'utilisateurs. Les communautés de la base collaborent avec les responsables de la politique du pays à une planification participative, permettant de choisir les grandes finalités et de fixer les principales échéances.

— La « *rétroaction sociale* », qui s'exerce à tous les niveaux hiérarchiques de la société, permet le contrôle et la mise en application de cette planification, ainsi que l'adaptation à de nouvelles conditions d'évolution.

Les grandes régulations portent principalement sur la régulation de la consommation en énergie ; la régulation du taux d'investissements ; la régulation du taux de croissance de la population ; et la régulation des principaux cycles correspondant aux fonctions d'approvisionnement, de production, de consommation et de recyclage.

La consommation en énergie est maintenue au niveau où elle se trouvait au début des années 80. Ce n'est pas l'austérité monacale, l'énergie est mieux répartie, mieux économisée, plus efficacement utilisée.

— Les nouveaux investissements servent principalement à équilibrer l'obsolescence du parc de machines et de constructions, ou pour ouvrir de nouveaux secteurs correspondant à des besoins sociaux.

— Le taux de naissance est maintenu au taux de renouvellement de la population ; laquelle se maintient à l'état stationnaire.

— On a complètement réorganisé les circuits d'approvisionnement, de production, de consommation, de recyclage. La création de filières de récupération et de systèmes de tri décentralisé a permis de reconnecter les cycles correspondant au métabolisme de l'organisme social avec les cycles naturels de l'écosystème.

— L'écosociété est décentralisée, communautaire, participative. La responsabilité et l'initiative existent vraiment. L'écosociété repose sur le pluralisme des idées, des styles et des conduites de vie. Conséquence : égalité et justice sociale sont en progrès. Mais aussi, bouleversement des habitudes, des modes de pensée et des mœurs. Les hommes ont inventé une vie différente dans une société en équilibre. Ils se sont aperçus que le maintien d'un état d'équilibre était plus délicat que le maintien d'un état de croissance continue.

Grâce à une nouvelle vision, à une nouvelle logique de la complémentarité, à de nouvelles valeurs, les hommes de l'écosociété ont inventé une doctrine économique, une science politi-

*que, une sociologie, une technologie et une psychologie de l'état
d'équilibre contrôlé. C'est ce que réclamait Dennis Meadows.*

— *Cette autre manière de vivre se traduit dans toutes les activités de la société : et surtout au niveau de l'organisation des villes, du travail, des rapports humains, de la culture, des coutumes et des mœurs. (Importance de l'intégration totale des télécommunications à la vie quotidienne.)*
Les villes de l'écosociété ont été profondément réorganisées. Les quartiers les plus anciens sont rendus aux hommes, débarrassés de l'automobile ; l'air y est redevenu respirable et le silence y est respecté. Les voies piétonnières sont nombreuses. Dans les rues, dans les parcs, les gens prennent leur temps.

— *Les villes nouvelles éclatent en multiples communautés composées de villages interconnectés. C'est une société « rurale », intégrée par un réseau de communication extraordinairement développé. Ce réseau permet d'éviter les déplacements inutiles. Beaucoup de gens travaillent chez eux.*

— *Dans les entreprises, de nombreux employés ne sont plus soumis à des horaires de travail rigoureux. L'extension des méthodes d'aménagement du temps de travail a entraîné une véritable « libération du temps ». L'éclatement des temps individuels et la désynchronisation des activités qui en résulte sont équilibrés par la comptabilisation d'un « temps collectif » qui permet une meilleure répartition des tâches ; au niveau des entreprises et au niveau social. L'aménagement du temps porte aussi sur d'autres périodes de la vie ; les vacances, l'éducation, la formation professionnelle, la carrière, la retraite.*

— *L'écosociété catalyse le jaillissement des activités de services. C'est la dématérialisation presque totale de l'économie. Une grande part des activités sociales se fonde sur les services mutuels, les échanges de services. Le brassage des hommes et des idées est facilité par les réseaux de communication ; l'effort intellectuel par l'informatique décentralisée.*

— *Les sociétés industrielles, jadis, n'avaient pas été capables de supporter l'accroissement exorbitant des coûts de l'éducation et de la santé et la qualité de ces services s'était dégradée. L'écosociété est repartie des nœuds du réseau humain. L'enseignement mutuel et l'assistance médicale mutuelle sont réalisés à grande échelle. Mais, alors que la maîtrise de la mégamachine, sécrétée par les sociétés industrielles, exigeait une sur-éducation, l'enseignement de l'écosociété est considérablement réduit. Il est à la fois plus global, plus pratique et plus intégré à la vie. Par ailleurs, on consomme moins de médicaments, on fait moins appel aux médecins et l'on ne se rend à l'hôpital que dans les cas exceptionnels. La vie est plus saine. Les méthodes de prévention des maladies plus efficaces ; et l'on cherche plus à stimuler les défenses naturelles de l'organisme, qu'à agir de « l'extérieur » à coups de substances chimiques.*

Le pétrole et l'énergie sont toujours largement utilisés dans l'écosociété, mais la stabilisation de la consommation d'énergie à un niveau permettant une répartition équitable des ressources a entraîné de profondes modifications. Des programmes de mise en route de nouvelles centrales nucléaires ont été abandonnés. La décentralisation des moyens de transformation de l'énergie a conduit à l'exploitation de nouvelles sources. Mais ce sont surtout les économies d'énergie et la lutte généralisée contre le gaspillage qui ont permis de stabiliser la consommation en énergie. On a appris à utiliser l'énergie propre des systèmes sociaux ; énergie qui n'était jadis libérée qu'en périodes de crise, de révolutions ou de guerres.

— La motivation qui conduit à l'action reposait jadis sur l'intérêt (argent, honneurs), la contrainte (réglementation, peur de l'amende) ; ou, parfois, sur la compréhension de l'utilité de son geste et le sens de la responsabilité sociale. La « transparence » de l'écosociété, une meilleure information, une participation plus efficace, ont conduit peu à peu à faire jouer les deux dernières motivations, sans lesquelles il n'y a pas de réelle cohésion sociale.

— Dans l'industrie et dans le secteur agricole, on a remplacé des procédés consommateurs d'énergie par des technologies plus douces et par des processus naturels. Dans certaines industries de transformation, comme la pétrochimie, on a abandonné plusieurs activités trop coûteuses en énergie. Le recyclage des calories et des matières premières est évidemment pratiqué à une très grande échelle. Les produits manufacturés sont plus robustes, plus faciles à réparer. Ce qui revitalise toutes sortes d'activités d'entretien et de réparation. L'artisanat renaît vigoureusement. Les objets sont destandardisés, personnalisés.

— *La révolution bio-technologique a radicalement modifié les méthodes de l'agriculture et de l'industrie alimentaire. De nouvelles espèces bactériennes sont devenues les grandes alliées de l'homme dans des activités de production et de recyclage. Des enzymes artificiels permettent de fabriquer engrais et aliments. Mais l'on connaît des restrictions en raison du gaspillage inconsidéré de la société industrielle.*

— *L'écosociété, c'est aussi l'explosion du qualitatif et de la sensibilité. L'exploration et la conquête de l'espace intérieur. Moins préoccupés par la croissance, produisant et consommant moins, les gens ont retrouvé le temps de s'occuper d'eux-mêmes et des autres. Les rapports humains sont plus riches, moins compétitifs. On respecte les choix et les libertés d'autrui. Chacun est libre de poursuivre la recherche du plaisir sous toutes ses formes : sexuel, esthétique, intellectuel, sportif... La création individuelle et l'accomplissement personnel reviennent souvent dans les conversations. On admire le caractère unique et irremplaçable d'une œuvre artistique, d'une découverte scientifique ou d'un exploit sportif.*

— *Les progrès scientifiques sont marqués par le prodigieux essor de la biologie. Mais, d'une manière plus aiguë que jamais, se posent les problèmes des rapports entre la science et la politique, la science et la religion, la science et la morale. Une « bioéthique » renforce la nouvelle morale de l'écosociété. Elle se fonde sur le respect de la personne humaine ; oriente et guide les choix. Car les hommes de l'écosociété disposent de redoutables pouvoirs : manipulations hormonales et électroniques du cerveau, manipulations génétiques, synthèses de gènes, action chimique sur l'embryon, implantation d'embryon* in vitro, *choix des sexes, ou action sur les processus du vieillissement.*

— *Les relations entre l'homme et la mort ont évolué. La mort est acceptée, réintégrée à la vie. Les personnes âgées participent à la vie sociale ; elles sont l'objet du respect et de la considération.*

— *Un sentiment religieux (une religion émergente, et non pas seulement révélée) irrigue toutes les activités de l'écosociété. Il sous-tend et valorise l'action. Il confère l'espoir que quelque chose peut être sauvé. Parce qu'il existe en chacun un pouvoir unique de création ; et parce que l'issue est dans la création collective.*

Voilà, c'est un scénario parmi d'autres. Pour un monde parmi d'autres. Il contient une grande part de rêve ? J'en conviens. Mais il est important de rêver. Et pourquoi ne prendrait-on pas ses rêves pour des réalités ?... juste le temps de construire un monde.

Paris, décembre 1974

Notes

Ces notes renvoient à la bibliographie par le nom de l'auteur et la date de parution de l'ouvrage.

Les ouvrages ayant servi de documentation de base, ou ceux qui permettent au lecteur d'approfondir un sujet, sont regroupés par chapitres à la suite d'un astérisque (*).

Tous les schémas du livre sont originaux, sauf ceux des p. 59, 151, 160 et 266, modifiés à partir de : Wolman (1965), *National Geographic Magazine*, nov. 1972 ; *L'Énergie*, coll. Time-Life, « Le monde des sciences » ; et Lehninger (1969).

Introduction

Le terme de « mégaloscope » a été employé par Lewis Carroll. *Macroscope* est le titre d'un roman de science-fiction publié en 1969 par Piers Anthony. Howard T. Odum (1971) emploie également le terme de macroscope en écologie.

1. A travers le macroscope

1. L'écologie

(*) Aguesse (1971), Clapham (1973), Ramade (1974).

2. L'économie

36 : La citation de L. Robbins est extraite d'Attali et Guillaume (1974), p. 9.

36 : Celle de René Passet a été publiée dans Passet (1974), p. 232.

37 : Celle d'Attali, dans Attali et Guillaume (1974), p. 10.

(*) : Albertini (1971) et Attali et Guillaume (1974), Perroux (1973).

3. La ville

57 et 58 : Les ordres de grandeur donnés sur le métabolisme des villes proviennent de Wolman (1965), de Lowry (1967).

(*) Sjoberg (1965), Laborit (1972), Forrester (1969).

4. L'entreprise

61 : Le terme de « mégamachine » est de Lewis Mumford (1974). La première définition est d'Albertini (1971), p. 37 ; la seconde d'Attali et Guillaume (1974), p. 27.

5. L'organisme

67 : La citation de Judith Schlanger est extraite de Schlanger (1971).

72 : Walter Cannon (1929) et (1939).

73 : La comparaison du plasma et de « l'océan primitif » est de Laborit (1963).

(*) Nourse (1965), Laborit (1963) et (1968).

6. La cellule

86 : La représentation symbolique de l'hémoglobine est de Perutz (1971). Voir aussi Rosnay, « Le fonctionnement de l'hémoglobine », *La Recherche 14*, 677 (1971).

(*) Laborit (1963), Rosnay (1965), Lehninger (1969), Watson (1972).

2. La révolution systémique

1. L'histoire d'une approche globale

92 : La définition du mot système, reprise p. 101, est de Hall & Fagen (1956).

93 : Référence aux travaux de Wiener (1948) et de Bertalanffy (1954), (1968).

97 : Référence aux travaux de Shannon et Weaver (1949).

99 : Référence originale sur la dynamique industrielle : voir Forrester (1958) et (1961).

(*) *General Systems Yearbooks*, à partir de 1954.

Society for General Systems Research.

Voir aussi : Young (1956), Ashby (1958), Ackoff (1960), Churchman (1968), Berrien (1968), Bertalanffy (1968), Buckley (1968), Emery (1969), Barel (1971) et (1973).

2. Qu'est-ce qu'un système ?

100 : Couffignal (1963), p. 23.

Les références de Platon et d'Ampère sont citées par Guillaumaud (1965), voir aussi Guillaumaud (1971).

3. La dynamique des systèmes

106 : Les symboles des éléments structuraux et fonctionnels d'un système dérivent de ceux employés par Forrester (1961). Voir aussi Meadows (1972).

112 : Le rôle essentiel des variables de flux et des variables d'états a été souligné par Forrester (1961), p. 67 à 69.

116 : Une étude sur les « modèles du monde » est donnée par Cole (1974), voir aussi Mesarovic et Pestel (1974).

4. A quoi sert l'approche systémique ?

124 : On trouvera une excellente étude des avantages et des dangers de la simulation dans Popper (1973), p. 40 et s.

125 : L'allusion aux « modèles mentaux » est dans Meadows (1974).

129 : Comportement anti-intuitif des systèmes complexes : voir Forrester (1971).

130 : La loi de la variété requise est proposée par Ashby (1956), voir aussi Ashby (1958).

134 : L'exemple des déchets solides est de Jorgan Randers (1973).

137 : « Pour évoluer, se laisser agresser. » Voir aussi le rôle de « l'événement » dans l'évolution d'un système complexe dans Morin (1979).

139 : Une excellente critique de l'approche systémique et de sa fécondité se trouve dans Morin (1977).

140 (note) : Lettre de Engels à Lavrov, dans Marx et Engels (1973), p. 83. L'expression de « noosphère » utilisée p. 142 est de Teilhard de Chardin (1957).

3. L'énergie et la survie

145 : Sur la relation entre bio-énergétique et éco-énergétique, voir Rosnay (1974).

1. L'histoire de la domestication de l'énergie

(*) Voir également Puiseux (1973) (qui cite les travaux de A. Varagnac), Illich (1973) et Leroi-Gourhan (1972).

2. Les grandes lois de l'énergie

154 : Les exemples illustrant la loi du rendement optimum sont d'Odum (1955).

154 : La loi « d'énergie maximum » a été proposée dans Lotka (1956).

156 : « L'école de la thermodynamique des processus irréversibles » comprend Onsager, de Groot, de Donder, Prigogine (1969) et (1972). Voir aussi les travaux de Katchalsky (1971) sur la thermodynamique des réseaux.

3. Le métabolisme et les déchets de l'organisme social

Les ordres de grandeur donnés p. 158 à 164 ont été établis à partir de plusieurs publications parmi lesquelles on peut citer : Cook (1971), Ramade (1974).

De nombreux éléments de ce chapitre peuvent être trouvés dans Matthews et coll. (1971).

163 : Les observations du *Bulletin of the World Meteorological Organization* sont citées par Kukla (1974). Les effets des poussières atmosphériques sont étudiés en détail dans Hobbs et coll. (1974) et Bryson (1974).

4. Économie et écologie

166 : Le tableau donnant des ordres de grandeur en kilocalories a été établi à partir de plusieurs publications, dont Slesser (1973), Odum (1971), Hannon (1974).

166 : Équivalent énergétique de la kilocalorie, voir Odum (1971), p. 46.

168 : Sur l'analyse énergétique, voir aussi : Slesser (1973), Berry (1974), Hannon (1974).

169 : Calcul du coût énergétique de la fabrication d'une voiture, Berry (1974).

170 : Le terme de « subside » est traduit de l'anglais *subsidy*. Je le préfère à « substitut ». Voir Rosnay, *La Recherche 47*, p. 695 (1974).

170 : Sur les dépenses énergétiques pour l'alimentation aux États-Unis, voir Hirst (1974).

171 à 173 : Application de l'analyse énergétique à l'agriculture : Pimentel (1973), Steinhart (1974).

173 : Compétition entre énergie et travail : voir Bezdek et Hannon (1974).

5. La naissance de la bio-industrie

179 : Pour plus de détails sur la fabrication d'engrais par fixation d'azote, voir Rosnay : « Vers une bio-industrie de l'ammoniac », *La Recherche 32*, p. 278 (1973).

181 : Sur les enzymes immobilisés, voir Zaborsky (1973).

186 : L'expression « société post-industrielle » est employée par Touraine (1969) et Bell (1973).

4. L'information et la société interactive

1. Les supports de la communication

191 : La « théorie de l'information » est née principalement des travaux de Hartley (1928), Szilard (1929), Gabor (1946), Shannon et Weaver (1949), Brillouin (1959).

192 : L'exemple du jeu de cartes s'inspire d'exemples donnés par Brillouin (1959) et par Costa de Beauregard (1963), p. 63.

194 : Celui de la lecture d'une page imprimée s'inspire de Tribus (1971).

195 et 198 : Les expressions « village planétaire » et « village global » sont de McLuhan (1965).

199 : L'expression « société en temps réel » a été proposée par l'auteur, dans Rosnay (1972).

2. Les nouveaux réseaux interactifs

203 : L'expression « d'écart au pouvoir » a été utilisée par Attali, dans une communication faite au « Groupe des Dix » sur le malaise social. Cette communication n'a pas été publiée.

204 à 207 : Les données de base ayant servi à la rédaction du paragraphe consacré aux « moyens techniques » ont été extraites notamment de Sprague (1969), Parker (1969) et (1972), Martin (1971) et Dickson (1973).

208 à 211 : Les exemples de services en « temps réel » proviennent d'études réalisées aux États-Unis par l'auteur et ceux des principaux ouvrages suivants : Goldmark (1969), Dickson (1973), Martin (1971), National Academy of Eng. Report (1971), Walker (1971), Day (1973).

211 : Sur la substitution des communications aux déplacements, on peut consulter Goldmark (1971), Dickson (1973), Day (1973), National Academy of Eng. (1971) et Attali (1974).

213 : La note se réfère à Friedman (1974).

3. La rétroaction sociale

213 : Le terme de rétroaction sociale est proposé ici pour faire ressortir la nature cybernétique de cette boucle de retour des informations. Aux États-Unis, on utilise surtout le terme de *citizen feed back* (Stevens (1971)),de *instant democracy* ou de *participatory democracy*.

Voir également d'excellents exemples de démocratie participative dans Jungk (1974), p. 157 et s.

223 : Ces appareils sont commercialisés par Applied Futures Inc., Greenwich Conn., ou utilisés au MIT par le Pr Thomas B. Sheridan.

(*) Leonard et Etzioni (1971), Stevens (1971) et (1972), de Sola Pool (1971) et (1974), Singer (1973), Carroll (1974).

5. *Le temps et l'évolution*

1. Connaissance du temps

233 à 235 : Les références sont extraites de Bergson (1948) et de Teilhard de Chardin (1957).

235 : Le paragraphe consacré aux théories modernes se réfère à Costa de Beauregard (1963*a*), Grunbaum (1962) et (1963), Reichenbach (1956), Gal-Or (1972).

235 et s. : Sur la relation entre information et entropie, voir aussi Atlan (1973), Laborit (1974).

239 : La distinction entre temps qui « étale » et temps qui « ajoute » est de Saint-Exupéry.

243 : La citation est de Grunbaum (1962).

243 : La citation est de Costa de Beauregard (1963).

(*) Gold (1965), Blum (1962), Costa de Beauregard (1963*b*), Berger (1964).

2. La prison du temps

Les principaux éléments de ce chapitre ont été publiés dans Rosnay (1965).

245 : Il est fait allusion aux livres de Teilhard (1955) et Monod (1970).

248 : Le terme « d'intégron » est dans Jacob (1970), celui de « holon » dans Koestler.

252 : Citation de Bergson (1948).

252 : L'histoire du « train du deuxième principe » est dans Rosnay (1965).

3. L'évolution : la genèse de l'improbable

259 : La relation entre autocatalyse et reproduction biologique a été soulignée par Calvin (1956).

262 : Sur l'accélération, voir aussi Meyer (1974).

262 : La note se réfère à des travaux de chimie prébiotique. Voir aussi Rosnay (1966).

264 : Les citations de Darwin : extraites de Darwin (1958) et F. Darwin (1969).

La correspondance entre Marx et Engels est dans *Marx et Engels* (1973).

265 : Le Chatelier (1888).

266 : L'expression « d'économie stationnaire » est de Daly (1973) et de Boulding (1966).

267 : Les deux citations sur la pénurie de temps sont de J.-P. Dupuy (1975).

267 : La définition de l'échéance, en tant que « dimension temporelle du but », est d'Idatte (1969).

268 : Sur le temps psychologique, voir aussi Le Comte du Noüy (1936).

(*) Sur les mécanismes généraux de l'évolution, on peut également voir Von Fœrster (1960), Prigogine (1972), Eigen (1971), Monod (1970), Atlan (1972), Morin (1973).

6. *Valeurs et éducation*

1. Naissance d'une vision globale

278 : Sur l'accélération, voir Meyer (1974).

279 : La note se réfère à des travaux cités dans la bibliographie au nom de ces auteurs.

2. L'émergence des nouvelles valeurs

288 : Repartir de soi : Reich (1970).

289 : Citation de Garaudy (1971).

3. L'éducation systémique

294 : Les citations « copie figurative de la réalité », « processus opératif » et « nouveau verbalisme de l'image » sont extraites de Piaget (1969), p. 107 et 110.

301 : La définition d'un jeu pédagogique est d'Abt (1970).

Scénario pour un monde

Notes de voyage en écosocialisme

313 : Citation de Meadows (1974), p. 63 et 64.
315 : Citations d'Illich (1973), p. 13 et 84.

Bibliographie

Abt, Clark C., *Serious Games*, Viking Press, New York, 1970.

Ackoff, R.L., « Systems, organizations and interdisciplinary research », *General Systems Yearbook*, 5, 1960.

Aguesse, P., *Clefs pour l'écologie*, Seghers, Paris, 1971.

Albertini, J.-M., *Les Rouages de l'économie nationale*, Éditions ouvrières, Paris, 1971.

Ashby, W.R., « General systems theory as a new discipline », *General Systems Yearbook*, 3, 1958.

—, « Requisite variety and its implications for the control of complex systems », *Cybernetica*, *1*, n° 2, 83, Namur, 1958.

—, *Introduction à la cybernétique*, Dunod, Paris, 1958.

Atlan, H., *L'Organisation biologique et la Théorie de l'information*, Hermann, Paris, 1972.

Attali, J., « Un substitut à l'énergie : la communication », *Le Monde*, 22 février 1974.

Attali, J., et Guillaume, M., *L'Anti-économique*, Presses universitaires de France, Paris, 1974.

Attali, J., *La Parole et l'Outil*, Presses universitaires de France, Paris, 1975.

Barel, Y., « Prospective et analyse de systèmes », *La Documentation française*, Paris, 1971.

—, *La Reproduction sociale*, Anthropos, Paris, 1973.

Bell, D., *The Coming of Post-industrial Society*, Basic Books, New York, 1973.

Berger, G., *L'Homme moderne et son éducation*, Presses universitaires de France, Paris, 1962.

—, *Phénoménologie du temps et Prospective*, Presses universitaires de France, Paris, 1964.

Bergson, H., *L'Évolution créatrice*, Presses universitaires de France, Paris, 1948.

Berrien, F. Kenneth, *General and Social Systems*, Rutgers University Press, New Brunswick, 1968.

Berry, R.S., et Makino, Hiro, « Energy thrift in packaging and marketing », *Technology Review*, *76*, 32, 1974.

Bertalanffy, L. von, *General System Theory*, Braziller, New York, 1968.

Bezdek, R., et Hannon, B., « Energy, manpower, and the highway trust fund », *Science*, *185*, 669, 1974.

Boulding, K.E., « Toward a general theory of growth », *General Systems Yearbook*, 1, 1956.

—, « The economics of the spaceship earth », in Henry Jarrett, ed., *Environmental Quality in a Growing Economy*, Baltimore, Johns Hopkins, 1966.

Brillouin, L., *La Science et la Théorie de l'information*, Masson, Paris, 1959.

Bryson, R.A., « A perspective on climatic change », *Science*, *184*, 753, 1974.

Buckley, W., *Modern Systems Research for the Behavioral Scientist*, Aldine Publishing, 1968.

Calvin, M., *American Scientist*, *44*, 248, 1956.

Cannon, W.B., « Organization for physiological homeostasis », *Physiological Review*, *9*, 1929.

—, *The Wisdom of the Body*, Norton, New York, 1939.

Carroll, J.M., et Tague, J., « The people's computer, an aid to participatory democracy », IFIPS conference proceedings, Human choice and computers, Vienne, 1974.

Le Chatelier, H., « Recherches expérimentales et théoriques sur les équilibres chimiques », *Annales des Mines*, Dumond, Paris, 1888.

Churchman, C.W., *The Systems Approach*, Dell Publishing Co, New York, 1968.

Clapham, W.B., Jr, *Natural Ecosystems*, Macmillan, New York, 1973.

Cole, S., « World models, their progress and applicability », *Futures*, 201, juin 1974.

Cook, E., « The flow of energy in an industrial society », *Scientific American*, *224*, 134, 1971.

Costa de Beauregard, O., *La Notion de temps*, Hermann, Paris, 1963.

— , *Le Second Principe de la science du temps*, Éditions du Seuil, Paris, 1963.

Couffignal, L., *La Cybernétique*, Presses universitaires de France, « Que sais-je ? », Paris, 1963.

Daly, H.E., *Toward a Steady State Economy*, Freeman & Co, San Francisco, 1973.

Darwin, C., *Autobiography*, N. Barlow ed., Collins, Londres, 1958.

Darwin, F., *The Life and Letters of Charles Darwin*, Basic Book, New York, 1959.

Day, L.H., « An assessment of travel/communications substitutability », *Futures*, 559, décembre 1973.

Dickson, E.M., et Bowers, R., *The Video Telephone*, Cornell University, 1973.

Dupuy, J.-P., *Valeur sociale et Encombrement du temps*, Éditions du CNRS, Paris, 1975.

Eigen, M., « Self organization of matter and the evolution of biological macromolecules », *Die Naturwissenschaften*, 58, 10, octobre 1971.

Emery, F.E., *Systems Thinking*, Penguin Books, Londres, 1969.

Von Fœrster, H., « On self organizing systems and their environments », in *Self Organizing Systems*, Yovitz & Cameron, Pergamon Press, Londres, 1960.

Forrester, J.W., « Industrial dynamics : a major breakthrough for decisions makers », *Harvard Business Review*, juillet-août 1958.

—, *Industrial Dynamics*, MIT Press, Cambridge, Mass., 1961.

—, *Urban Dynamics*, MIT Press, Cambridge, Mass., 1969.

—, *World Dynamics*, MIT Press, Cambridge, Mass., 1970.

—, « Counterintuitive behaviour of social systems », *Technology Review*, *73*, 52, 1971.

Friedman, Y., *Comment vivre entre les autres, sans être chef et sans être esclave ?*, Pauvert, Paris, 1974.

Gal-Or, B., « The crisis about the origin of irreversibility and time anisotropy », *176*, 11, 1972.

Garaudy, R., *L'Alternative*, Laffont, Paris, 1971.

Georgescu-Roegen, N., *The Entropy Law and the Economic Process*, Harvard Press, Harvard, 1972.

Gold, T., « The arrow of time », in « *Time* » *Selected Lectures*, p. 14, Pergamon Press, Londres, 1965.

Goldmark, P.C., « Telecommunications for enhanced metropolitan function and form », Report to the director of telecommunications management under contract n° OEP-SE-69-101., National Academy of Engineering, Washington, DC, 1969.

—, « New applications of communications. Technology for realizing the new rural society », *World Future Society Conference*, 1971.

Grunbaum, A., « Temporally asymmetric principles », *Philosophy of Science*, 29, 1962.

—, *Philosophical Problems of Space and Time*, Knopf, New York, 1963.

Guillaumaud, J., *Cybernétique et Matérialisme dialectique*, Éditions sociales, Paris, 1965.

—, *Norbert Wiener et la Cybernétique*, Seghers, Paris, 1971.

Hall, A.D., et Fagen, R.E., « Definition of a system », *General Systems Yearbook*, *1*, 18, 1956.

Hannon, B., « Options for energy conservation », *Technology Review*, *76*, 24, 1974.

Hirst, E., « Food-related energy requirements », *Science*, *184*, 134, 1974.

Hobbs, P.V., Harrison, H., Robinson, E., « Atmospheric effects of pollutants », *Science*, *183*, 1974.

Idatte, P., *Clefs pour la cybernétique*, Seghers, Paris, 1969.

Illich, I., *Une société sans école*, Éd. du Seuil, « Points », Paris, 1980.

—, *La Convivialité*, Éd. du Seuil, Paris, 1973.

Jacob, F., *La Logique du vivant*, Gallimard, Paris, 1970.

Jungk, R., *Pari sur l'homme*, Laffont, Paris, 1974.

Katchalsky, A., « Network Thermodynamics », *Nature*, *234*, 393, 1971.

Kukla, G.J., et Kukla, H.J., « Increased surface albedo in the northern hemisphere », *Science*, *183*, 709, 1974.

Laborit, H., *Biologie et Structure*, Gallimard, « Idées », Paris, 1968.

—, *L'Homme et la Ville*, Flammarion, Paris, 1972.

—, *La Nouvelle Grille*, Laffont, Paris, 1974.

Le Comte du Noüy, *Le Temps et la Vie*, Gallimard, Paris, 1936.

Lehninger, A.L., *Bio-énergétique*, Édiscience, Paris, 1969.

Leonard, E., Etzioni, A., et coll., « Minerva : a participatory system », *Bulletin of the atomic scientist*, novembre 1971, p. 4.

Leontieff, V., « The structure of the US economy », *Scientific American*, *212*, 25, 1965.

Leroi-Gourhan, A., *Le Geste et la Parole*, Albin Michel, Paris, 1972.

Lotka, A.J., *Elements of Physical Biology*, Dover, New York, 1956.

Lowry, W.P., « The climate of cities », *Scientific American*, *217*, 15, 1967.

McLuhan, M., *Understanding Media : The Extensions of Man*, McGraw-Hill, New York, 1965.

Marcuse, H., *L'Homme unidimensionnel*, Éditions de Minuit, Paris, 1968.

Martin, J., *Future Developments in Telecommunications*, Prentice Hall, New Jersey, 1971.

Marx, K., et Engels, F., *Lettres sur les sciences de la nature,* Éditions sociales, Paris, 1973.

Matthews, W.H., et coll., ed., *Man's Impact on the Global Environment*, MIT Press, Cambridge, Mass., 1971, p. 247 et s.

Mead, M., *Culture and Commitment, a Study of the Generation Gap*, Natural History Press, Doubleday & Company Inc., New York, 1970.

Meadows, D.L., et coll., *The Limits to Growth*, Potomac Associates, Universe Books, New York, 1972.

—, *Quelles limites ?*, Éditions du Seuil, Paris, 1974.

Mesarovic, M., et Pestel, E., *Stratégie pour demain*, Éditions du Seuil, Paris, 1974.

Meyer, F., *La Surchauffe de la croissance*, Fayard, Paris, 1974.

Monod, J., *Le Hasard et la Nécessité*, Éditions du Seuil, Paris, 1970 ; et « Points », 1973.

Morin, E., « L'événement », *Communications, 18*, Éditions du Seuil, Paris, 1972.

—, *Le Paradigme perdu : la nature humaine*, Éditions du Seuil, « Points », Paris, 1979.

—, *La Méthode*, tome 1, *la Nature de la Nature*, Éditions du Seuil, Paris, 1977.

Mumford, L., *Le Mythe de la machine*, Fayard, Paris, 1974.

National Academy of Engineering, Washington, DC, « Communication technology, for urban improvement », juin 1971.

Nourse, A.E., *Le Corps*, coll. Life, « Le monde des sciences », 1965.

Odum, H.T., et Pinkerton, R.C., « Time's speed regulator : the optimum efficiency for maximum power output in physical and biological systems », *American Scientist, 43*, 331, 1955.

Odum, H.T., « Trophic structure and productivity of silver springs, Florida », *Ecol. Monogr., 27*, 55, 1957.

—, *Environment, Power and Society*, Viley, New York, 1971.

Parker, E.B., « Some political implications of information utilities », *Conference on Information Utilities and Social Choice*, University of Chicago, 2-3 décembre 1969.

Parker, E.B., et Dunn, D.A., « Information technology : its social potential », *Science, 176*, 1392, 1972.

Passet, R., « L'économique et le vivant », *Mélanges Garrigou-Lagrange*, Paris, 1974.

Perroux, F., *Pouvoir et Économie*, Bordas, Paris, 1973.

Perutz, M., « Haemoglobin : the molecular lung », *New Scientist and Science Journal*, 676, juin 1971.

Piaget, J., *Psychologie et Pédagogie*, Denoël, Paris, 1969.

Pimentel, D., « Food production and the energy crisis », *Science*, *182*, 443, 1973.

Popper, J., *La Dynamique des systèmes*, Éditions d'organisation, Paris, 1973.

Prigogine, I., « Structure, dissipation and life », in *Theoretical Physics and Biology*, Marois, North Holland Publ. Co, Amsterdam, 1969.

—, « La thermodynamique de la vie », *La Recherche*, *24*, 547, Paris, 1972.

Puiseux, L, *L'Énergie et le Désarroi*, Hachette, Paris, 1973.

Ramade, F., *Éléments d'écologie appliquée*, Édiscience, Paris, 1974.

Randers, J., « The Dynamics of solide waste generation », in *Toward Global Equilibrium*, D. Meadows ed., Wright-Allen Press, Cambridge, Mass., 1973.

Reich, Charles A., *The Greening of America*, Bantam Books, New York, 1970.

Reichenbach, H., *The Direction of Time*, University of California Press, 1956.

Revel, J.-F., *Ni Marx ni Jésus*, Laffont, Paris, 1970.

Rosnay, J. de, « L'évolution et le temps », *Agressologie*, *VI*, 237, 1965.

—, *Les Origines de la vie*, Éditions du Seuil, « Points Sciences », Paris, 1977.

—, « Systèmes sociaux en temps réel », *Proceedings of the 6th International Congress on Cybernetics*, Association internationale de cybernétique, 1972, p. 3.

—, « La "physis" sociale : de la bio-énergétique à l'éco-énergétique », *Communications*, *22*, Éditions du Seuil, Paris, 1974.

Schlanger, J.E., *Les Métaphores de l'organisme*, Librairie philosophique, Paris, 1971.

Shannon, C.E., et Weaver, W., *The Mathematical Theory of Communication*, University of Illinois Press, Urbana, Ill., 1949.

Singer, B.D., *Feed back in Society*, Lexington books, Lexington, Mass., 1973.

Sjoberg, G., « The origin and evolution of cities », *Scientific American*, *213*, 54, 1965.

Slesser, M., « Energy analysis in policy making », *New Scientist*, 328, novembre 1973.

Sola Pool, I. de, *Talking back : Citizen Feed back and Cable Technology*, MIT Press, Cambridge, Mass., 1974.

Steinhart, J.S., et Steinhart, C.E., « Energy use in the US food system », *Science*, *184*, 307, 1974.

Stevens, C.H., « Citizen feed back and societal systems », *Technology Review*, *73*, 38, 1971.

—, « Towards a network of community information exchanges », in *Let the Entire Community Become our University*, PC Ritterbush, ed., Acropolis Books Ltd, Washington, DC, 1972.

Teilhard de Chardin, P., *Le Phénomène humain*, Éditions du Seuil, Paris, 1955.

—, *La Vision du passé*, Éditions du Seuil, Paris, 1957.

Tofler, A., *Future Shock*, Random House, New York, 1970.

Touraine, A., *La Société post-industrielle*, Denoël, « Médiations », Paris, 1969.

Tribus, M., et McIrvine, E.C., « Energy and information », *Scientific American*, *224*, 179, 1971.

Vasse, D., *Le Temps du désir*, Éditions du Seuil, Paris, 1969.

Volterra, V., *Leçons sur la théorie mathématique de la lutte pour la vie*, Villars, Paris, 1931.

Watson, J., *Biologie moléculaire du gène*, Édiscience, Paris, 1972.

Wiener, N., *Cybernetics*, Hermann, Paris, 1948.

—, *Cybernétique et Société*, Union générale d'éditions, Paris, 1962.

Wolman, A., « The metabolism of cities », *Scientific American*, *213*, 178, 1965.

Zaborsky, O., *Immobilized Enzymes*, CRC Press, Cleveland, Ohio, 1973.

Index

Les numéros de pages en gras renvoient à la définition du mot ou aux passages les plus importants.

Table

Introduction : le macroscope

1
A travers le macroscope

2
La révolution systémique :
une nouvelle culture

5
Le temps et l'évolution

6
Valeurs et éducation

Scénario pour un monde

COMPOSITION : CHARENTE-PHOTOGRAVURE À ANGOULÊME
IMPRESSION : BRODARD ET TAUPIN À LA FLÈCHE (12-91)
DÉPÔT LÉGAL FÉVRIER 1977. Nº 4567-10 (1181F-5)